Wolfgang Gädeke

Marie Steiner
und die Christengemeinschaft

Wolfgang Gädeke

Marie Steiner und die Christengemeinschaft

Eine tragische Beziehung

Verlag Urachhaus

ISBN 978-3-8251-5167-6

Erschienen im Verlag Urachhaus
www.urachhaus.de

Umschlagabbildung: Marie Steiner, 1924 © Rudolf Steiner Archiv, Dornach
Umschlaggestaltung: Ursula Weismann
Gesamtherstellung: CPI books GmbH, Leck

Inhaltsverzeichnis

Anhang

Einleitung

Diese Schrift geht der Frage nach, warum sich das Verhältnis zwischen der Anthroposophischen Gesellschaft und der Christengemeinschaft nach dem Tode Rudolf Steiners so entwickelt hat, wie es in der Folge über Jahrzehnte hinweg der Fall war, nämlich alles andere als gut. Es gab Irritationen, die zum Beispiel daher rührten, dass Mitgliedern der Christengemeinschaft, die Mitglieder der Freien Hochschule für Geisteswissenschaft am Goetheanum werden wollten, nahegelegt wurde, ihr Verhältnis zur Christengemeinschaft »zu klären«. Damit war gemeint, dass sie nun selbstverständlich nicht mehr zu dieser »Vorschule« des Erkenntnisweges gehören könnten und deshalb von der Christengemeinschaft Abstand nehmen müssten. An manchen Orten wurden die Veranstaltungen dieser freien Hochschule, die sogenannten Klassenstunden, auf den Sonntagvormittag gelegt, damit sich ihre Mitglieder eindeutig entscheiden mussten, wohin sie gehen wollten.

Vor allem wurde vielfach die Ansicht vertreten, Rudolf Steiner habe zu den Mitgliedern der Anthroposophischen Gesellschaft gesagt, wer den Erkenntnisweg gehe, der brauche keinen Kultus, und wer dennoch am Gottesdienst der Christengemeinschaft teilnehme, der arbeite an der Schwächung oder gar Zerstörung beider Bewegungen.

In der Tat gibt es in den Vorträgen Rudolf Steiners und in Sitzungsprotokollen Äußerungen, die in diese Richtung zu weisen scheinen. Sie stammen alle aus der Zeit vor der Neugründung der Allgemeinen Anthroposophischen Gesellschaft zu Weihnachten 1923 in Dornach, und fast alle aus der Zeit vor dem Brand, der das erste aus Holz gebaute Goetheanum am 31. Dezember 1922 zerstörte.

Eine vollständige Dokumentierung aller zu diesem Problemkreis gehörenden Äußerungen Rudolf Steiners finden sich in der Studie *Anthroposophie und die Fortbildung der Religion.*[1] Dort kann man auch nachlesen, wie sich Rudolf Steiner nach der sogenannten Weihnachtstagung 1923 bis zu seinem Tode in Bezug auf die Christengemeinschaft verhalten hat. Dieses Verhalten zeigt keinerlei Distanzierung, sondern alle Anzeichen, dass er die Christengemeinschaft trotz ihrer notwendig selbstständigen Organisation als Teil der anthroposophischen Bewegung im übergeordneten Sinne ansah:[2]

Er empfahl Anthroposophen, die ihn nach Taufe, Trauung oder Bestattung fragten, sich an die Christengemeinschaft zu wenden. Er nahm an Sakramenten wie Taufe, Trauung und Bestattung teil, wenn sie in Dornach oder Basel stattfanden, wirkte durch eine Ansprache zum Ritual mit, wurde selber Taufpate und brachte einmal sogar alle Mitglieder des Vorstandes der Gesellschaft zu einem solchen Anlass mit.

Noch vor der Gründung der Christengemeinschaft wirkten führende Vertreter dieser in Gründung befindlichen Bewegung auf Veranlassung Rudolf Steiners bei öffentlichen Großveranstaltungen der anthroposophischen Bewegung durch Vorträge mit, so im März 1922 in Berlin und im Juni 1922 in Wien.[3]

---

1 Wolfgang Gädeke, *Anthroposophie und die Fortbildung der Religion,* Flensburg 1990.

2 Einzelnachweise für die folgenden Tatsachen siehe dort: S. 370ff.

3 siehe GA 81 und GA 83.

Priester der Christengemeinschaft wie Karl Ludwig und Hermann Heisler wurden von Rudolf Steiner als Leiter örtlicher Zweige der Anthroposophischen Gesellschaft anerkannt und Friedrich Rittelmeyer sogar als Vorstandsmitglied der Deutschen Landesgesellschaft und »Goetheanumredner« bestätigt. Rudolf Steiner nahm ausnahmslos alle Priester der Christengemeinschaft in die erste Klasse der Freien Hochschule für Geisteswissenschaft auf deren Antrag hin als »Repräsentanten der Anthroposophie« auf, unabhängig davon, ob sie schon zwei Jahre lang Mitglied der Gesellschaft gewesen waren oder nicht.

Das deutlichste Zeichen dafür, dass Rudolf Steiner die Christengemeinschaft nach der Weihnachtstagung als einen Teil der gesamten anthroposophischen Bewegung ansah und behandelte, ist damit gegeben, dass er bis zu seinem Tode im sogenannten »Nachrichtenblatt« (»Was in der Anthroposophischen Gesellschaft vorgeht – Nachrichten für deren Mitglieder«) für die Mitglieder der Gesellschaft die Tagungen der Christengemeinschaft ausführlich vorankündigen und, wenn sie stattgefunden hatten, ausführliche Berichte über diese Ereignisse abdrucken ließ. Nach seinem Tode erschien ein solcher Bericht nur noch ein einziges Mal.

In seinem letzten Vortragszyklus für die Priester der Christengemeinschaft hat Rudolf Steiner deren Aufgabe dadurch charakterisiert, dass sie berufen sei, »Träger eines wesentlichen Teiles der neuen Mysterien« zu werden.[4] Die Erneuerung der Mysterien ist aber die Hauptaufgabe der Anthroposophie, und diese zu pflegen, ist die Aufgabe der Anthroposophischen Gesellschaft.

---

[4] *Vorträge und Kurse über christlich-religiöses Wirken V* (GA 346), Dornach 1995, S. 44.

Zu gleicher Zeit veranlagte Rudolf Steiner mit einem Vortragszyklus über Pastoralmedizin eine zukünftige Zusammenarbeit zwischen anthroposophischen Ärzten und Priestern der Christengemeinschaft zum Wohle der Menschen.[5]

Bei so viel veranlagter Nähe und Zusammenarbeit ist die Frage, warum es nach dem Tode Rudolf Steiners zu einer Entfremdung zwischen den beiden Bewegungen kam, sehr naheliegend. Ihr soll im Folgenden nachgegangen werden. Um dies möglich zu machen, wurde in den vier Archiven in Dornach, dem Goetheanum-Archiv (GoeA), dem Rudolf-Steiner-Archiv (RStA), dem Ita-Wegman-Archiv (IWA) und in der Albert-Steffen-Stiftung (AStS) recherchiert. Es wurde vor allem die Korrespondenz der Vorstandsmitglieder Marie Steiner, Albert Steffen und Ita Wegman untereinander sowie die Korrespondenz von Priestern der Christengemeinschaft mit diesen drei Persönlichkeiten in der Zeit von 1925 bis 1935 erfasst und untersucht. Etwa 1600 Seiten an Dokumenten dieser Art wurden uns in Kopie dankenswerter Weise zur Verfügung gestellt. Außer diesen bisher weitgehend unveröffentlichten Dokumenten wurden auch Unterlagen aus dem Zentralarchiv der Christengemeinschaft (ZACG) wie zum Beispiel die internen Rundbriefe der Priester untereinander (ARB mit Nummer) und selbstverständlich auch die diesbezüglichen Bände der Gesamtausgabe Rudolf Steiners (GA) berücksichtigt.

Wenn man alle diese Quellen zusammenschaut, dann zeigt sich deutlich, dass Marie Steiner in Bezug auf unsere Fragestellung eine zentrale Rolle spielte. Deshalb muss ihr Verhältnis zur Christengemeinschaft und ihren Priestern im Mittelpunkt

5 *Pastoral-medizinischer Kurs* (GA 318), Dornach 1973.

unserer Untersuchung stehen. Die anderen von uns genannten Vorstandspersönlichkeiten spielten demgegenüber in Bezug auf unsere Fragestellung eine weit geringere Rolle. Was schließlich nach 1935 des Weiteren im Verhältnis zwischen den beiden Bewegungen geschah, soll hier nur punktuell behandelt werden, da es weitgehend die Auswirkung dessen ist, was sich bis zu diesem Schicksalsjahr der Anthroposophischen Gesellschaft und Bewegung ereignet hatte.

Zur Persönlichkeit Marie Steiners

Die Persönlichkeit Marie Steiners, geb. von Sivers, die untrennbar mit der Anthroposophie, dem Werk und der Person Rudolf Steiners und besonders der Entwicklung der Anthroposophischen Gesellschaft verbunden ist, ist in der bisherigen Literatur ausführlich gewürdigt worden.

Zunächst durch Rudolf Steiner selbst[6] und dann besonders durch ihre Schüler.[7] Sehr persönliche Erinnerungen an ihre Persönlichkeit enthalten die Bücher von Andrej Belyj.[8] Hella Wiesberger, die langjährige Mitarbeiterin der Rudolf Steiner Nachlassverwaltung und Herausgeberin vieler Bände der Gesamtausgabe Rudolf Steiners, hat durch ihre Veröffentlichungen zu Marie Steiner viel zu deren Würdigung beigetragen.[9]

---

[6] *Rudolf Steiner – Marie Steiner, Briefwechsel 1901-1925* (GA 262), Dornach 2002; Steiner, R.: *Mein Lebensgang* (GA 28), Dornach 1925; und in vielen Vorträgen und Sitzungen.

[7] Poeppig, F.: *Marie Steiner. Ein Leben im Dienste der Wiedergeburt des Wortes*, Basel, 1949; Savitch, M: *Marie Steiner-von Sivers. Mitarbeiterin von Rudolf Steiner*, Dornach 1965; Froböse, E. [Hrsg.]: *Marie Steiner. Ihr Weg zur Erneuerung der Bühnenkunst durch die Anthroposophie. Eine Dokumentation*, Dornach, 1973; ders.: *Der neue Weg*, Basel, 1973; ders. Hrsg.: *Aus der Probenarbeit mit Marie Steiner*, Dornach 1978; Kisseleff, T. u. a.: *Marie Steiner-von Sivers im Zeugnis*, Basel 1984.

[8] Belyj, *Verwandeln des Lebens, Basel 1975; ders. Geheime Aufzeichnungen, Dornach 2002; ders. Aufzeichnungen eines Sonderlings, Dornach 2012.*

[9] Wiesberger, H. [Hrsg]: *Marie Steiner, Briefe und Dokumente*, Dornach 1981; dies.: *Aus dem Leben von Marie Steiner-von Sivers. Biographische*

Biografische Studien liegen vor von Hans-Peter van Manen, Winfried Hammacher und Peter Selg.[10]

All diesen Werken ist gemeinsam, dass sie kaum oder gar nicht auf die Schwierigkeiten eingehen, die sich an der Person und am Wirken Marie Steiners in der anthroposophischen Bewegung entzündet haben oder durch sie entstanden sind. Kritische Stimmen wie die von Lili Kolisko, Karl Ballmer, Gisela Spörri-Hessenbruch und Irene Diet[11] konnten sich nur außerhalb der anthroposophischen Verlage mit ihren Arbeiten geltend machen.

Durch die dreibändige Dokumentationen von Emanuel Zeylmans van Emmichoven in der Edition Georgenberg, *Wer war Ita Wegman,*[12] ist für alle sichtbar geworden – besonders durch den dritten Band –, dass Ita Wegman und die mit ihr verbundenen anthroposophischen Initiativträger nicht allein für die Probleme der Gesellschaft verantwortlich waren, wie es die in diesem Band abgedruckte »Denkschrift über Angelegenheiten der Anthroposophischen Gesellschaft in den Jahren 1925–1935« nahelegt, die von Menschen verfasst worden ist, die, durch Marie Steiner einseitig informiert, der Meinung waren, diese

Beiträge und eine Bibliographie, Dornach 1957; dies: *Marie Steiner-von Sivers. Ein Leben für die Anthroposophie. Eine biographische Dokumentation,* Dornach 1988, ²1989.

10 Van Manen, H. P.: *Marie Steiner,* Dornach 1994; Hammacher, W.: *Marie Steiner, Lebensspuren einer Individualität,* Stuttgart 1998.

11 Kolisko, Lili: *Eugen Kolisko – ein Lebensbild,* Gerabronn-Crailsheim, 1961; Ballmer, Karl: *Editorin Marie Steiner,* Besazio, 1954; Spörri-Hessenbruch, Gisela: *Schau- und Spiel-Kunst,* Bietigheim, 1984 [besonders S. 287ff.]; Iren Diet, *Ist die »Rudolf Steiner Gesamtausgabe« das Werk Rudolf Steiners?,* Dietlikon 2013, [besonders] S. 239–268.

12 Emanuel Zeylmans van Emmichoven, *Wer war Ita Wegmann?,* Bd. 1–3, Heidelberg 1990 und 1992.

verteidigen und andere verurteilen zu müssen. Vielmehr wird deutlich, dass auch bei Marie Steiner und ihrem menschlichen Umkreis eine Quelle dieser Probleme zu suchen ist.

Die überragende Bedeutung Marie Steiners für die Anthroposophie und die Geschichte der Anthroposophischen Gesellschaft hat verständlicherweise bis heute verhindert, dass ihr Anteil an der Problematik dieser Geschichte sachlich aufgearbeitet und dargestellt wurde. Das verdienstvolle Buch von Erdmuth Grosse *Das Rätsel des Urvorstandes*[13] ändert daran nichts, weil es zwar einige kritische Bemerkungen zum Verhalten Marie Steiners macht, ihren Anteil an der Entstehung von Problemen aber nicht konkret genug beschreibt.

Auch das großartige Büchlein von Hermann Jülich, *In Gegensätzen miteinander*, das noch zu Lebzeiten Marie Steiners im Jahre 1947 im Selbstverlag erschien, ändert an dem Befund nichts, da Jülich zwar eine hervorragende Analyse der Probleme innerhalb des Vorstandes der Allgemeinen Anthroposophischen Gesellschaft und in dieser selbst vorgelegt hat, dabei aber im Allgemeinen bleibt und nicht deutlich wird, welche Probleme durch welche Personen verursacht worden sind.

Wenn in dieser Studie Dinge dargestellt werden, die von Verehrern Marie Steiners mit Recht nicht gerne gehört werden, so soll sie damit nicht als Person herabgesetzt werden, sondern es sollen nur die Tatsachen sprechen, die mit ihren Worten und Taten geschehen sind. Es soll nicht vergessen werden, dass sie größten Anteil daran hat, dass die Anthroposophie heute zu einem Kulturfaktor geworden ist: Sie ermöglichte es Rudolf Steiner durch ihre Bereitschaft zur Mitarbeit, die Leitung der

---

[13] Erdmuth Grosse, *Das Rätsel des Urvorstandes*, Dornach 2007.

Theosophischen Gesellschaft in Deutschland zu übernehmen; sie war seine erste esoterische Schülerin; sie organisierte seine Vortragsreisen; mit ihr und durch sie wurde es Rudolf Steiner möglich, für die Bühnenkunst Grundlegendes zu leisten; sie gründete und führte einen Verlag für die Schriften und Vorträge Rudolf Steiners; sie war Mitglied des Vorstandes der 1912 gegründeten selbstständigen Anthroposophischen Gesellschaft und der 1923 bei der Weihnachtstagung gegründeten Allgemeinen Anthroposophischen Gesellschaft; sie organisierte das Mitschreiben der Vorträge Rudolf Steiners durch Stenografen, korrigierte die Stenogramm-Ausschriften und gab sie als Manuskriptdruck und später als Bücher heraus; sie schulte die Eurythmistinnen und die Sprachgestalter, inszenierte mit ihrer Bühnentruppe die Mysteriendramen Rudolf Steiners nach dessen Tod und 1938 erstmals den ungekürzten *Faust* von Goethe; und sie führte ihren Sprechchor in den 20er und 30er Jahren des 20. Jahrhunderts zu großen Erfolgen auf zahlreichen Bühnen Europas.[14]

Am wichtigsten ist aber vielleicht eine Leistung, die sie mehr im Verborgenen vollbracht hat, indem sie fast ein Vierteljahrhundert an der Seite eines Eingeweihten dessen schier unfassliche Arbeitsfülle und sein Lebenstempo nicht nur unterstützt und gefördert, sondern auch ertragen und ihm damit in vieler Hinsicht den Rücken freigehalten hat.

Aber sie war auch ein Mensch mit eindeutigen Urteilen, ausgeprägten Sympathien und Antipathien und einer manchmal übertreibenden und unsanften Sprache. Und das führte oftmals zu schwierigen sozialen Situationen.

---

[14] Siehe auch den Beitrag von H. Wiesberger in »Anthroposophie im 20. Jahrhundert«, Dornach 2003, S. 792ff.

Man kann die Einstellung haben: Warum muss man heute noch in den alten Geschichten herumkramen und die menschlichen Schwächen und Probleme beleuchten, über die die Verstorbenen längst hinausgewachsen sind? Sollte man über Verstorbene nicht nur Gutes reden nach dem alten Sprichwort: *De mortuis nihil nisi bene?*

Abgesehen davon, dass dieses Wort oft falsch übersetzt wird und nicht bedeutet, »über Verstorbene nur Gutes« reden zu sollen, sondern: »nur auf gute Weise«, kann man auch folgenden Gesichtspunkt einnehmen: Der Verstorbene lebt, besonders in Bezug auf seine eigene Biografie auf Erden, in der Wahrheit, weil er die Wirkungen seiner Worte und Taten auf andere Menschen in der eigenen Seele durchlebt und durchlitten hat. Und wenn die auf Erden lebenden Menschen nur die positiven Seiten seines Wesens und Wirkens im Bewusstsein tragen, dann leben sie nicht in Übereinstimmung mit der Wirklichkeit, und es entsteht eine tiefe Differenz zu dem Bewusstsein des Verstorbenen, die gewiss nicht förderlich ist.

Außerdem ist bei großen Persönlichkeiten, zu denen auch Marie Steiner zu zählen ist, die historische Auswirkung ihrer Urteile und Taten naturgemäß gewichtiger und nachhaltiger als bei »normalen« Menschen. Und in Bezug auf unser Thema konnte man diese Auswirkungen noch nach Jahrzehnten bemerken, die zum Teil bis heute nachwirken. Deshalb kann es von Interesse und förderlich sein, die Ursachen dieser Wirkungen zu durchschauen.

Die Anfänge der Problematik

Schon zu Lebzeiten Rudolf Steiners findet man Spuren von Vorgängen, die später das Verhältnis zwischen der Anthroposophischen Gesellschaft und der Christengemeinschaft zunehmend belasten sollten.

In den Tagen, als der Philosophie-Student Johannes Werner Klein Anfang Februar 1920 in Dornach Rudolf Steiner nach einer neuen, johanneischen Kirche im Sinne Schellings fragte, von der er überzeugt war, dass sie nur auf der Grundlage der Anthroposophie entstehen könne, fasste Friedrich Rittelmeyer, der spätere erste Erzoberlenker der Christengemeinschaft den Plan, zum 60. Geburtstag Rudolf Steiners im Februar 1921 ein Buch herauszugeben, das die Bedeutung Rudolf Steiners für die einzelnen Wissenschafts- und Lebensgebiete einer breiten Öffentlichkeit nahebringen sollte.[15]

Er war zu dieser Zeit krankheitshalber von seinem Pfarramt in Berlin beurlaubt und in seiner Arbeitsfähigkeit stark eingeschränkt. Am 5. Februar 1920 schrieb er an Marie Steiner einen ausführlichen Brief, in dem er ihr seinen Plan für das Sammelwerk eröffnete. Er fragte sie um ihre grundsätzliche Zustimmung, schilderte, wie das Werk aufgebaut sein sollte, welche Personen er um Beiträge zu bitten beabsichtigte und bat um Vorschläge, welche Persönlichkeiten nach ihrer Meinung und Kenntnis einzelne Themen bearbeiten könnten. Er fragte

---

[15] Siehe: Friedrich Rittelmeyer, *Aus meinem Leben,* Stuttgart 1937, S. 414ff.

sie auch nach ihrer Meinung zu namentlich von ihm genannten Autoren wie Michael Bauer, Carl Unger, Hermann Heisler, Alexander von Bernus, Rudolf von Koschützki und Ernst Uehli. Zuletzt bat er um eine möglichst baldige Antwort.[16]

Als er nach Wochen noch keine Antwort erhalten hatte, schrieb er am 14. März 1920 erneut an Marie Steiner. Er bat um Auskunft, ob vielleicht ein Brief verloren gegangen sei, ob sie den Plan für unausführbar halte oder Bedenken habe, oder ob »Sie selbst die Hand nicht im Spiel haben wollen und alles meiner Initiative überlassen«. Er bat erneut um »ganz kurze Nachricht«.[17]

Statt einer Antwort erhielt er zwei Wochen später einen Brief vom 26. März 1920, von acht Anthroposophen unterschrieben, die ihm einen Gegenvorschlag machten. Marie Steiner hatte den Brief Rittelmeyers ohne dessen Zustimmung an diese weitergegeben und sie gebeten, ihm ihre Zustimmung zu seinem Plan mitzuteilen und mit ihrem eigenen Plan mit ihm in Verbindung zu treten. Sie wollten zu dem gleichen Anlass, dem 60. Geburtstag Rudolf Steiners, eine Festschrift herausbringen mit dem Titel »Anthroposophie und Fachwissenschaften«. Sie luden Rittelmeyer ein, mit E. A. Stockmeyer, D. Kolisko und W. J. Stein – alle drei Lehrer der Waldorfschule in Stuttgart – dort einen Ausschuss zu bilden, der diese Festschrift vorbereiten sollte.[18]

In seiner Antwort an Stockmeyer betonte Rittelmeyer zunächst, dass es ihm auf absehbare Zeit nicht möglich sei, nach

---

[16] Brief von Friedrich Rittelmeyer an Marie Steiner vom 5. Februar 1920, ZACG, I.1.1.3

[17] Brief von Friedrich Rittelmeyer an Marie Steiner vom 14. März 1920, ZACG, I.1.1.3

[18] Brief von E. A. Stockmeyer an Friedrich Rittelmeyer vom 26. März 1920, ZACG, I.1.1.3

Stuttgart zu reisen, und versuchte, auf schriftlichem Wege eine Verständigung zu erlangen, indem er seine Pläne differenziert darstellte. Der vorgeschlagenen Titel entsprach nicht dem, was ihm vorschwebte, und er schlug deswegen vor: »Vom Lebenswerk Rudolf Steiners«. Auch machte er indirekt deutlich, dass er seine Initiative nicht aus der Hand zu geben gedachte, indem er um baldmöglichste Antwort bat, »damit ich dann möglichst rasch mit den in Aussicht genommenen Autoren Fühlung nehmen kann«.[19]

Mit Brief vom 22. April 1920 erhielt Rittelmeyer vom Ausschuss die Absage, an seinem Plan mitzuarbeiten. Weder mit dem Titel noch mit vielen der von Rittelmeyer vorgeschlagenen Mitarbeiter konnten sie sich einverstanden erklären. Sie wollten mehr die wissenschaftliche Sache Anthroposophie als die Person Rudolf Steiners in den Vordergrund rücken und hielten an ihrem eigenen Plan fest, mit ihrem Ausschuss in Stuttgart zu arbeiten, »da nur von hier aus ein Überblick über die geeigneten Mitarbeiter für unsere Sache zu gewinnen« sei. Trotzdem fragten sie erneut um seine freundliche Mitarbeit.[20]

In seiner Antwort vom 26. April 1920 setzte sich Rittelmeyer ausführlich mit der Kritik an seinem Plan auseinander, wohl wissend, dass er die Empfänger nicht überzeugen würde. Er begründete nun die Unmöglichkeit einer Fahrt nach Stuttgart mit seiner Krankheit und machte deutlich, dass er nicht gewillt war, »den ganzen Plan völlig aus der Hand« zu geben. »So möchte ich Sie bitten, meinen Plan, von dem ich ja nur Frau

---

[19] Brief von Friedrich Rittelmeyer an E. A. Stockmeyer, undatiert, ZACG, I.1.1.3

[20] Brief von W. J. Stein, E. Kolisko und E. A. Stockmeyer an F. Rittelmeyer vom 20. April 1920, ZACG, I.1.1.3

Doktor Steiner Mitteilung machte und von dem Sie von ihr nur unter Diskretion erfahren haben können, mir selbst zu überlassen ... Sollten Sie selbst zum 60. Geburtstag Herrn Doktors ihm eine besondere Freude zu machen beabsichtigen, so gibt es ja für die Stuttgarter beneidenswert viele Möglichkeiten. Meinen Sie, von einer literarischen Ehrung nicht absehen zu sollen, so begrüße ich auch dies im Interesse der Sache sehr und darf nur als selbstverständlich voraussetzen, dass Sie dann Ihrem Plan jede Ähnlichkeit mit meinem Ihnen vertraulich zur Kenntnis gekommenen Plan nehmen, damit wir uns nicht unnötig Konkurrenz machen, sondern uns im Gegenteil ungestört fördern können. Meinerseits sage ich Ihnen jede mögliche Förderung gerne zu.« Außerdem bat er die Mitglieder des Ausschusses noch einmal, ihnen als Autoren geeignet erscheinende Persönlichkeiten zu nennen.[21]

Mit diesem Brief war endgültig klar, dass es sich um zwei verschiedene Initiativen handelte, die nicht unter einen Hut zu bringen waren. Aus dem Plan des Stuttgarter Ausschusses ist nie etwas geworden. Rittelmeyer aber begab sich nun allein ans Werk.

Am 28. April 1920, kurz bevor er zu seinem Kuraufenthalt nach Birgwitz in Schlesien aufbrach, schrieb er an Marie Steiner:

> Sehr verehrte Frau Doktor!
> Es erscheint mir notwendig, dass Sie von beiliegendem Briefwechsel Kenntnis erhalten. Die Stuttgarter haben, als sie von meinem Plan eines Buches über Herrn Doktor Steiner hör-

---

[21] Brief von Friedrich Rittelmeyer an die drei Herren vom 26. April 1920, ZACG, I.1.1.3.

ten, einen Ausschuss gegründet, drei Stuttgarter, lauter literarisch offenbar unerfahrene Leute, hineingewählt und mich als einzigen in der Ferne zu den Beratungen »eingeladen«, d.h. praktisch ausgeschaltet. Nun würde ich ja, so gern ich meinen Namen bei dieser Gelegenheit wieder einmal für Herrn Doktor einsetze, die Herausgabe aus der Hand geben. Sie macht auch Mühe und ich weiß auch anderes zu arbeiten. Aber ich täte es erst, wenn ich wirklich die Überzeugung gewinne, dass die Herausgabe in ganz guten Händen ist und dass wirklich geschickt und erfolgreich für Herrn Doktor gearbeitet wird. Bis jetzt aber habe ich von den Stuttgarter Anregungen, soweit nicht Herr Doktor selbst dabei die Sache macht, keinen besonders glücklichen Eindruck. Ich denke zum Beispiel an die in der Form völlig ungeschickte Vertrauenskundgebung und anderes. So, fürchte ich, wird der Ausschuss auch diese Sache verpatzen oder mindestens wieder eine esoterische Sache der Anthroposophischen Gesellschaft daraus machen, die in der Öffentlichkeit nicht wirkt. Durch weitere Verhandlungen wird, wie mir scheint, nur Zeit verloren. Es muss jetzt nicht verhandelt, sondern gehandelt werden.
Wollten die Stuttgarter, dass ihnen die Sache ganz überlassen wird, so müssten sie mindestens durch irgendwelche guten Vorschläge sich Vertrauen erwerben. Sie machen aber überhaupt nicht einen einzigen Vorschlag, außer dem – nach meiner Meinung unglückseligen – Titel: Anthroposophie und Fachwissenschaften. Wie schwer es ist, mit einem solchen Werk wirklich in der Öffentlichkeit anzukommen, dafür fehlt, wie es scheint, das rechte Verständnis.
So habe ich mich also entschlossen, die Sache selbst zu machen. Noch einmal bitte ich Sie, mir womöglich zu beiliegender Liste unter aller Diskretion einige Bemerkungen zu machen. Insbe-

sondere wüsste ich gern, wer vor allem etwa in Betracht käme für »Steiner und die Kunst« und »Steiner und die Naturwissenschaft«. Ich werde auch Herrn Michael Bauer fragen, oder ihm die »Kunst« übergeben, da hier Herr Rudolf Meyer recht geschickt für die Pädagogik gearbeitet hat. Aber es müsste sehr bald sein, denn die Manuskripte müssen bis 1. Oktober in meiner Hand sein.
Wenn Sie es wünschen und wenn es sich wegen der Entfernung machen lässt, werde ich Ihnen die Manuskripte gern vorher schicken. Es kann ja namentlich sehr gut sein, dass einer oder der andere aus den nicht-veröffentlichten Vorträgen etwas erwähnt.
Wären nicht die leidigen Valutaschwierigkeiten, so würde ich meine jetzige erzwungene Muße – ich bin noch krank und kann meinen Beruf frühestens im August oder September wieder aufnehmen – zum Teil, d.h. gegen Schluss auch zu einem Aufenthalt in Dornach verwenden. Doch gebe ich die Hoffnung nicht auf, dass ich vor dem nächsten Jahr Ihnen und Herrn Doktor wieder einmal zu begegnen die große Freude habe.
In herzlicher Verehrung
Dr. Rittelmeyer

Briefwechsel bitte zurück[22]

Wir haben hier diesen Brief so vollständig wiedergegeben, weil er zeigt, welche Mühe sich Rittelmeyer gemacht hat, positiv auf Marie Steiner zuzugehen, obwohl sie bis dahin fast ein Vierteljahr geschwiegen und ohne Rücksprache mit ihm sei-

---

[22] Brief von Friedrich Rittelmeyer an Marie Steiner vom 28. April 1920, ZACG, I.1.1.3.

nen Brief weitergegeben hatte. Auch diesmal erhielt er keine Antwort.

Er wandte sich mit seinem Plan an Anthroposophen und an Persönlichkeiten, die der Anthroposophie nahestanden, und bat sie durch Rundschreiben, die auch Marie Steiner erhielt, um Mitarbeit an diesem Sammelwerk. Unter ihnen waren Michael Bauer, Ernst Uehli, Hans Wohlbold, Christian Geyer, Roman Boos, Erich Schwebsch und Hermann Beckh, die alle einen Beitrag zu dem Sammelwerk leisteten. Michael Bauer war Mitglied des ersten Vorstandes der Anthroposophischen Gesellschaft von 1912 gewesen, und Ernst Uehli gehörte diesem Vorstand seit 1920 an.

Wie sehr Rittelmeyer das Schweigen Marie Steiners getroffen hat, zeigt sein Brief an seinen Freund Michael Bauer vom 23. August 1920 aus Schlesien:

> Lieber Freund!
> Hier kommt nun wohl das letzte Rundschreiben. Ein Exemplar bitte ich, Herrn Professor Beckh zu geben mit herzlichem Gruß von mir. Wie schön, dass Sie auch an den Zitatenschlüssel dachten! Überhaupt ist mir Ihr entschiedenes und freundschaftliches Eintreten für die Sache im Hinblick auf die Behandlung, die ich von Frau Doktor Steiner erfahren habe, von unschätzbarem Wert gewesen. Wenn Sie in Dornach etwas herausbringen können, was eigentlich los ist, bin ich sehr begierig, es zu erfahren. Fünf Mal habe ich an sie geschrieben, ohne jede Antwort. Nur die indirekte Antwort kam, dass sie mit [sic!] meinem Plan – ohne meine Erlaubnis – den Stuttgartern gesprochen habe. Wenn sie mir einmal im Auftrag des Herrn Doktor einen verloren gegangenen Brief wirklich geschrieben hat, so konnte sie bei einigem persönlichen In-

teresse für mich aus jedem folgenden Brief sehen, dass dieser Brief nicht angekommen ist. Dass sie in Berlin Fräulein Mücke beauftragt hat, telefonisch zu fragen, ob ich da sei – ohne etwas für mich bestellen zu lassen – ist natürlich keine genügende Antwort auf meine Briefe und Fragen. Was hat sie? Ist ihr der Theologe als Herausgeber nicht recht? Ich hatte bisher allen Grund zu der Annahme, dass sie mein Eintreten für den Doktor schätzt. Oder wünscht sie mehr Devotion als in den Rundschreiben zum Ausdruck kommt? Oder denkt sie, durch Veröffentlichung aus den Vorträgen würde dem Doktor etwas entzogen? Ich weiß von ihm selber, wie zweifelhaft ihm die dauernde Geheimhaltung der Vorträge ist und wie sehr er daran denkt, sie freier zu geben. Jedenfalls weiß ich kaum etwas, was jetzt so notwendig ist angesichts der Fülle von Angriffen, die von allen Seiten auf den Doktor hageln, als dass freie Männer entschieden öffentlich für ihn eintreten. Frau Doktor aber hat nicht nur mir persönlich dies Jahr schwer gemacht, sondern sich auch so verhalten, dass die Gutwilligsten gedämpft werden können. Ich kann mir jetzt denken, dass sie doch schon manches verdorben hat. Jedenfalls bin ich seit 20 Jahren nicht unhöflicher behandelt worden als von ihr …[23]

Rittelmeyer hat versucht, sich in Marie Steiner einzufühlen, aber über die Gründe für ihr Schweigen kann man auch heute nur – wie er damals – spekulieren. Ob bei Rittelmeyers dreiwöchigem Besuch im August 1921 in Dornach die Angelegenheit besprochen und eventuell geklärt wurde, ist nicht bekannt.

---

[23] Brief von Friedrich Rittelmeyer an Michael Bauer vom 23. August 1920, ZACG, I.1.1.3.

Noch einmal, am 25. 12.1920, wandte sich Rittelmeyer an Marie Steiner mit der Bitte, durch Freigabe von nicht veröffentlichtem Vortragsmaterial an zwei Autoren (Friedrich Lienhard, Weimar, für das Thema Deutschtum und Professor Wilhelm von Blume, Tübingen, für das Thema Politik) sein Vorhaben zu unterstützen. Er bot an, die Aufsätze in Dornach zur Einsicht vorzulegen und bat noch einmal um Unterstützung:

> Also ich bitte Sie nochmals herzlich und dringend: helfen Sie mit! Ich habe meinerseits die eigenen Veröffentlichungen trotz Drängens von Verleger und Publikum zurückgestellt um dieses Werkes willen und werde nicht müde werden, den Mitarbeitern Material zu schaffen, Anregungen und Anstöße zu geben. Aber ohne Dornacher Hilfe kann ich etwas wirklich Befriedigendes nicht zu Stande bringen, so wie die Dinge nun einmal liegen ...[24]

Ob Rittelmeyer auch diesmal keine Antwort bekommen hat, oder ob ihm aus Dornach Bedenken wegen der beiden Autoren signalisiert worden war (immerhin war Lienhard ein völkischer Schriftsteller aus dem Elsass), ist nicht überliefert. Tatsache aber ist, dass sechs Wochen später im fertigen Buch das Thema Politik von Roman Boos und der Beitrag über das Deutschtum von Rittelmeyer selbst behandelt worden sind.[25]

Am 3. Februar 1921 sandte Rittelmeyer das erschienene Buch mit einem Begleitbrief an Rudolf Steiner. Mit Brief vom

---

[24] Brief von Friedrich Rittelmeyer an Marie Steiner vom 25. Dezember 1920, ZACG, I.1.1.3.

[25] Siehe: Friedrich Rittelmeyer, *Vom Lebenswerk Rudolf Steiners. Eine Hoffnung neuer Kultur.* München 1921, S. 355.

19. April 1921 bedankte sich Rudolf Steiner auf das Herzlichste bei Friedrich Rittelmeyer.

> … Im Namen der anthroposophischen Bewegung sage ich Ihnen herzlichsten Dank für Ihr Buch. Dasselbe ist ganz zweifellos so gehalten, dass der Kreis, in dem es wirken kann, gut berücksichtigt ist … Sie, mein lieber Herr Doktor, haben in einer auch für Sie persönlich schweren Zeit Ihr Buch in die Welt geschickt, das so ist, dass die Krankheit dem Buche gegenüber nur wie die Bringerin der Muße ist, die Ihnen gestattete, das besser zu machen, was Sie auch in guter aber von Arbeit überbürdeter Zeit mut- und kraftvoll getan hätten. Deshalb nochmals herzlichsten Dank im Namen der Bewegung und mit den herzlichsten Grüßen an die Ihrigen, diese auch an Sie selbst Ihr herzlichst zugeneigter R. St.[26]

Diesen Brief veröffentlichte Rittelmeyer auszugsweise in seiner sieben Jahre später erschienenen Schrift *Meine Lebensbegegnung mit Rudolf Steiner*[27] und fügte die Bemerkung hinzu: »Die Mitarbeiter an dem Buch konnte es freuen, dass drei Jahre später Rudolf Steiner in einer Sitzung sagte, das Buch sei das Stärkste, was bisher zum Bekanntwerden der Anthroposophie in der Öffentlichkeit geschehen ist.«

Wahrscheinlich ist damit die Äußerung gemeint, die Rudolf Steiner am 31. Januar 1923 in einer Sitzung des sogenannten »Dreißigerkreises« getan hat:

---

[26] Brief von Rudolf Steiner an Friedrich Rittelmeyer vom19. April 1921, ZACG, I.1.1.3

[27] Stuttgart [13]2015, S. 101ff.

> Ich habe einmal auf dasjenige hingewiesen, was eigentlich zur Schiefheit in der Entwicklung der Bewegung für religiöse Erneuerung geführt hat. Ich habe darauf hingewiesen, dass man diesem Kreis für religiöse Erneuerung den Vorsprung gelassen hat, das wirksamste Buch zu schreiben, sodass man sich nicht zu verwundern braucht, wenn diese Gesellschaft nun auch Erfolg hat, Wirksamkeit entwickeln kann ...[28]

Vielleicht bezieht sich dieser Satz auch auf das Vorhaben der oben genannten drei Stuttgarter Waldorflehrer, die im Frühjahr 1920 eine Schrift zum 60. Geburtstag Rudolf Steiners planten, die aber nicht zustande kam. Denn diese drei Lehrer waren bei der Sitzung dabei, in der dieser Satz gefallen ist. Merkwürdig ist, dass Marie Steiner auf dem Umschlag von Rittelmeyers Brief vom 3. Februar 1921 notiert hat: »Dieser Brief lag ungeöffnet im Buch, das Doktor Rittelmeyer selbst übersandte und wurde von mir erst am 28. Dezember 1943 erblickt und gelesen.«

Am 24. April 1921 antwortete Rittelmeyer Rudolf Steiner noch vom Ort seines Kuraufenthaltes in Birgwitz bei Glatz, kurz bevor er nach Berlin zurückkehrte:

> Hochverehrter Herr Doktor!
> Ihr gütiger und so ausführlicher Brief ist mir eine außergewöhnliche Wohltat gewesen und sollte in seinem Wert möglichst ausgenützt werden. Ich fühle mich durch ihn noch innerlicher wie bisher mit Ihrer Sache verbunden. Wenn unser Buch durch die enge Verbindung, in der es die Anthroposophie mit Ihrer Persönlichkeit darstellt, in weiten Kreisen

[28] Rudolf Steiner, *Das Schicksalsjahr 1923* (GA 259), Dornach 1991, S. 248.

ärgern wird, so weiß ich doch nicht, auch jetzt bei neuem Nachdenken nicht, wie es überhaupt hätte anders gestaltet werden können ...
Wie immer in herzlichster Verehrung und mit ganz besonderem Dank, dem sich auch meine Frau mit herzlichen Grüßen anschließt,
Ihr getreuer F. Rittelmeyer[29]

Aus dieser Darstellung der Vorgänge um Rittelmeyers Buch wird wohl hinreichend deutlich, dass das Verhältnis zwischen Marie Steiner und Friedrich Rittelmeyer schon belastet war, bevor der erste Theologenkurs (ohne Rittelmeyer) im Juni 1921 in Stuttgart stattfand.

[29] ZACG, I.1.1.3.

Die Frage der jungen Theologen, der erste Kurs Rudolf Steiners für die Theologen und das Problem der Finanzierung ihres Vorhabens

Es war nicht Friedrich Rittelmeyer, der Rudolf Steiner nach einer Erneuerung des religiösen Lebens und nach einer neuen Kirche fragte, sondern die Initiative ging von zwei Studenten aus, die dem Kreis der Anthroposophen angehörten. Der eine hieß Johannes Werner Klein, der sich in Marburg von der Theologie zur Philosophie gewandt hatte und trotzdem überzeugt war, dass eine neue, dritte christliche Kirche im Sinne Schellings und durch die Anthroposophie kommen müsse. Er fragte Anfang Februar 1920 in Dornach Rudolf Steiner in einem persönlichen Gespräch nach den Möglichkeiten einer solchen religiösen Erneuerung, missverstand aber zunächst dessen positive Antwort.[30]

Eine ähnliche Frage richtete die Schweizer Theologiestudentin Gertrud Spörri im Frühjahr 1920 an Rudolf Steiner, der ihr seine Bereitschaft signalisierte, einen Kurs für junge Theologen zu halten und verwies sie ohne Namensnennung an den Marburger Studenten. Es dauerte bis zum April 1921, ehe sich Gertrud Spörri und Werner Klein in Dornach trafen und über

[30] Siehe: Rudolf Gädeke, *Die Gründer der Christengemeinschaft,* Dornach 1992, S. 90.

ihre Gespräche mit Rudolf Steiner austauschen konnten. Sie beschlossen sofort, Gesinnungsgenossen zu suchen und Rudolf Steiner um einen Kurs zu ihren Fragen zu bitten.[31] Sie formulierten schriftlich ihre Frage nach einem Kursus an Rudolf Steiner:

Entwurf zu einer persönlichen Eingabe an Herrn Dr. Steiner:

Wir unterzeichneten jungen Menschen, die wir den unabweislichen Drang in uns spüren nach religiöser Tat und Betätigung, unternehmen es, uns Herrn Dr. Rudolf Steiner mit folgender Bitte zu nähern.
Wir gehen von der Überzeugung aus, dass allerdings der Schwerpunkt menschlicher Evolution auf dem Gebiet der Wissenschaft liegt. Hat aber nicht auch Kunst und Religion gerade in sozialer Hinsicht höchste Aufgaben zu erfüllen?
Unsere Bitte geht nun dahin: Wollen Sie uns, Herr Dr. Steiner, in den Schwierigkeiten und bitteren Gärungen dieses Problems helfen zur Klarheit zu kommen, die unsere Jugend nicht zu erringen vermag? Bleibt der Religion in der Entwicklung der Zukunft ein autonomes Betätigungsfeld erhalten? Vermögen Sie uns auf Aufgaben und Zeitnotwendigkeiten religiöser Betätigung in die Zukunft hinein hinzuweisen?
Wir fragen nicht in erster Linie nach Theologie, die eine Disziplin der Wissenschaft ist und als solche ihre Existenzberechtigung hat. Wir hängen nicht an überlieferter Form und Kirche, die immer vergänglicher Natur sein werden. Wir fragen aber nach religiöser Tatmöglichkeit. – Wir erklären ausdrücklich, frei aus der Notwendigkeit der Zeit heraus schaffen zu wollen

[31] Ebenda, S. 100f.

und fest entschlossen zu sein, Perspektiven, die sich uns eröffnen, bis zu Ende zu gehen.

Wir erklären zum Schlusse, insgesamt Mitglieder der Anthroposophischen Gesellschaft zu sein, wenn auch nicht alle Studierende der Theologie. Die Wahrheit wird uns in jeder Form willkommen sein und wir werden Ihren Entscheid begrüßen, ob Sie uns nun eine ablehnende Antwort erteilen, ob Sie uns zu intimer Besprechung berufen oder zu Kursen beliebiger Ausdehnung.

Werner Klein, Gertrud Spörri
Dornach, Frühjahrskurs, 7. April 1921[32]

In diesem Text von Werner Klein kommt das Anliegen der beiden anthroposophischen Studenten klar zum Ausdruck. Es ging ihnen nicht um theologische Fragestellungen, sondern viel grundsätzlicher um die Frage, ob aus der Sicht der Anthroposophie Religion in Zukunft noch eine eigenständige Aufgabe habe. Innerhalb von wenigen Wochen fanden sie etwa 15 Gesinnungsgenossen, die diese Bitte durch ihre Unterschrift unterstützten. Emil Bock in Berlin, der das Anliegen begeistert unterstützte, lehnte das Schreiben aber wegen seines in seinen Augen unterwürfigen Tones strikt ab. Und so kam es Mitte Mai 1921 in Stuttgart ohne direkte Beteiligung von Emil Bock nach dramatischen Diskussionen im kleinen Kreise zur endgültigen Formulierung dieser Eingabe folgenden Wortlauts:[33]

Da nach unserer Überzeugung die Entfaltung des Geistbewusstseins dasjenige ist, was die gegenwärtige Menschheit zunächst

---

[32] ARB 111, Beilage, S. 6f., ZACG, IV.4.

[33] Beilage ARB 111, S. 2f., ZACG, IV.4.

erwerben will, und da außerdem »Religion in ihrem lebendigen Leben, in ihrem lebendigen Geübtwerden innerhalb der menschlichen Gemeinschaft das Geistbewusstsein entfacht«, sehen die unterzeichneten Studenten aus diesen Tatsachen eine Richtung sich ergeben für die Tätigkeit, die sie aus der anthroposophischen Bewegung heraus vielleicht auszuüben haben.
Da wir an den heute mit der Ausübung der Religion verbundenen Begriff des Priestertums nur mit einer gewissen Scheu herangehen können, solange einerseits derselbe nur abgeleitet wird von dem, was bis heute als priesterliche oder kirchliche Institution dagewesen ist, und da wir andererseits nicht wissen, ob überhaupt etwas ähnliches oder wie etwas anderes an dessen Stellen treten muss; da wir schließlich glauben, dass alle weiteren Fragen nach dem, was mit religiöser Übung und religiöser Betätigung umschrieben wurde und nach dem, was als religiöses Milieu das menschliche Leben von der Geburt bis zum Tode zu umgeben habe, erst richtig gestellt werden können, nachdem auf diese erste Frage eingegangen worden ist, bitten wir Herrn Dr. Steiner von Herzen, uns über diese Frage Auskunft zu geben.
Aus einer Antwort kann sich für den einzelnen ergeben, ob er in diesem Zusammenhang Aufgaben zu erfüllen imstande ist.
Stuttgart, den 22. Mai 1921

unterzeichnet von:

Werner Klein,	stud. philos.
Gertrud Spörri,	stud. theol.
Ludwig Köhler,	stud. theol.
Gottfried Husemann,	stud. chem. früher theol.[34]

[34] Rudolf Steiner, *Vorträge und Kurse über christlich-religiöses Wirken I* (GA 342), S. 233ff.

Auch in diesem Schreiben kommt deutlich die Frage zum Ausdruck, ob »kirchliche Institution« oder »etwas Ähnliches« für religiöses Leben in Zukunft notwendig sei, oder ob »etwas anderes an dessen Stelle treten« müsse.

Für das Verständnis der später aufgetretenen Schwierigkeiten ist es notwendig, diese Grundfrage nach Erneuerung des christlich religiösen Lebens und nach der Berechtigung und Notwendigkeit einer Kirche festzuhalten, weil Marie Steiner Zeit ihres Lebens in diesem Punkt etwas anderes vertreten hat, wovon noch die Rede sein wird. Hier liegt eine der Quellen der späteren tragischen Entwicklungen.

Am 22. Mai 1921 wurde diese Eingabe Rudolf Steiner in Stuttgart überreicht, und am 24. Mai empfing er Gertrud Spörri und Werner Klein zu einem Gespräch, in dem er ihnen den erwünschten Kurs für junge Theologen für Mitte Juni in Stuttgart zusagte.[35] Während des Kurses, an dem auch Marie Steiner und Ernst Uehli teilnahmen, bejahte Rudolf Steiner die Frage der Studenten nach der Notwendigkeit einer religiösen Erneuerung, sprach ihnen von der Notwendigkeit eines modernen Kultus und drängte die jungen Leute immer wieder, mit ihrer Initiative keine Zeit zu verlieren,[36] sondern sobald wie möglich aktiv zu werden, weitere Gesinnungsgenossen zu finden und vor allen Dingen für eine gediegene Finanzierung zu sorgen,[37] was die jungen Leute sehr verwunderte. Er riet ihnen nachdrücklich, den 25 Jahre älteren ehemaligen Pfarrer Hermann

---

[35] Siehe: Rudolf Gädeke, *Die Gründer der Christengemeinschaft…*, a.a.O., S. 20 und 101f.

[36] GA 342, S. 73, 109f.

[37] GA 342, S. 67, 70f., 74f., 80, 167f.

Heisler aus Tübingen herbeizurufen und mit der Aufgabe zu betrauen, bei reichen Leuten und Institutionen für ihre Initiative Geld zu sammeln.[38] Er versprach, ihnen im Herbst einen 14-tägigen Kursus zu halten, zu dem sie 200 oder wenigstens 100 Teilnehmer zusammenbringen sollten.

In Bezug auf die Finanzierung sorgte er selber dafür, dass der »Kommende Tag« noch in den Tagen des Kurses eine Anschubfinanzierung beschloss, indem er die Kosten für Hermann Heisler für drei Monate übernahm. Danach sollte sich dessen Tätigkeit selber finanzieren.[39]

In Bezug auf die Gemeindegründungen sollte nicht aus den anthroposophischen Zweigen heraus gearbeitet werden:

> Sie müssen die religiöse Gemeindebildung für sich vornehmen und dann den Zusammenschluss mit der anthroposophischen Bewegung suchen. Die anthroposophische Bewegung, das kann ich ja durchaus sagen, wird niemals ermangeln, diesen Zusammenschluss zu fördern, selbstverständlich. Aber es würde nicht gut sein, gewissermaßen aus den Anthroposophengemeinden heraus kirchliche Gemeinden zu bilden.[40]

---

[38] GA 342, S. 75f., 80, 86f., 109f.

[39] GA 342, S. 80, 109f.

[40] GA 342, S. 62. Auf dieser Seite oben haben die Herausgeber den ersten Satz in sein Gegenteil verkehrt, indem sie ohne Kennzeichnung und Hinweis ein »nicht« in den Text der Stenogrammausschrift eingefügt haben. Deshalb geben wir ihn hier in seiner Originalwortlaut wieder: »Nur würde ich unter allen Umständen empfehlen, die Sache [hier steht das »nicht« in der GA 342] so zu suchen, dass mit Bezug auf die anthroposophischen Zweige usw. angestrebt wird ein Sichzusammenschließen, dass nicht angestrebt wird ein Herausarbeiten aus der Anthroposophie selber, denn da würde Ihnen der Faden abreißen, bevor Sie zu irgendetwas kommen.«

Dieser Hinweis bezog sich besonders auf die Finanzierung, was zwei Tage später deutlich wurde, als Hermann Heisler seine Pläne für seine Geldsammelaktion darstellte:

> Wir waren uns klar darüber, dass man zunächst wohl ganz planmäßig anfangen muss, und zwar so, dass man an einem Platz anfängt, wo man Bekannte hat, dass man dort hinfährt. Die Bekannten werden zu gewinnen sein aus den Kreisen der Anthroposophen. Es ist nicht gut, dass man sich offiziell an die Logen wendet, sondern dass man sich aus den Anthroposophen einige Leute heraussucht, die geeignet erscheinen, und dass diese Leute einem Adressen an die Hand geben, und dass man dann diese Adressen aufsucht, um Gelder herauszubekommen.
> Wir sind überzeugt, dass unsere Mitglieder in der größten Anzahl zeichnen würden, doch besser wäre es, sich zuerst an andere zu wenden. Die Mitglieder sind uns sicher, die brauchen wir jetzt nicht zu bearbeiten. Der Betreffende soll nun die Leute, die er gesammelt hat, zusammenschließen zu einem Ausschluss von Vertrauensleuten, die dann die Weisungen bekommen und weiter arbeiten.

Darauf ging Rudolf Steiner ein und sagte:

> Ich würde schon raten, die Sache ja nicht durch die Zweige offiziell zu machen, sondern persönlich zu machen und viel darauf zu sehen, dass die Mitglieder sich herbeilassen, dann weitere Adressen in Nichtmitglieder-Kreisen zu geben. Das würde ich schon sehr raten. Sie werden dabei auch die Erfahrung machen, dass gerade für diese Seite der Sache Sie sehr viele Leute finden werden, die sich nicht offiziell als Mitglieder anschlie-

> ßen wollen, aber sehr viel übrig haben, nach dieser Richtung etwas zu tun.[41]

Damit war der Ausgangspunkt klar: Die Mitglieder der Anthroposophischen Gesellschaft sollten nicht die Zielgruppe von Heislers Bemühungen sein, sondern in erster Linie solche Menschen benennen, die sich für eine religiöse Erneuerung interessieren und dafür eventuell Geld geben würden.[42]

Auf der anderen Seite sprach Rudolf Steiner im Verlauf der Vorträge auch davon, dass die Gründung freier religiöser Gemeinschaften auf Grundlage eines durch Anthroposophie vermittelten Kultus auch für Anthroposophen und für das Leben der Anthroposophischen Gesellschaft von positiver Bedeutung sein werde. Er schilderte, wie in der anthroposophischen Bewegung überall die Schwierigkeit gegeben sei, dass ein Bestreben auftrete, Gemeinden zu bilden, obwohl es dort die eigentliche Aufgabe sei, geistige Erkenntnisse, geistige Inhalte zu vermitteln.

> Und weil die anthroposophische Bewegung heute noch so etwas Universelles sein muss, können diese anthroposophischen Zweige nicht eigentlich zu einem wirklichen Leben kommen, denn sie pendeln hin und her zwischen dem religiösen Element und zwischen dem mehr auf alle Zweige des Lebens gerichteten geistigen Element …
> Aber wenn man frägt: Worinnen liegt der Fehler? Dann liegt er eben nicht in diesen Gemeinschaften, sondern darinnen, dass man ja eigentlich einen wirklichen Anschluss an ein religiö-

---

[41] GA 342, S. 181f.

[42] Siehe auch: GA 342, S. 183.

> ses Leben heute nicht findet, wenn man auf der anderen Seite erkennend die geistige Welt durchdringt. Bei all den Erkenntnissen, die heute existieren, finden ein religiöses Leben die Anthroposophen nicht. Diese Gemeinschaften müssen eben erst da sein.[43]

Dieses Motiv griff Rudolf Steiner in seinem Schlusswort des Kurses am 16. Juni 1921 noch einmal auf:

> Ich brauche nichts anderes zu sagen, als dass es mir eine tiefe, innere Befriedigung gewährt, dass Sie sich zu dieser Arbeit eingefunden haben. Besonders möge dann aus dieser Arbeit etwas erwachsen ... [Lücke] und dass es für Sachen, die auch innerhalb des anthroposophischen Lebens verwertet werden, etwas sehr Bedeutsames sein wird, wenn gerade derjenige Teil angeregt sein wird durch dieses anthroposophische Leben, der Ihr Teil ist.[44]

Die Aufgabe für die Gründer der Christengemeinschaft war also, im Wesentlichen Menschen zu finden, die eine Sehnsucht nach religiöser Erneuerung spürten, aber noch nicht den Weg zur Anthroposophischen Gesellschaft gefunden hatten. Und auch die notwendigen Finanzmittel sollten im Wesentlichen von solchen Menschen und von solchen Institutionen kommen, die die Berechtigung und Notwendigkeit religiöser Erneuerung einsehen konnten. Aber sie waren nicht gehalten

---

[43] GA 342, S. 60

[44] GA 342, S. 206. Da diese Sätze von den Herausgebern besonders stark bearbeitet worden sind, geben wir sie hier unbearbeitet so wieder, wie sie sich in der ältesten Quelle, der Stenogrammausschrift finden.

oder gar verpflichtet worden, sich von Anthroposophen grundsätzlich fernzuhalten, weil ihr Bestreben ausdrücklich auch für diese von positiver Bedeutung sein könne.

Hermann Heisler befand sich alsbald mit seiner Aufgabe in einem schwierigen Dilemma. Er bekam auf seinen Reisen von Anthroposophen zwar viele Adressen von Menschen und Institutionen geliefert, von denen anzunehmen war, dass sie sein Anliegen unterstützen würden. Aber besonders bei Bankdirektoren und Fabrikbesitzern hatte er so gut wie gar keinen Erfolg. Er hat darüber in seinen Erinnerungen ausführlich geschrieben.[45]

Dagegen fand er unter Anthroposophen nicht nur viele, die sich sehr für religiöse Erneuerung interessierten, sondern auch bereit waren, dafür Geld zu spenden. Und so kam es, dass er in der Zeit vom Juli 1921 bis zum Januar 1922 zwar 722.000 Reichsmark sammeln konnte, dass davon aber mindestens 607.000 Reichsmark, also 84% von Anthroposophen stammten! Das ergibt sich aus den exakten Sammellisten, die er erstellt hat und die sich erhalten haben.[46]

Auch die »Aktionskreise«, die er in den verschiedenen Städten zur Weiterarbeit und Werbung neuer Menschen und finanzieller Mittel bildete, bestanden vorwiegend aus Anthroposophen. Sie waren an manchen Orten der Kern der später gebildeten Gemeinden.

Das veranlasste Rudolf Steiner am 7. März 1922 in Berlin bei einer Besprechung mit den Gründern zu sagen:

---

[45] Hermann Heisler, *Mein Weg zur Christengemeinschaft,* Manuskript, S. 243–262. ZACG, I.1.47.1

[46] ZACG, I.1.47.2

Es hat etwas Bedenkliches, den Plan in dieser Weise zu denken, dass nur die Anthroposophen in der Hauptsache zunächst hineingezogen werden sollen ...
Wir haben ja in der letzten Zeit Mehrfaches entstehen gesehen im Zusammenhang mit der anthroposophischen Bewegung, das immer gedacht war in einer gewissen Unabhängigkeit von der Bewegung, weil einzelne Dinge größere Kreise ziehen sollten als gefasst werden in der anthroposophischen Bewegung; und immer hat sich herausgestellt dass die Dinge auf die anthroposophische Bewegung beschränkt worden sind in einer solchen Weise, dass vorläufig die Sonderbewegungen nicht Mittel und Wege gefunden haben, über die anthroposophische Bewegung hinauszukommen. Jetzt fragt es sich, ob das die Bewegung, die entsteht, doch eigentlich in einem gewissen Sinne angeht ...
Es handelt sich wirklich darum, dass ein Impuls über die Kreise der anthroposophischen Bewegung hinausgeht. Mit der Anthroposophischen Gesellschaft lässt sich natürlich manches machen, aber ob wir uns nicht selber für diese Bewegung, wie auch für andere, die eigentlichen Impulse matt machen, wenn wir innerhalb der anthroposophischen Bewegung stehen bleiben auch für die finanzielle Frage, – das hat natürlich, ich möchte sagen, fast etwas Bestürzendes. Denn wenn diese Bewegung, die finanziert werden muss, wieder auf der anthroposophischen Bewegung fußt, die eigentlich doch aus ihren eigenen Impulsen hervorgegangen ist und ihre eigene Bedeutung hat, und innerhalb welcher ein gewisses Vertrauen existiert; aber für weitergehende Unternehmungen rechtfertigt sich dieses Vertrauen nur, wenn man auch weitere Kreise gewinnt. Denn, sehen Sie, es lassen sich ja aus der anthroposophischen Bewegung heraus sicher vielfach für einzelne Gemeindegründungen gut die Mittel

finden. Aber es ist nicht gut, eine solche Gemeinde zu gründen nur aus den Anthroposophen. Es hat natürlich etwas Bedenkliches, auch mit dieser Bewegung sich auf die Anthroposophen zu beschränken. Ich möchte nur aufmerksam machen, weil in dieser Richtung in der letzten Zeit mehrfach Erfahrungen gemacht worden sind. Ich glaubte überall, man würde Mittel und Wege finden, um die Kreise größer zu machen ...
Aber es scheint mir doch nicht richtig zu sein, wenn nur aus der anthroposophischen Bewegung heraus gearbeitet wird. Nein, ich glaube, dass dann die Sache nicht genügend Konsistenz, nicht genügend Substanz hat. Sie wird nicht weitere Kreise ziehen, wie es unbedingt geschehen muss. Wir kriegen dann nichts anderes heraus, als dass die anthroposophische Bewegung sich umwandelt, nicht in eine Kirchenbildung, sondern in eine Sekte; und das wäre nach beiden Richtungen hin in geistiger Beziehung schlimm für die anthroposophische Bewegung und für die neue Bewegung. Die Anthroposophen sollen zuerst nicht nur finanzieren, sondern auch die Kirchen füllen. Und das ist nicht das Gesunde dieser Bewegung.[47]

Dieses Problem gehört zu den Tatsachen, die Rudolf Steiner veranlassten, am 30. Dezember 1922 in Dornach einen Vortrag vor Anthroposophen zu halten, der – isoliert betrachtet – wie eine scharfe Abgrenzung zur inzwischen gegründeten Christengemeinschaft gelesen werden kann. Eine detaillierte Aufarbeitung dieses komplexen Zusammenhanges ist an anderer Stelle gegeben.[48]

---

[47] ZACG, IV.2.g.

[48] Wolfgang Gädeke, *Anthroposophie und die Fortbildung der Religion,* a.a.O., S. 292–393.

Was die Finanzierung betrifft, muss aber noch auf einen anderen Tatbestand hingewiesen werden: Am 27. Dezember 1921 schrieb Friedrich Rittelmeyer an einen befreundeten Erfinder und Ingenieur in Schweden, Johannes Ruths, einen Brief. Er hatte Rudolf Steiner gefragt, ob er wohl mit der Bitte um finanzielle Unterstützung für den Impuls der religiösen Erneuerung an diesen herantreten könne. Und Rudolf Steiner hatte geantwortet. »Oh ja, Dr. Ruths gibt schon. Dr. Ruths gibt gern.«[49] Dieser war seit dem 18. Juni 1920 Mitglied der Anthroposophischen Gesellschaft[50] und Rudolf Steiner offensichtlich bekannt. Er hat auch den Anthroposophischen Hochschulkongress in Berlin, im März 1922, mit 25.000 Reichsmark gefördert.[51] Dieses Einzelbeispiel ist insofern wesentlich, weil die Summe, die Johannes Ruths in den folgenden Monaten in Raten in harter schwedischer Valuta überwies, die Summe, die Hermann Heisler gesammelt hatte, bei Weitem an Wert übertraf. (Die 25.000 SKr., die Johannes Ruths schließlich spendete, waren im März 1922 etwa 1,56 Millionen Reichsmark wert;[52] im August 1922 waren 5000 SKr. schon 1,6 Millionen Reichsmark wert.[53] Wir können also sagen, dass von den im März 1922 zur Verfügung stehenden Mitteln von 2,28 Mio. Reichsmark mit 2,167 Mio. RM fast 95% von Anthroposophen gespendet worden waren.) Von diesem Geld konnte das erste Haus der Christengemeinschaft in Stuttgart, das sogenannte Urachhaus, für die Arbeit

---

[49] Brief von Friedrich Rittelmeyer an Johannes Ruths vom 27.12.1921, ZACG, I.1.1.3.

[50] Laut Auskunft des Archivs am Goetheanum.

[51] Brief von Johannes Ruths an Friedrich Rittelmeyer vom 16.1.1922, ZACG, I.1.1.3.

[52] Brief von Rittelmeyer an Ruths vom 14.3.1922, ZACG, I.1.1.3.

[53] Brief von Rittelmeyer an Emil Leinhas vom 18.6.1923, ZACG, I.1.1.3.

der neuen Bewegung gebaut werden. So hat Rudolf Steiner selber durch die Ermunterung Rittelmeyers dazu beigetragen, dass ein einzelnes Mitglied der Anthroposophischen Gesellschaft mit über 68%, den Hauptanteil der zur Gründung notwendigen finanziellen Mittel aufgebracht hat.

Wir können aber auch verstehen, dass Rudolf Steiner in einer Sitzung führender Anthroposophen am 13. Februar 1923 in Stuttgart die Geldbeschaffung für die werdende Christengemeinschaft kritisiert hat, indem er sagte: »Die Taktik war beim Geld sammeln«,[54] weil nicht genügend Mittel von Menschen eingeworben werden konnten, die nicht zur Anthroposophischen Gesellschaft gehörten.

Wie beweglich und differenziert Rudolf Steiner aber diese Angelegenheit betrachtete, geht daraus hervor, dass er Anfang April 1923 in einem Gespräch mit dem Priester Gottfried Husemann sagte: »Und da Sie selbst den finanziellen Punkt erwähnt haben, da wird eben einer der 100 Mark hat, 50,– für die religiöse Erneuerung und 50,– für die Anthroposophie geben.«[55]

Wir haben die Sache mit den Finanzen hier so ausführlich beschrieben, weil dieser Aspekt in den späteren Auseinandersetzungen zwischen Marie Steiner und der Christengemeinschaft, besonders im Jahre 1928, eine wesentliche Rolle gespielt hat.

---

[54] Rudolf Steiner, *Das Schicksalsjahr 1923 (GA 259),* Dornach 1991, S. 325.

[55] ZACG, IV.2.g.

Marie Steiners Missverständnis und ihr Vorwurf an die Priester

In der schwierigen Lage der Anthroposophischen Gesellschaft und Bewegung nach dem Brand des ersten Goetheanum wurden im Januar und Februar 1923 in Stuttgart zahlreiche Krisensitzungen mit führenden Vertretern der anthroposophischen Bewegung und der aus ihr hervorgegangenen Institutionen mit Rudolf Steiner abgehalten. Hierbei kam auch das Verhältnis zur neu gegründeten Christengemeinschaft mehrfach zur Sprache.[56]

Innerhalb der anthroposophischen Arbeit war es an einzelnen Orten unter anderem dadurch zu Schwierigkeiten gekommen, dass das Missverständnis aufgekommen war, die Bewegung für religiöse Erneuerung solle an die Stelle der Anthroposophie treten und viele Anthroposophen sich begeistert zu den Gottesdiensten und Veranstaltungen der Christengemeinschaft hingezogen fühlten.[57] Nun wurde darüber beraten, wie durch die führenden Vertreter der Anthroposophie die Mitglieder der Gesellschaft über die Christengemeinschaft in rechter Weise orientiert werden könnten. In diesem Zusammenhang meldete sich Marie Steiner zu Wort:

---

[56] Rudolf Steiner, *Das Schicksalsjahr 1923 …*, a.a.O., S. 205, 209f., 224, 291f., 310, 321–328.

[57] Einzelheiten dazu in *Anthroposophie und die Fortbildung der Religion*, a.a.O., S. 292–323.

Wenn man zu den Ausgangspunkten zurückkehrt und als Punkt 1 nimmt: das mangelnde Bedürfnis nach dem Erkenntnisweg, wenn man dies als den ersten Punkt hinstellt, also wenn man Punkt 3 zu Punkt 1 machen würde, weil das den Ausgangspunkt der religiösen Bewegung zeigt, so wäre das gut. Der Ausgangspunkt war, dass die Theologen zu Dr. Steiner gekommen sind und gesagt haben: Die Religion kann einem nicht mehr das geben, was man braucht, um die geistigen Bedürfnisse der Menschen zu befriedigen. Nun ist es aber so, dass die Anthroposophische Gesellschaft einige Leute zurückschreckt. Könnten wir das, was die Seelen brauchen, ihnen in einer mehr religiös gestimmten Form geben? – *Jedenfalls sind die Theologen diejenigen, die darum gebeten haben und die gewusst haben, dass alle Erkenntnis durch die Anthroposophie und durch Dr. Steiner gegeben werden könne.* Ich hatte ein Gespräch mit Prof. Beckh, der sagte: Wir haben einen großen Fehler begangen. Wir haben es so gemacht, dass wir die Erkenntnis, die Anthroposophie nicht der Gemeinde vermitteln, sodass man unter sich über anthroposophische Erkenntnisse redet, aber nicht in der Gemeinde. – *Der Ausgangspunkt war, dass die Anthroposophische Gesellschaft sich mit der religiösen Erneuerungsbewegung nicht verquicken sollte,* die nicht in erster Linie die Erkenntnis weitergibt, sondern die Seelsorge pflegt. Was geschehen ist, dass ist dies, dass man die Inhalte der anthroposophischen Erkenntnis genommen hat, dass man die materielle Grundlage von der Anthroposophischen Gesellschaft hergenommen hat und nun tut, als ob man alle Erkenntnisse aus der Theologie heraushole. *Es hat aber nicht die Anthroposophie das Bedürfnis nach religiöser Erneuerung gehabt,* sondern die anderen, die Theologen.[58]

---

[58] GA 259, S. 321f.

In dieser Äußerung ist im Grunde schon wie in einem Keim sichtbar, was sich an tragischen Entwicklungen zwischen der Anthroposophischen Gesellschaft und der Christengemeinschaft in den folgenden Jahrzehnten entwickelt hat.

Diese Äußerung muss in vielen Einzelheiten verstanden und bewertet werden, denn fast jeder einzelne Satz ist von schwerwiegender Bedeutung. Um die Analyse dieser Sätze zu erleichtern, habe ich *kursiv* hervorgehoben, welche Äußerungen Marie Steiners in dieser Wortmeldung aus dem historischen Abstand als sachgemäß und richtig angesehen werden können:

Es ist richtig, dass die fragenden Theologen die Überzeugung hatten, dass sie durch Rudolf Steiner aus der Anthroposophie heraus die für sie notwendigen Erkenntnisse erhalten könnten.

Es ist auch eindeutig, dass allen Beteiligten klar war: Die Christengemeinschaft darf nicht mit der Anthroposophischen Gesellschaft »verquickt« werden, müsse also eine nach außen völlig selbstständige Institution sein. (Diese Einsicht hat Marie Steiner am Ende ihres Lebens merkwürdigerweise verworfen, wie wir noch sehen werden.)

Was Marie Steiner aber als den Ausgangspunkt der Christengemeinschaft und als Frage der jungen Theologen darstellt, entspricht nicht den Tatsachen, wie wir heute feststellen können: Die Frage war nicht die nach einer »mehr religiös gestimmten Form« dessen, was Anthroposophie für die geistigen Bedürfnisse der Menschen geben kann. Vielmehr zielte die Frage darauf ab, ob überhaupt Religion für die Zukunft noch eine wesentliche Bedeutung habe neben dem, was die Anthroposophie für die Menschenseelen und die menschliche Kultur bewirken könne und solle. Es war die Frage, ob es im Sinne Schellings eine dritte christliche Kirche geben könne und solle, und in welcher Form Anthroposophie eventuell hilfreich vermitteln könne.

Auch gründete die Frage nicht auf dem Urteil, dass die Anthroposophische Gesellschaft viele Leute abschrecke und man deswegen eine mehr religiöse Form geistiger Erkenntnisse suche. Ein solches Urteil findet sich in keinem schriftlich überlieferten Dokument aus der Gründungszeit der Christengemeinschaft.

Keiner der Fragenden und keiner der Teilnehmer des ersten Theologenkurses bekleidete damals schon ein kirchliches Amt als Pfarrer. Keiner von ihnen war schon Seelsorger und fragte nach dem, was Menschen »brauchen«, sondern ihre Frage war viel grundsätzlicher und umfassender: Braucht die menschliche Kultur in Zukunft religiöse Übung, religiöses Leben, Priester und Kirche?

»Es hat aber nicht die Anthroposophie das Bedürfnis nach religiöser Erneuerung gehabt, sondern die anderen, die Theologen.«

Auch dieser Satz ist merkwürdig, denn von einem Bedürfnis der »Anthroposophie« zu sprechen, setzt voraus, dass diese wie Menschen ein Bedürfnis haben kann. Und von einem »Bedürfnis« der Theologen nach religiöser Erneuerung zu sprechen, wird der grundsätzlichen Frage der Theologen nach Bedeutung und Möglichkeit von praktizierter Religion in der Zukunft nicht gerecht, weil es ihnen nicht um subjektive Bedürfnisse und deren Befriedigung ging, sondern um etwas viel Grundsätzlicheres. Außerdem zeigt die Charakterisierung der fragenden Theologen als »die anderen«, dass Marie Steiner diese in der Anthroposophie lebenden Theologen nicht zur Anthroposophie gehörig empfand. In dieser Formulierung spricht sich eine Empfindungsnuance der Distanzierung aus.

Dass dies keine Überinterpretation ist, zeigt sich fünf Jahre später, als Marie Steiner noch einmal schriftlich auf die Gründung der Christengemeinschaft einging. Davon wird noch die Rede sein.

Aber die ungeheuerlichste Behauptung in Bezug auf den »Ausgangspunkt« der Bewegung für religiöse Erneuerung liegt darin, dass bei den fragenden Theologen »das mangelnde Bedürfnis nach dem Erkenntnisweg« vorgelegen habe. Man fragt sich, wie Marie Steiner zu diesem Urteil gekommen ist, wo sie doch vom ersten Theologenkurs im Juni 1921 an alle Gründungsereignisse der Christengemeinschaft miterlebt hat. Die fragenden Theologen waren alle Anthroposophen und hatten in den Erkenntnissen der Anthroposophie wesentliche Antworten auf ihre Lebensfragen schon gefunden. Die führenden unter ihnen wie Johannes Werner Klein, Gertrud Spörri, Rudolf Meyer und Emil Bock hatten von Rudolf Steiner persönliche Meditationen erhalten und sie praktiziert. Das galt erst recht und in erhöhtem Maße von Friedrich Rittelmeyer. Woher wusste Marie Steiner von dem »mangelnden Bedürfnis nach dem Erkenntnisweg«? Sie hatte doch im Herbst 1921 selber miterlebt, welch ausgeprägten Schulungsweg Rudolf Steiner den Theologen als Brevier anvertraut hatte.[59]

Eine weitere Verschiebung in Bezug auf die Gründungstatsachen der Christengemeinschaft liegt in der Behauptung, sie habe »in erster Linie die Seelsorge« zu pflegen und nicht Erkenntnisse zu vermitteln. Wenn man schon die drei von Rudolf Steiner gekennzeichneten Aufgaben eines modernen Priestertums: *Verkündigung, Kultus und Seelsorge* in ihrer Bedeutung

---

[59] Rudolf Steiner, *Vorträge und Kurse über christlich-religiöses Wirken II* (GA 343), S. 553ff.

gewichten will, dann geht aus allen Darstellungen Rudolf Steiners hervor, dass der Vollzug des Kultus an erster Stelle steht. Das geht schon daraus hervor, dass er diesen als die Grundlage für die Verkündigung und für die Seelsorge ansah. Aber auch die Verkündigung der christlichen Inhalte auf der Grundlage der Erkenntnisse der Anthroposophie hat Rudolf Steiner schon im ersten Theologenkurs als wesentlichste Aufgabe einer religiösen Erneuerung ausführlich dargestellt. Alle diese Darstellungen hat Marie Steiner gehört.

In den letzten beiden Sätzen ihrer Äußerung hat Marie Steiner zwei Vorwürfe erhoben:

1. die Priester hätten die Anthroposophie verleugnet, weil sie deren Inhalte zwar verkündeten, aber so tun würden, als ob diese Inhalte sich aus der Theologie ergeben würden;
2. die Christengemeinschaft habe »die materielle Grundlage von der Anthroposophischen Gesellschaft hergenommen«.

Den ersten Vorwurf wies Rudolf Steiner in derselben Sitzung noch zurück, wie wir sehen werden, und der zweite ist in seiner Pauschalierung einseitig, weil Rudolf Steiner selber Rittelmeyer ermutigt hatte, einen Anthroposophen um eine Spende zu bitten, die zwei Drittel aller Finanzmittel ausmachte wie wir gesehen haben, und von dieser Gesellschaft als Institution selber kam gar kein Geld. Der »Kommende Tag«, der die Anschubfinanzierung für Hermann Heislers Sammeltätigkeit bereitstellte, war eine selbständige Aktiengesellschaft, und Rudolf Steiner selber hatte die Idee, bei ihr anzufragen, und dafür gesorgt, dass die leitenden Personen dieser Gesellschaft diese Mittel bereitstellten.

Rudolf Steiner ging auf die Behauptungen und die Vorwürfe Marie Steiners in dieser Sitzung zunächst gar nicht ein. Stattdessen betonte er als Hauptsache, dass in der Anthroposophischen Gesellschaft durch deren Führung für alle Mitglieder deutlich gemacht werden solle, »dass die anthroposophische Bewegung die Schöpferin der religiösen Erneuerungsbewegung ist«, »dass innerhalb der Anthroposophischen Gesellschaft das geschaffen werden konnte, was die religiöse Bewegung braucht«, »dass die anthroposophische Bewegung in der Lage war, diese religiöse Bewegung zu schaffen«.[60]

Als dann mehrere Redner den Vorwurf Marie Steiners gegenüber den Priestern der Christengemeinschaft aufgriffen, dass sie den Ursprung der religiösen Erneuerungsbewegung in der Anthroposophie verschweigen würden, ging er auf diesen Vorwurf ein und sagte: »Das führt nur zu Zänkereien, wenn man ihnen vorwirft, dass sie ihren Ursprung verleugnen ... Wenn gesagt wird, dass sie nicht von Anthroposophie reden, so ist das ein Unsinn: Sie reden nur von Anthroposophie. Was liegt für eine Bedeutung darin, diesen Leuten in einer solchen Weise gegenüberzutreten? Wenn sie andere Menschen an das spirituelle Leben heranbringen, was liegt dann daran, dass sie durch das Wort ›Anthroposophie‹ nicht gleich den Wauwau hinstellen? Die haben allen Grund das Wort ›Anthroposophie‹ zu vermeiden.«

---

[60] Dieses und das folgende Zitat: GA 259, S. 322f. Diese Äußerungen sind besonders erstaunlich, weil sie zunächst dem widersprechen, was Rudolf Steiner sechs Wochen zuvor im Vortrag vom 30.12.1922 mehrfach betont hatte. Siehe Rudolf Steiner, *Das Verhältnis der Sternenwelt zum Menschen und des Menschen zur Sternenwelt* (GA 219), Dornach 1966, S. 169f. Näheres findet sich in *Anthroposophie und die Fortbildung der Religion,* S. 292–323.

Als Marie Steiner daraufhin ihren Eindruck bekräftigte, »dass sie [die Priester] es so darstellen, als ob sich das alles aus der Theologie herausholen ließe«, erwiderte Rudolf Steiner: »Das ist ein Streit um das Eigentum. Hier handelt es sich um etwas anderes als um den Streit über das Eigentum. Es handelt sich darum, dass man die anthroposophische Bewegung selbst charakterisiert. Wenden Sie die Frage um: Gäbe es eine religiöse Erneuerung, wenn es keine Anthroposophie gäbe?«[61]

Rudolf Steiner wollte die Anwesenden in dieser Sitzung zu kräftiger Handlung für die anthroposophische Sache motivieren, damit sie nicht Gefahr liefen, in kleinlicher Kritik gegenüber der Bewegung für religiöse Erneuerung stehen zu bleiben. Deshalb fuhr er fort:

> Man kann alles sagen, aber man muss es mit dem Bewusstsein sagen, dass die Überlieferung des Kultus an die religiöse Erneuerung dieser religiösen Bewegung das Rückgrat gegeben hat. Wenn sie einfach meinen Vortrag vom 30. Dezember 1922 interpretiert bekommen in der Weise, dass ihnen bloß negativ gesagt wird, der Anthroposoph brauche keinen Kultus, dann verlieren die Leute dieses Rückgrat. Es handelt sich niemals darum, dass man die negativen Behauptungen alleine hinstellt, sondern dass man das andere, was ich radikal hervorgehoben habe, auch hinstellt:
> Für die gegenwärtige Zivilisation ist es notwendig, dass eine abgesonderte Anthroposophische Gesellschaft besteht, die diese andere Bewegung speist. Wenn man das in der richtigen Weise hinstellt, dann kann die Anthroposophische Gesellschaft nur

---

[61] GA 259, S. 325.

gewinnen dadurch, und man braucht gar nicht auf Rankünen einzugehen.[62]

Trotz dieser Bemerkung, dass man als Anthroposoph nicht auf Rankünen einzugehen brauche, meldete sich Marie Steiner noch einmal zu Wort und sagte: »Ich habe Briefe gelesen von Vertretern der religiösen Erneuerung, die nicht diesen Eindruck der Zurückhaltung machten. Es ist ein furchtbar starkes Werben da, das autoritativ wirkt.« Darauf ging Rudolf Steiner nicht mehr ein.[63]

Zweierlei fällt im Verlauf dieser Sitzung für unser Thema auf: die Unsachlichkeit und Vorwurfsstimmung Marie Steiners gegenüber der Bewegung für religiöse Erneuerung und die Tatsache, dass Rudolf Steiner in einer Sitzung mit mehr als 30 anwesenden führenden Anthroposophen das Verhalten der Priester in Schutz nimmt und einen Vorwurf seiner Frau gegen diese als Unsinn bezeichnet.

Nach der Weihnachtstagung im Dezember 1923, als Rudolf Steiner den Vorsitz der neu gegründeten Allgemeinen Anthroposophischen Gesellschaft übernommen hatte, kam es zu einem sehr viel engeren Verhältnis zwischen der anthroposophischen Bewegung und der Christengemeinschaft. Das ist andernorts ausführlich dokumentiert.[64]

Für unser Thema wichtig ist, dass Marie Steiner mit ihrer Eurythmiegruppe im Rahmen von öffentlichen Tagungen der

---

[62] Ebenda, S. 326.

[63] Ebenda, S. 327.

[64] Siehe Gädeke, *Anthroposophie und die Fortbildung der Religion,* a.a.O., S. 370–393.

Christengemeinschaft in den Jahren 1924 und 25 zu Lebzeiten Rudolf Steiners durch Aufführungen mitwirkte, zum Beispiel am 5. August 1924 in Stuttgart, am 6. Oktober 1924 in Hannover und am 1. März 1925 in Berlin.[65] Dass sie trotzdem ein distanziertes Verhältnis zur Christengemeinschaft hatte, zeigt eine Äußerung aus einem Brief an Rudolf Steiner vom 3. Dezember 1923. Sie berichtete ihm darin von einem Vortrag von Louis Werbeck, der im Rahmen einer Tagung in Berlin an einem Sonntagvormittag gehalten worden war: »Nicht mal die Religiösen mit ihrem Anhang hätten dabei sein können, denn es war ja Sonntagmorgen ...«[66] Das klingt sehr nach dem distanzierenden »die anderen«, womit sie – wie in dieser Äußerung – auch die Priester der Christengemeinschaft gemeint hatte.

Bevor wir auf die Vorgänge nach dem Tode Rudolf Steiners eingehen, sei noch eine Aussage Rudolf Steiners gegenüber Ita Wegman erwähnt:

> »Es wäre gut, wenn Frau Dr. Steiner ein inneres Verhältnis zur Christengemeinschaft gewinnen könnte.«

Dies hat Ita Wegman dem Priester Friedrich Gädeke in einem längeren Gespräch am Nachmittag des 7. Juli 1939 in Arlesheim anvertraut, der es noch am selben Tag in sein Tagebuch geschrieben hat.[67]

---

[65] ZACG, VIII.1. Dort finden sich die Tagungsprogramme, in denen die Aufführungen verzeichnet sind. Siehe auch die Beilage »Nachrichtenblatt« der Zeitschrift »Goetheanum« vom 14.9.1924, Nr. 36, S. 143f.

[66] *Rudolf Steiner – Marie Steiner Briefwechsel* (GA 262), Dornach 2002, S. 367.

[67] Privatarchiv Wolfgang Gädeke, Tagebücher Friedrich Gädeke, Jahrgang 1939.

Nach dem Tode Rudolf Steiners

Die tragischen Vorgänge, die sich innerhalb des Vorstandes der Allgemeinen Anthroposophischen Gesellschaft unmittelbar nach dem Tode Rudolf Steiners ereigneten,[68] betrafen das Verhältnis zur Christengemeinschaft zunächst nicht. Die Briefe aber, die Marie Steiner im April, Mai und Juni 1925 besonders an Albert Steffen schrieb, und die bisher leider nur teilweise und unter Auslassung charakteristischer Sätze veröffentlicht worden sind,[69] zeigen deutlich, wie verletzt sie durch diese Vorgänge war und dass sie sich eigentlich von der Leitung der Gesellschaft zurückziehen wollte. Sie ließ sich aber überreden zu bleiben, schrieb aber dann am 19. Mai 1925 im Mitteilungsblatt an die Mitglieder der Gesellschaft:

> Es ist nicht meine Absicht, mich jetzt unmittelbar aktiv an der Leitung der Gesellschaft zu beteiligen. Dazu sind jüngere

---

[68] siehe Emil Leinhas, *Einige Gesichtspunkte zum Verständnis der Vorgänge in der Anthroposophischen Gesellschaft und Bewegung nach Rudolf Steiners Tod,* 3. Aufl., Privatdruck, Stuttgart 1964, S. 39ff.; Lilly Kolisko, *Eugen Kolisko, ein Lebensbild,* Manuskriptdruck, Gerabronn 1961, S. 104ff.

[69] siehe *Marie Steiner, Briefe und Dokumente,* Dornach 1981, S. 89–107; die Auslassungen aus dem Text der Briefe beruhten auf einer bewussten Entscheidung der Herausgeber, um »einige allzu harte oder auch zu intim-persönliche Worte« wegzulassen, a.a.O. S. 9, die meiner Meinung nach aber für die Beurteilung der Sprache Marie Steiners unverzichtbar zu berücksichtigen sind.

> Kräfte da. Täte ich es, entsprechend dem Wunsche mancher Freunde, so müsste ich vernachlässigen dasjenige, was ich als meine unmittelbare Aufgabe betrachte: die Arbeit innerhalb meiner Sektion und die ungeheure Arbeit an dem schriftlichen Nachlass Dr. Steiners. Für den Rest der Kräfte und der Lebensjahre, die ich noch habe, genügt das. Ich könnte nicht mehr übernehmen ...[70]

Sie sah klar die ungeheuren menschlichen und karmischen Gegensätze innerhalb des Vorstandes und fühlte sich »überrumpelt« durch das Verlangen zweier Stuttgarter Waldorflehrer, die sie davon überzeugen wollten, dass Ita Wegman nun die eigentlich maßgebende Person in der Führung der Gesellschaft sein sollte. Gleichzeitig war sie irritiert bis verärgert über die Aktivitäten Frau Dr. Wegmans. Diese knüpfte nicht nur mit ihren Beiträgen »An die Mitglieder!« und den angefügten »Leitsätzen« im Nachrichtenblatt erkennbar an die Leitsätze Rudolf Steiners an, die er an gleicher Stelle veröffentlicht hatte, sondern hatte auch begonnen, die sogenannten Klassenstunden der ersten Klasse der Freien Hochschule für Geisteswissenschaft für deren Mitglieder aus den Nachschriften vorzulesen, obwohl dies im Vorstand gemeinsam beschlossen worden war.[71]

Der Artikel und die Leitsätze Ita Wegmans fanden ein freudiges Echo bei einem kleinen Kreis von führenden Mitgliedern in Stuttgart, die am 20. Mai 1925 einen Brief an den Vorstand in Dornach sandten. Dieser Brief wurde von der Priesterin der

---

[70] Erschienen in Nr. 22 vom 31. Mai 1925; siehe *Marie Steiner, Briefe und Dokumente,* a.a.O., S. 104.

[71] Brief von Ita Wegman an Albert Steffen vom 16.3.1926 Brief von Ita Wegman Albert Steffen vom 16. März 1926, GoeA.

Christengemeinschaft Gertrud Spörri verfasst und neben ihr von Christoph Boy, Karl Schubert, Walter Johannes Stein, Nora Stein, Herbert Hahn, Lilli Kolisko, Eugen Kolisko, Ernst Lehrs, Wilhelm Rath und El. Hoffmann-Degen unterschrieben. Als abwesende Mitglieder dieses Kreises werden genannt Dr. Rittelmeyer, Emil Bock, Rudolf Köhler.[72] Diese begeisterte Reaktion auf die Darstellung Ita Wegman konnte Marie Steiner nicht teilen. Sie empfand im Gegenteil die Verwendung der Überschriften »An die Mitglieder!« und »Leitsätze« als Anmaßung, das Werk Rudolf Steiners in gleicher Weise fortsetzen zu können.

In diesen für sie in mehrfacher Hinsicht schweren Wochen stellte Marie Steiner die autobiografischen Aufsätze Rudolf Steiners, die er in seinen letzten Lebensjahren wöchentlich in der Zeitschrift »Das Goetheanum« hatte erscheinen lassen, zu dem Buch *Mein Lebensgang* zusammen und schrieb dazu ein Nachwort. Dieses Nachwort, das Marie Steiner schon vor dem 17. Mai 1925 geschrieben hat,[73] würdigt die Person Rudolf Steiners und atmet die Stimmung ihrer tiefen Trauer. Es mündet in einen poetisch gebundenen Text, in dem sie das Wirken seiner Gegner beschreibt und andeutet, dass sie »mit Gift und Flamme« gegen ihn »gewütet« haben. Es endet mit dem Satz: »Doch graue Nacht umfängt den Erdenball.«[74]

Am 25. Juni 1925 schrieb Friedrich Rittelmeyer an Marie Steiner, drei Monate vor der Veröffentlichung,[75] einen ausführlichen handschriftlichen Brief. Wie er von dem Vorhaben Ma-

---

[72] RStA.

[73] Siehe *Marie Steiner, Briefe und Dokumente,* a.a.O., S. 103.

[74] Rudolf Steiner, *Mein Lebensgang,* a.a.O., S. 466ff.

[75] Siehe *Marie Steiner, Briefe und Dokumente,* a.a.O., S. 103.

rie Steiners, *Mein Lebensgang* zu veröffentlichen, erfahren hat, ließ sich bisher nicht feststellenden. Den Text des Nachwortes hat er von Walter Johannes Stein bekommen:

> Hochverehrte Frau Dr.,
> Nachdem mir einmal das Schicksal in Gestalt von Dr. Stein das Nachwort zugeführt hat, muss ich darin eine Aufforderung sehen, mich zu äußern. Ich tue es in der Überzeugung, dass Sie auch dort, wo Sie nicht gefragt haben, gern die Antwort eines Freundes der Sache hören.
> Das Nachwort ist nicht nur ergreifend, tief ergreifend, sondern erschütternd. Wer es nicht als ein ganz starkes Erlebnis in sich aufnimmt, ist ganz gewiss nicht unbefangen. Alle Freunde unserer Sache sollten dies Erlebnis haben. Man wird dann fragen, woher es kommt;[76] und wenn dann Ihr Name genannt wird, so wird dies die Wirkung, wie ich glaube, nur verstärken.
> Aber meine Frage, die ich vortragen möchte, ist die: Steht es am Schluss gerade dieses Buches an seiner rechten Stelle? Fügt der tief pessimistische Ton, der namentlich durch den Schluss des Bekenntnisses und damit des ganzen Buches klingt, nicht dem Buch etwas hinzu, was dem Geist des Buches doch nicht völlig entspricht, sondern ihm selbst eigentlich fremd ist? Die Feinde werden sich dadurch eher ermutigt als getroffen fühlen und die Freunde eher beschwert als beschwingt. Dass man in den Besprechungen sich auf diese letzten zwei Seiten stürzen und ihnen Waffen entnehmen wird gegen das Buch, die man im Buch selbst nicht gefunden hätte, ist schon zu erwarten.

---

[76] Diese Bemerkung zeigt, dass Friedrich Rittelmeyer das Buch selber nicht vorlag, denn auf dessen Titelseite heißt es eindeutig: *Dr. Rudolf Steiner – Mein Lebensgang – Mit einem Nachwort von Marie Steiner.*

Von dem Buch selbst ist eine außerordentliche Wirkung zu erhoffen. Gerade auch jetzt in diesem Augenblick. Vielleicht sogar etwas wie eine Wendung in der öffentlichen Stimmung. Jedenfalls sollte alles geschehen, was das möglich macht. Wird der ruhige, geradezu erhabene reine, durch Überlegenheit … [unleserliches Wort] und innerlich überwindende Eindruck, den das Buch durch sich selbst macht, wirklich gefördert, wenn man es nicht sich selber in den Gefühlen des Lesers auswirken lässt, sondern ein so vollberechtigtes aber ganz starkes Gefühl, wie es jedoch nur ein ganz nahestehender und verstehender Mensch zunächst haben kann, als letzten Schluss den Leser mitzuerleben veranlassen will und in der Einstellung auf die Gegner alles ausklingen lässt, die ausschließlich so geschaut sind, wie sie zunächst nur vom innersten Umkreis aus gesehen werden können? Am Schluss gerade dieses Buches möchte man etwas wünschen, was den eigenen Eindruck des Buches bei keinem einzigen Leser hemmen kann, sondern nur verstärken.
Ich wage nicht zu entscheiden. Ich frage nur. Auch gestehe ich, dass ich selbst keineswegs sicher bin, ob Dr. Steiner meinen Bedenken Berechtigung zuerkennen würde. Die Sorge, die Dr. Stein bei den Worten »Gift und Flamme« empfindet, teile ich nicht ganz. Aber nur deshalb, weil ich glaube, dass die Leser darüber hinweglesen und dies als poetischen Ausdruck hinnehmen. Sonst würde ich auch meinen, es sei besser, keine Fragen hervorzurufen, auf die man die volle Antwort doch nicht geben kann.
Verzeihen Sie hochverehrte Frau Dr., dass ich Ihnen mit diesen Fragen vielleicht recht lästig ins Haus falle. Eigentlich ist es mir längst Bedürfnis, Ihnen einmal einige persönliche Zeilen zu schreiben. Ihre Äußerung im Mitteilungsblatt ist mir schmerzlich nahe gegangen, wegen all der Hintergründe, die daraus

zu erfühlen waren. Ich wollte Ihnen schreiben, dass viele der verständigsten Anthroposophen große Liebe und großes Vertrauen zu Ihnen haben, Ihre wohlverdiente, ganz einzigartige Stellung an der Seite Dr. Steiners immerfort im anerkennenden Bewusstsein tragen, und sehr wünschen, dass Ihre Mitwirkung in der Leitung der Bewegung eine recht wirksame und erfolgreiche sein möge. Bei Gelegenheit unserer Dornacher Priesterzusammenkunft in der zweiten Junihälfte hoffe ich, Ihnen einen Besuch machen und Sie vielleicht sogar um Mithilfe bitten zu dürfen. Durch unser Blatt[77], das Ihnen jetzt immer persönlich zugeht und das in der nächsten Nummer einen ergänzenden Aufsatz »Rudolf Steiner als persönliches Erlebnis« bringen wird, hoffe ich auch, Ihnen fortan näher verbunden zu sein.
In größter Dankbarkeit und Verehrung
Dr. Rittelmeyer[78]

Auch wenn Friedrich Rittelmeyer seine Kritik an dem Nachwort und dessen Stellung im Buch in Frageform vorbrachte, so musste sie Marie Steiner doch zutiefst erschüttern und verletzen, weil ihr damit quasi unterstellt wurde, dass sie den Gegnern Rudolf Steiners und der Anthroposophie mit ihrem Text willkommene Angriffspunkte bieten würde.

Auch die kritische Anmerkung, dass ihre Darstellung »in der Einstellung auf die Gegner alles ausklingen lässt, die ausschließlich so geschaut sind, wie sie zunächst nur vom innersten Umkreis aus gesehen werden können«, musste Marie Steiner so empfinden, dass Friedrich Rittelmeyer die Gegnerfrage

---

[77] Gemeint ist die Zeitschrift »Die Christengemeinschaft«. Der erwähnte Aufsatz erschien im 2. Jahrgang, Heft 4, Juli 1925, S. 110ff.

[78] Brief von Friedrich Rittelmeyer an Marie Steiner vom 25. Juni 1925, RStA.

immer noch nicht ernst genug nahm, obwohl er zwei Jahre zuvor von Rudolf Steiner wegen einer viel zu freundlichen Behandlung eines Gegners der Anthroposophie heftig kritisiert worden war.[79]

Ob Marie Steiner Friedrich Rittelmeyer geantwortet hat, wissen wir nicht. Sicher ist aber, dass sie seine Fragen bezüglich des Nachwortes nicht davon abgehalten haben, es unverändert in Druck zu geben und drei Monate später zu veröffentlichen.

Was das Verhältnis zwischen Friedrich Rittelmeyer und Marie Steiner zu diesem Zeitpunkt zusätzlich belastete, war die Tatsache, dass er sich aktiv an einer Erklärung des Vorstandes der Deutschen Landesgesellschaft an Ita Wegman beteiligte.

Diese hatte im Mitteilungsblatt vom 14. Juni 1925 für alle Mitglieder dargestellt, dass sie von Rudolf Steiner zur Mitarbeiterin der ersten Klasse der Freien Hochschule für Geisteswissenschaft eingesetzt worden war und deswegen die Wiederholung der Klassenstunden Rudolf Steiners begonnen habe.

Diese Tatsache war der Anlass für folgendes Schreiben des Vorstandes der Deutschen Landesgesellschaft an Ita Wegman:

> Hochverehrte Frau Dr. Wegman!
> In die letzte Sitzung des deutschen Vorstands kam gerade die neueste Nummer des Mitteilungsblattes. Sie wurde vorgelesen und besprochen und gibt uns Veranlassung, das Folgende auszusprechen.
> Die Tatsachen lassen nach unserer Überzeugung keinem Anthroposophen den geringsten Zweifel übrig, dass im Sinne unse-

---

[79] Es handelt sich um die sogenannte »Lempp-Affäre«, die in *Das Schicksalsjahr 1923 in der Geschichte der Anthroposophischen Gesellschaft* (GA 259), Dornach 1991, S. 795–841 ausführlich dargestellt ist.

res hochverehrten Meisters Dr. Rudolf Steiner Sie, sehr verehrte Frau Dr., als die berufene Führerin der esoterischen Schule zu betrachten sind. Wir bringen Ihnen in dieser Eigenschaft unser volles Vertrauen entgegen und bitten Sie, Ihr begonnenes Werk in dem Sinne, wie Sie es vor Rudolf Steiner zu verantworten gedenken, zum Segen der Gesellschaft fortzuführen. Unserer kräftigen Unterstützung aus dieser Überzeugung heraus sind Sie sicher gegenüber allen Zweifeln und Widerständen, die uns in der Gesellschaft entgegentreten.

Ihre Äußerung im Mitteilungsblatt schien ein Echo zu fordern. Möge es Ihnen zur Stärkung und Ermutigung sein, wie Sie solche in Ihrem schweren Lebensauftrag gewiss gerne empfangen.

In treuer Verbundenheit durch das Werk unseres Meisters grüßen verehrungsvoll die Mitglieder des Deutschen Vorstandes.

Dr. Eugen Kolisko — Dr. Otto Palmer
Emil Leinhas — Dr. Walter Johannes Stein
Jürgen von Grone — Dr. Rittelmeyer[80]

Rittelmeyer schrieb am 7. Juli 1925 an Marie Steiner:

Hochverehrte Frau Dr.!

Um ja nicht in falschem Licht zu erscheinen, möchte ich Ihnen selbst mitteilen, dass ich an der Erklärung, die der Stuttgarter Vorstand an Frau Dr. Wegman als Antwort ergehen ließ, mitbeteiligt bin. Sie hebt nichts von dem auf, was ich Ihnen als starken Wunsch vieler Anthroposophen aussprach. Vielleicht darf ich darauf hoffen, wenn ich mit dem ganzen Priesterkreis von Mitte Juli an in Dornach bin, dass ich bald einmal Ihnen

[80] Brief des Vorstandes der Deutschen Landesgesellschaft an Ita Wegman, RStA.

persönlich einen Besuch machen darf. Ich werde am 15. Juli einen Versuch dazu machen.

In größter Verehrung Dr. Rittelmeyer[81]

Wie sehr Marie Steiner diese Erklärung des deutschen Vorstandes an Ita Wegman getroffen hat, zeigt der kurze Brief, den sie auf die Rückseite dieses Briefes Friedrich Rittelmeyer vom 7. Juli 1925, den sie an Albert Steffen weiterleitete, handschriftlich geschrieben hat:

Sehr geehrter Herr Steffen
Darf ich Sie bitten, diesen Brief durchzulesen. Bevor unser Blatt zur Zankarena wird, bin ich gezwungen zu verlangen, Einsicht zu bekommen in die Briefe, die man unflätig nennen konnte [sic!]. Als Mitglied des Vorstandes erhebe ich Einspruch gegen die Veröffentlichung der Erklärung des Stuttgarter Vorstandes, bevor ich weiß, was die Veranlassung zu Frau Wegmans Erklärung gewesen ist. Ich will nicht leiten, aber ich kann nicht bloß Popanz[82] sein.
In Verehrung
M. Steiner
Könnten Sie heute um 4:00 Uhr hereinschauen?[83]

Albert Steffen vermerkte in seinem Tagebuch vom 12./13. Juli 1925:

[81] Brief von Friedrich Rittelmeyer an Marie Steiner vom 7. Juli 1925, RStA.

[82] Hier wohl in der Bedeutung »willenloses Geschöpf«, »unselbstständige Person« gemeint.

[83] Notiz Marie Steiners an Albert Steffen, nach dem 7. Juli 1925, RStA.

> Frau Dr. Wegman übergab mir zur Kunde, nachdem Frau Dr. Steiner weggegangen war, die Kundgebungen. Interessant war mir ein Handschreiben Dr. Rittelmeyers, worin der Satz steht: »Die Tatsachen lassen nach unserer Überzeugung …«

Es folgt der ganze weitere Text des oben wiedergegebenen Briefes an Ita Wegman mit allen sechs Unterschriften.[84]

Die Erklärung Friedrich Rittelmeyers gegenüber Marie Steiner zu dem Schreiben des Vorstandes der Deutschen Landesgesellschaft, dass diese »nichts von dem aufhebt, was ich Ihnen als starken Wunsch vieler Anthroposophen aussprach«, nämlich »dass viele der verständigsten Anthroposophen große Liebe und großes Vertrauen zu Ihnen haben, Ihre wohlverdiente, ganz einzigartige Stellung an der Seite Dr. Steiners immerfort im anerkennenden Bewusstsein tragen, und sehr wünschen, dass Ihre Mitwirkung in der Leitung der Bewegung eine recht wirksame und erfolgreiche sein möge«, konnte Marie Steiner nicht befriedigen und beruhigen. Denn der entscheidende Punkt war für sie, dass der deutsche Vorstand Ita Wegman als »berufene Führerin der esoterischen Schule« bezeichnet hatte, was sie weder verstehen noch anerkennen konnte.

Außerdem hatte Friedrich Rittelmeyer sich durch seine Unterschrift unter die Erklärung des deutschen Vorstandes mit Walter Johannes Stein und Eugen Kolisko solidarisch erklärt, von denen sich Marie Steiner nach ihren eigenen Worten »überrumpelt« gefühlt hatte, Ita Wegman als die berufene Führerin der esoterischen Schule anzuerkennen.[85] Das konnte sie nicht,

---

[84] Albert Steffen, Tagebuchnotiz vom 12./13. Juni 1925, AStS.

[85] Zum Beispiel im Brief von Marie Steiner an Albert Steffen vom 6. Juni 1925, RStA.

sondern meinte, Albert Steffen sollte die Klassenstunden lesen.[86] Im Gegenteil, sie unterstellte ihr »Machtgelüste«, wie sie an Albert Steffen schrieb, sie solle »sich auf ihr Arbeitsgebiet beschränken« und empfand die »Leitsätze«, die Ita Wegman im Mitteilungsblatt veröffentlichte, als »demagogisch«.[87] Und außerdem erlebte Marie Steiner Ita Wegman und Elisabeth Vreede als »stössige Holländerinnen«,[88] als »stossige Leute«[89], die im Mitteilungsblatt »die langweiligen bestellten Aufsätze unserer Reisenden« veröffentlichten[90] und zusammen mit den Waldorflehrern Stein und Kolisko einen »Übervorstand«[91] bildeten, dem sie sich nicht »beugen«[92] wollte.

Das Verhältnis zwischen Marie Steiner und Friedrich Rittelmeyer war, wie wir gesehen haben, von Anfang an nicht sehr harmonisch zu nennen. Aber es bestimmte 1925 noch nicht das Verhältnis zwischen der Anthroposophischen Gesellschaft und der Christengemeinschaft. Nach außen erschien noch eine harmonische Verbindung: Im Rahmen der Sommertagung der Christengemeinschaft in München am 12. Juli 1925 fand eine Eurythmie-Aufführung der Dornacher Bühnengruppe wohl unter der Leitung von Marie Steiner statt.[93]

Und die allgemeine Synode der Priesterschaft fand vom 16. bis 30. Juli 1925 in Dornach statt. Friedrich Rittelmeyer lud alle Mitglieder des Vorstandes am Goetheanum schriftlich

---

[86] Brief von Marie Steiner an Albert Steffen vom 28. Mai 1925, RStA.
[87] Brief von Marie Steiner an Albert Steffen vom 28. Mai 1925, RStA.
[88] *Eugen Kolisko*, a.a.O., S. 106.
[89] 2. Brief Marie Steiners an Albert Steffen vom 4. April 1925, RStA.
[90] Brief Marie Steiners an Albert Steffen vom 19. Mai 1925, RStA.
[91] *Marie Steiner, Briefe und Dokumente*, a.a.O., S. 108.
[92] Brief Marie Steiners an Albert Steffen vom 28. Mai 1925, RStA.
[93] »Die Christengemeinschaft«, 2. Jg., August 1925, S. 158; und ZACG, VIII.1.

ein, nach Belieben an den Zusammenkünften der Priester teilzunehmen. Er erbat von den 5 Vorstandsmitgliedern, zu den Priestern zu sprechen und machte dazu sogar thematische Vorschläge.[94] Es gibt nur kurze Notizen von dieser Synode, aus denen hervorgeht, dass Günter Wachsmuth, Albert Steffen und Elisabeth Vreede zu den Priestern und mit ihnen gesprochen haben.[95]

Nachdem Ita Wegman schon im Mai begonnen hatte, ihre Beiträge, Briefe an die Mitglieder und Leitsätze im Nachrichtenblatt zu veröffentlichen, entschloss sich Marie Steiner ihrerseits, vom August 1925 an von der Arbeit in ihrer »Sektion für redende und musikalische Künste« zu berichten und Erinnerungen an das Leben und Arbeiten mit Rudolf Steiner für das Nachrichtenblatt niederzuschreiben. In poetischen und zum Teil hymnischen Worten, aber ohne systematische oder chronologische Abfolge, vermittelte sie lebendige Bilder vom Wesen und Wirken Rudolf Steiners und seines Schicksals. Dabei trat dessen künstlerisches und wissenschaftliches Wirken besonders hervor. Es kann als ein kleines Symptom angesehen werden, dass sie die wichtigste Tat Rudolf Steiners auf dem Felde der Religion, die Ermöglichung der Gründung der Christengemeinschaft, die er in ihrer Gegenwart »das wichtigste Ereignis der anthroposophischen Geschichte«[96] genannt hatte, nicht in ihre Schilderungen aufgenommen hat.

Im Herbst 1925 erschien zum letzten Mal ein Artikel über die Christengemeinschaft in der Beilage der Zeitschrift

---

[94] Brief von Friedrich Rittelmeyer an Albert Steffen vom 7. Juli 1925, GoeA.

[95] Notizbuch von Gottfried Husemann, ZACG, I.1.36.2.

[96] GA 259, S. 323.

»Goetheanum« unter dem Obertitel »Was in der Anthroposophischen Gesellschaft vorgeht«.[97] Der Oberlenker Johannes Werner Klein schrieb einen Artikel mit dem Titel »Vom Werden der Christengemeinschaft«. Er hatte im Juli 1925 in Dornach mit Albert Steffen verabredet, dass dieser Artikel zum 3. Jahrestag der Gründung der Christengemeinschaft Mitte September im Mitteilungsblatt erscheinen sollte und ihn ihm als dem Redakteur dieses Blattes im August zugeschickt. Als dann am 20. September der Artikel nicht erschienen war, schrieb er an Albert Steffen einen Brief, in dem er diese Tatsachen, die er als »deprimierend und entmutigend« bezeichnete, noch einmal darstellte.[98] Wie Albert Steffen auf diesen Brief reagiert hat, wissen wir nicht, aber der Artikel erschien dann in 2 Teilen am 4. und 11. Oktober 1925 im Nachrichtenblatt.

---

[97] Nachrichtenblatt 2. Jg. Nr. 40 und 41 vom 4. und 11. Oktober 1925.

[98] Brief von Johannes Werner Klein an Albert Steffen vom 24. September 1925, GoeA A.01.001.002.

Jahreswende 1925/26

Bei der Weihnachtstagung 1925 in Dornach musste die Stelle des 1. Vorsitzenden der Allgemeinen Anthroposophischen Gesellschaft, die durch den Tod Rudolf Steiners vakant geworden war, neu besetzt werden. Am 28. Dezember 1925 fand eine Sitzung aller Generalsekretäre und Vorstandsmitglieder statt, bei der man sich darauf einigte, dass Friedrich Rittelmeyer den Beschluss dieses Gremiums, Albert Steffen zum 1. Vorsitzenden zu machen, der Mitgliederversammlung zur Bestätigung vorlegen sollte. Das geschah am folgenden Tag, und die Versammlung bestätigte per Akklamation die Wahl Albert Steffens zum 1. Vorsitzenden. Zugleich wurde es dem Vorstand überlassen, ob, wann und wie die Stelle des 2. Vorsitzenden, die durch Albert Steffens Wahl frei wurde, neu zu besetzen sei.

Friedrich Rittelmeyer sprach in herzlichen Worten das Vertrauen aus, das die Mitglieder Albert Steffen entgegenbrachten, und erwähnte auch besonders das Opfer, das dieser als Dichter zu bringen habe, wenn er nun zugleich die Aufgaben eines 1. Vorsitzenden in der Leitung der Gesellschaft übernehmen würde.[99]

---

[99] Protokoll der »Mitgliedervorversammlung« vom 29. Dezember 1925, RStA. Am 15. November 1925 war im Mitteilungsblatt, 2. Jg. Nr. 46 eine Einladung zur 1. ordentlichen Generalversammlung auf den 29. Dezember 1925, vormittags 11:30 Uhr ergangen.

Ein Bericht über diese Generalversammlung der Gesellschaft erschien im Nachrichtenblatt nicht, sodass die Mitglieder erst durch die Nr. 6 des 3. Jahrganges vom 7. Februar 1926 aus einer kurzen Mitteilung nebenbei erfuhren, dass Albert Steffen der 1. Vorsitzende der Gesellschaft geworden war.

Im Rundbrief der Pfarrer berichtete Friedrich Rittelmeyer von dieser Generalversammlung:

> In den Angelegenheiten der Anthroposophischen Gesellschaft selbst konnte ich in Dornach auch befriedigend mitwirken. Die Versammlung der Generalsekretäre und Vorstände verlief so, dass ich von ihr aus den Auftrag erhielt, am nächsten Tag unsere Beschlüsse vor das Plenum der Anthroposophen zu bringen und dort zu begründen. Das Resultat werdet Ihr ja wohl gelesen haben oder noch lesen. Ich war sehr froh darüber, dass es gelang, in der Versammlung eine Stimmung hervorzubringen und dem Beschluss so zur Geburt zu helfen, dass sich der Vorstand innerlich durch die Gesellschaft sowohl in sich wie der Öffentlichkeit gegenüber gestärkt fühlen kann. Als unsre Zustimmung zum Vorsitz Steffens erklärt wurde, erhob sich ein Klatschen, wie man es selten hört. Die jungen Leute sagten, sie hätten am liebsten eine ganze Stunde lang geklatscht. Ich selbst habe von Dornach die Stimmung mitgenommen, dass es ganz selbstverständlich ist, wenn nach einem so erschütternden Ereignis wie dem überraschenden Hingang Dr. Steiners allerlei Schwierigkeiten sich ergeben, dass es aber durchaus möglich ist, der Schwierigkeiten Herr zu werden, <u>wenn</u> auf allen Seiten der gute Wille vorhanden ist. Das Schicksal hat wirklich alles bereitgestellt und wartet auf die Menschen. Es wartet auch auf uns. Die Rolle, die mir in Dornach zugefallen ist, wird in den nächsten Jahren vielfach die Rolle unserer Priesterschaft

> und der Christengemeinschaft überhaupt sein: zu helfen, mit gutem Willen zur gemeinsamen Sache aus der substanziellen Stärke unserer Sache heraus der anthroposophischen Gesamtbewegung zufließen lassen, was die Schwierigkeiten nirgends vermehrt, sondern immer dem positiven Vorwärts und der Erfüllung unserer gewaltigen Schicksalsaufgabe dient.[100]

Zum Verhältnis zwischen der Anthroposophischen Gesellschaft und der Christengemeinschaft schrieb er im gleichen Bericht:

> Nur aufgefallen ist mir, dass eine nach unserer Sache hin recht offene und geneigte Stimmung eigentlich überall bei den Führenden jetzt zu spüren war. Das liegt wohl auch zum Teil an unserer richtigeren inneren Haltung gegenüber dem Anfang. Darin sollte ja nichts anders werden. Es ist, wie wenn die Anthroposophie sich so leise nach der religiösen Empfindung hin bei vielen aufschlösse, wie eine Blume, die sich der Sonnenwärme zukehrt. Das bedeutet natürlich nicht, dass die Anthroposophen Mitglieder der Christengemeinschaft werden, aber dass sich die mehr platonische Periode der Anthroposophischen Bewegung vorbereitet. Ein recht erfreuliches Zusammenwirken steht so in Aussicht, wenn wir uns richtig verhalten. Dr. Kolisko hat in seinem Bericht uns auch recht freundschaftlich erwähnt.

Über die Pläne zur Ausweitung der Arbeit der Christengemeinschaft nach Holland und England schrieb er:

---

[100] ARB 56 vom 20.1.1926, S. 4a, ZACG, IV.4.

In den nächsten Tagen geht es von hier über Frankfurt, Köln nach Holland, wo ich vom 26.I. bis 5.II.,Vorträge halte. Bock und Ogilvie gehen mit. Von da werden wir nach England hinüberschauen ... Ich selbst erfuhr sehr viel Entgegenkommen und konnte sowohl mit den holländischen wie mit den englischen Anthroposophen ausführlich stundenlang über den Beginn unserer Bewegung in ihrem Lande sprechen. Von Holland wisst Ihr ja, dass vom 28. Januar bis 5. Februar Vorträge von mir in Amsterdam, im Haag und in Rotterdam stattfinden, dass Bock u. Ogilvie gleich mitkommen und die Arbeit dort weiterführen. Die holländischen Freunde, von Frau Dr. Wegman, die bei unseren Besprechungen dabei war, kräftig aufgemuntert, tun alles, um uns zu unterstützen und erbitten sich daneben auch anthroposophische Vorträge und Besprechungen. – Interessant und wertvoll war mir die Besprechung mit etwa 20–25 Engländern im Glashaus. Sie hörten allen Ausführungen über die Notwendigkeit unserer Bewegung in England aufmerksam zu. Aber richtig lebendig wurden sie eigentlich erst, als man anfing: Also, ich schlage vor, wir machen die Sache so. So wird jetzt erst ein Artikel über unsere Sache in der englischen anthroposophischen Zeitschrift erscheinen, der vielleicht zugleich als Sonderdruck verwendet werden kann. Dann wird Bock von Holland aus einmal hinübergehen und sondieren. Sie werden ihm Gastfreundschaft erweisen und versuchen, ihm Menschen zuzuführen. Ich bin sehr froh, dass nun doch auch für die Angelsächsischen Länder sich eine Türe aufzutun scheint. Die Hauptsache wird sein, dass wir bald englische Mitarbeiter bekommen.[101]

[101] ARB 56 vom 20.1.1926, S. 2af., ZACG, IV.4.

Hermann Beckh, der der Versammlung in Dornach ebenfalls beigewohnt hatte und einen Bericht darüber schrieb, erwähnte noch ein gelungenes Beispiel von einem guten Verhältnis zwischen den beiden Bewegungen:

> Da ich anlässlich der von Dr. Rittelmeyer an Steffen gerichteten Worte über das Verhältnis der beiden Bewegungen gesprochen habe und von der Wichtigkeit, dass sich jeder Einzelne von uns immer richtiger in dieser Beziehung stelle, um gerade dadurch dem Priestertum die richtige Geltung und Wirkung in der Außenwelt wie auch in der anthroposophischen Bewegung zu schaffen, will ich noch erwähnen, wie bei der Generalversammlung der Vertreter der Tschechoslowakei, Herr Eiselt, bei seinem Bericht über den Fortgang der anthroposophischen Bewegung in der Tschechoslowakei auch der in Prag neubegründeten religiösen Bewegung gedachte und dabei die taktvolle Art des Wirkens unserer beiden Freunde rühmend erwähnte. Schwierigkeiten, wie sie früher an anderen Orten zwischen den beiden Bewegungen sich ergaben, seien in Prag durch dieses taktvolle Auftreten unserer Freunde von vornherein vermieden worden. Auch im persönlichen Gespräch sprach sich Herr Eiselt in dieser Richtung mir gegenüber aus.[102]

Kurze Zeit nachdem Albert Steffen zum 1. Vorsitzenden geworden war, musste er sich mit den Schwierigkeiten auseinandersetzen, die sich im Zusammenhang mit einer Initiative zur Gründung eines Weltschulvereines ergeben hatten.[103] Diese Initiative ging von holländischen und englischen Freunden Ita

---

[102] ARB 56 vom 20.1.1926, S. 8, ZACG, IV.4.

[103] siehe *Eugen Kolisko,* a.a.O., S. 116ff.

Wegmans und einigen Lehrern der Waldorfschule in Stuttgart aus. Frau Dr. Vreede war das »Verbindungsglied« zwischen dieser Initiative und dem Vorstand – und trotzdem kam es zu schwerwiegenden Missverständnissen und Verstimmungen. Besonders Marie Steiner fühlte sich einmal mehr vom »Übervorstand« überrumpelt und sogar der Lüge bezichtigt.[104] In dieser Situation schrieb Albert Steffen am 16. Januar 1926 in sein Tagebuch:

> Jedenfalls ist nicht mehr möglich zusammenzuarbeiten. Da alles, was getan wird, dahin gedeutet wird, es werde zur Verstärkung der Macht der Partei, nicht zum Wohle des Ganzen inauguriert. Zum Beispiel auch Dr. Rittelmeyers Absicht, in Holland Fuß zu fassen.[105]

Mit der Unmöglichkeit zusammenzuarbeiten, ist die Arbeit im Vorstand gemeint. Das geht allein schon daraus hervor, dass Albert Steffen kurz darauf, am 24. Januar, von sich aus die Gründung einer »Rudolf Steiner Vereinigung« unter dem Protektorat Marie Steiners vollzog und diese Gründung am 7. Februar im Nachrichtenblatt der Mitgliedschaft mitteilte.[106] Der 2. und 3. Satz der Tagebucheintragung von Albert Steffen kann sich nur auf Marie Steiner beziehen, denn Ita Wegman und Elisabeth

---

[104] W. J. Stein hatte bei zwei Gelegenheiten, bei denen gesagt wurde, Marie Steiner wisse nichts von dem betreffenden Vorgang, gesagt, »Frau Dr. Steiner wird wohl vergessen haben« (Eugen Kolisko, a.a.O., S. 130). Das wurde von Marie Steiner als Vorwurf der Lüge gewertet und später von anderen als eine schwere Beleidigung Marie Steiners bezeichnet.

[105] Tagebuchnotiz von Albert Steffen vom 16. Januar 1926, AStS.

[106] Nachrichtenblatt »Was in der Anthroposophischen Gesellschaft vorgeht«, 3. Jg., Nr. 6, S. 24.

Vreede befürworteten die Initiative der Christengemeinschaft für Holland, wie noch deutlich werden wird, und auch Günther Wachsmuth hatte die Ausbreitung der Christengemeinschaft gefördert, indem er Friedrich Rittelmeyer von dem Wunsch englischer Anthroposophen berichtete, in London einen Vortrag über die Christengemeinschaft zu halten,[107] was dann im März 1926 durch Emil Bock auch geschah.[108]

In die Polarisierung, die innerhalb des Vorstandes in Dornach eingetreten war, wurde nun auch die Christengemeinschaft hineingezogen, was nicht nur durch die Tagebuchnotiz Albert Steffens deutlich wird, sondern auch bei einer Vorstandssitzung mit vielen eingeladenen Gästen, die am 28. Januar 1926 in Dornach stattfand, in Erscheinung trat. Von dieser Sitzung gibt es ein sehr ausführliches Protokoll, in dem auch die Christengemeinschaft vorkommt. Eine Frau Hart-Nebrig berichtet einiges, was sie von Herrn Stibbe[109] gehört hatte und für problematisch hielt. Dann heißt es weiter:

> Frau Hart-Nebrig: Dann ist die Sache vorgekommen, dass ich hörte – das ist nun nicht von Stibbe –, dass jetzt doch die religiöse Erneuerung, die Christengemeinschaft, in Holland vom Vorstand, ich will einmal sagen, vorbereitet wird, dass sie dann wirksam werde. – Nun war früher immer die Parole so, das sollte nicht geschehen. Die Christengemeinschaft ist eine Sache für sich. Es sollte nicht irgendwie Geld gegeben werden

[107] ARB 50, vom 12.6.1925, S. 5, ZACG, IV.4.

[108] Brief von Emil Bock an seine Frau vom 25.3.1926, ZACG, I.1.2.3.

[109] Max Stibbe war Mitglied des Vorstandes der holländischen Landesgesellschaft.

von der Gesellschaft. Die religiöse Erneuerung sollte ihren Weg selber suchen. Nun ist seitdem doch vom Vorstand aus gesorgt worden, dass doch Geld gegeben wird für die religiöse Erneuerung, dass die Christengemeinschaft ihren Weg finde in Holland.

Frau Dr. Steiner wusste das nicht.

Nun kann aus diesen Sachen doch das Missverständnis kommen, dass man meint, es sei doch ein Nachfolger von Dr. Steiner da, weil über den Vorstand hin eine Persönlichkeit ist, deren Ratschläge befolgt werden, und ohne weiter den Vorstand zu befragen.

FRAU DR. WEGMAN: Die christliche Erneuerung, das ist doch nicht eine Sache vom Vorstand. Das geht doch von der christlichen Erneuerung aus, von Dr. Rittelmeyer aus. Ich weiß nicht, wie man sagen kann, dass der Vorstand da etwas mit zu tun hat. Dass ich persönlich menschlich einmal zu Dr. Rittelmeyer gesagt habe, als Holländerin kann ich Ihnen ja nur zuraten, ja nur nach Holland zu gehen, damit die Sache in Holland einmal einen Stoß bekommt – das kann man mir doch nicht übernehmen!

FRAU HART-NEBRIG: War das nicht früher eine getrennte Sache?

FRAU DR. WEGMAN: Jawohl. Es ist Sache von Dr. Rittelmeyer. Holland ist ja gerade ein sehr schönes Land dafür. Das ist doch eine Tatsache. Das ist doch nicht eine Sache vom Vorstand.

Frau Hart-Nebrig: Ist das nicht ein ganz neuer Kurs, der eingeschlagen wird, von dem der übrige Vorstand nichts wusste?

DR. ZEYLMANS: Es ist unser Verhältnis so zu Dr. Rittelmeyer gewesen, dass wir in Holland als Persönlichkeiten, die im ganzen Land uns interessieren, gesehen haben, dass es sehr wünschenswert wäre, wenn in Holland eine Christengemeinschaft entstehen könnte. Wir haben dort Theosophische Gesellschaft,

Stern des Ostens usw. eine ganze Reihe von diesen Fürchterlichkeiten, wogegen man Stellung nehmen muss. Wir haben gemeint, dass das sehr wichtig sei, dass Dr. Rittelmeyer kommt, haben aber eine Vorstandssitzung gehabt, dass wir ganz abgelehnt haben, dass wir öffentlich uns dabei beteiligen, wobei wir aber gesagt haben, es soll Dr. Rittelmeyer alle möglichen Unterstützungen haben, soweit das geht, ohne in der Öffentlichkeit dabei einzutreten. Dann ist eine sehr, sehr kleine Summe Geld zusammengebracht worden, wo auch einzelne Mitglieder sich beteiligten. Warum nicht? Das ist eine Privatsache von einzelnen Mitgliedern.[110]

Dieser Teil des Protokolls ist für unser Thema besonders interessant und aussagekräftig. Zum einen ist es ein Beispiel dafür, dass ein Mensch etwas in einen größeren Kreis trägt, was er selbst nur vom Hörensagen und nicht durch eigenes Erleben erfahren hat. Das ist ja an sich schon problematisch für soziale Zusammenhänge, spielt aber in der Entstehung der Schwierigkeiten innerhalb der Anthroposophischen Gesellschaft und im Verhältnis zur Christengemeinschaft eine wesentliche Rolle, weil zum Beispiel Marie Steiner durch ihre gesundheitlichen Verhältnisse an vielen Sitzungen nicht teilnehmen konnte und daher auf Berichte anderer angewiesen war. Sie bildete sich ihre Urteile vielfach anhand solcher Berichte. Ein gewisser Höhepunkt dieser Problematik ist in der Entstehung der sogenannten »Denkschrift« von 1935 zu sehen, die die Begründung für den Ausschluss von Ita Wegman, Elisabeth Vreede und vielen anderen aus der Anthroposophischen Gesellschaft

---

[110] Protokoll der erweiterten Vorstandssitzung vom 28. Januar 1926 in Dornach, RStA.

darstellte, und von Menschen geschrieben wurde, die vieles von den Inhalten, die sie schriftlich festhielten, nur von Marie Steiner haben konnten.

Auch Frau Hart-Nebrig muss von Marie Steiner instruiert worden sein. Wie sonst konnte sie wissen, dass diese nichts von der Unterstützung wusste, die von Seiten eines Vorstandsmitgliedes der Christengemeinschaft für ihre Initiative in Holland zuteil geworden war? Außerdem gab sie genau die Meinung wieder, die auch Marie Steiner teilte, dass Anthroposophen kein Geld für die Christengemeinschaft geben sollten, was nicht der Ansicht und dem Verhalten Rudolf Steiners entsprach, wie wir gesehen haben. Und von wem war die Parole ausgegangen, ein Anthroposoph dürfe die Christengemeinschaft nicht finanziell unterstützen? Jedenfalls nicht von Rudolf Steiner und auch nicht von Ita Wegman, die schon den 2. Theologenkurs im Herbst 1921 finanzieren half.[111]

Und bei der Formulierung, »dass jetzt doch die religiöse Erneuerung, die Christengemeinschaft in Holland vom Vorstand, ich will einmal sagen, vorbereitet wird«, handelt es sich um eine entstellende Übertreibung, ging es hier doch maximal um eine Hilfestellung, wie sie Rudolf Steiner beim 1. Theologenkurs durch das Stipendium des »Kommenden Tag« auch bereits veranlasst hatte. Diese Tatsache hatte Marie Steiner ja unmittelbar miterlebt.

---

[111] Darlehensquittung vom 29. August 1921, auf der Ita Wegman sich gegenüber der Futurum AG, die das Darlehen gegeben hat, für 1000 SFr. als Bürge verpflichtete und einen Teil spendete, RStA; und Brief von Dr. Hilma Walter an Gertrud Spörri vom 1. März 1922 mit der Mitteilung, dass Ita Wegman für diesen Kurs bei Freunden 500 SFr. gesammelt hatte, RStA.

Die Formulierung, »es sollte nicht irgendwie Geld gegeben werden von der Gesellschaft«, unterstellt, dass so etwas beabsichtigt oder sogar geschehen war. Es ist aber nie von der Gesellschaft als Institution Geld an die Christengemeinschaft gegeben worden. Hinter dieser Äußerung steht unausgesprochen die Meinung, kein Mitglied der Gesellschaft sollte der Christengemeinschaft Geld geben. Diese Meinung konnte sich aber nicht auf Rudolf Steiner stützen, wie wir gesehen haben.

Am deutlichsten kann man die Meinung und Haltung Marie Steiners an dem Satz ablesen: »Nun kann aus diesen Sachen doch das Missverständnis kommen, dass man meint, es sei doch ein Nachfolger von Dr. Steiner da, weil über den Vorstand hin eine Persönlichkeit ist, deren Ratschläge befolgt werden, und ohne weiter den Vorstand zu befragen.«

Es wird also die Vermutung formuliert, dass Mitglieder der Gesellschaft aus der Tatsache, dass ein Vorstandsmitglied Hilfestellung bei der Ausbreitung der Christengemeinschaft leistet, ohne für dieses Verhalten vorher einen Beschluss des gesamten Vorstandes herbeizuführen, die Schlussfolgerung ziehen könnten, diese Persönlichkeit – gemeint ist natürlich Ita Wegman – sei doch ein Nachfolger von Rudolf Steiner. Diese Vermutung ist ein exaktes Beispiel für das, was Albert Steffen am 16. Januar 1926 in sein Tagebuch geschrieben hatte: »Da alles, was getan wird, dahin gedeutet wird, es werde zur Verstärkung der Macht der Partei, nicht zum Wohle des Ganzen inauguriert. Zum Beispiel auch Dr. Rittelmeyers Absicht, in Holland Fuß zu fassen.«

Außerdem ist diese Vermutung, was andere denken könnten, typisch für die Denkweise Marie Steiners, wie sie zum Beispiel im Brief vom 28. Mai 1925 an Albert Steffen zum Ausdruck kommt:

> Die Leute sagen: Was in den Mitteilungen steht, hat der esoterische Vorstand gutgeheißen, das haben sie zusammen geprüft. Der Gedanke kommt ihnen gar nicht, dass es anders sein könnte. Dieser Glaube ist richtunggebend für das, was sie sich an Vorstellungen und Meinungen jetzt bilden. Eine Unwahrheit frisst sich also in das weitere Vorstellungsleben …[112]

Ita Wegman bekannte sich in ihrer Erwiderung dazu, dass sie die Ausbreitung der Christengemeinschaft nach Holland nicht nur begrüßt, sondern auch unterstützt habe. Sie habe dies als Person und nicht als Vorstandsmitglied getan, weil es ja nicht Sache des Vorstandes sei. Und das könne man ihr doch nicht übelnehmen.

Auch Dr. Willem Zeylmans, der immerhin Generalsekretär der holländischen Landesgesellschaft war, bekannte sich zu der Unterstützung Rittelmeyers, die im holländischen Vorstand beschlossen worden war, aber ausdrücklich nur als Privatsache einzelner Mitglieder und nicht durch die Gesellschaft als Institution.

Wir haben hier die kurze Episode aus der erweiterten Vorstandssitzung in Dornach deswegen so ausführlich behandelt, weil sie exemplarisch die Bruchlinien zeigt, die sich zwischen Anthroposophischer Gesellschaft und Christengemeinschaft schon im ersten Jahr nach Rudolf Steiners Tod zeigten und in den folgenden Jahren immer deutlicher hervortraten. Sie entstanden durch die Meinungen, ein Anthroposoph solle sich nicht am Leben der Christengemeinschaft beteiligen und ihr auch keine finanziellen Mittel zuwenden. Diese Meinungen

---

[112] Brief von Marie Steiner an Albert Steffen vom 28. Mai 1925, RStA.

konnten sich nicht auf Rudolf Steiner stützen. Auch sein Vortrag vom 30. Dezember 1922, der vielfach als Beleg dieser Meinungen angeführt worden ist, war von Rudolf Steiner nicht so gemeint, wie an anderer Stelle gezeigt worden ist.[113] Dass Marie Steiner selber dieser Meinung war, zeigte sich in den beiden folgenden Jahren sehr deutlich, wie wir noch sehen werden.

---

[113] Wolfgang Gädeke, *Anthroposophie und die Fortbildung der Religion,* a.a.O., S. 292–393.

Bemühungen von Priestern im Vorstandskonflikt

Durch die Sitzung am 28. Januar war zum ersten Mal in weiteren Kreisen der Mitgliedschaft der Anthroposophischen Gesellschaft die tiefe Vertrauenskrise sichtbar geworden, die innerhalb des Vorstandes, besonders zwischen Marie Steiner auf der einen und Ita Wegman, Elisabeth Vreede und Günther Wachsmuth auf der anderen Seite entstanden war. Es gab in Stuttgart Berichte durch Carl Unger und Eugen Kolisko über diese Sitzung.[114] Friedrich Rittelmeyer und Emil Bock erfuhren davon, obwohl sie schon am 26. Januar in Holland angekommen waren. Sie erfuhren auch, dass eine weitere öffentliche Mitgliederversammlung für den 6. und 7. Februar geplant war, auf der die Schwierigkeiten innerhalb der Leitung der Gesellschaft weiter besprochen und geklärt werden sollten. Daraufhin entschloss sich Friedrich Rittelmeyer am 4. Februar zu einem Brief an Albert Steffen mit folgendem Wortlaut:

> Sehr verehrter, lieber Herr Steffen,
> zu der Mitgliederversammlung übermorgen kann ich nicht kommen. Würde ich hier die Vorträge und Besprechungen absagen, so würde dies ein Abbrechen der begonnenen Arbeit und ein Zurückwerfen unserer Sache um Monate bedeuten, was wir uns hier, besonders angesichts der starken Leadbeater-Kirchenbewegung, nicht leisten dürfen.

---

[114] *Eugen Kolisko,* a.a.O., S. 121f.

Aber ich bin in gewissem Sinne dem Schicksal dankbar, dass es mir den Gang nach Dornach erspart. Denn ich hätte dort eine sehr schwere Aufgabe vorgefunden. Einmal kann ich mich schon gar nicht darein finden, dass eine Mitgliederversammlung über solche Probleme, wie sie hier im Hintergrund liegen, überhaupt mitreden soll. Ein Heil könnte ich mir nur erwarten, wenn ein esoterischer Vorstand seine inneren Schwierigkeiten absolut in sich allein zum Austrag bringt und vor die Versammlung als Einheit hintritt. Eine Mitgliederversammlung bringt Demokratisches in das, was esoterisch sein soll, und Emotionelles, das dann Tatsachen in die Welt hineingestellt hat, die spirituell weiterwirken. Es ist in den bestehenden Schwierigkeiten keine wirkliche Hilfe von den »Mitgliedern« zu erwarten.
Zudem ist offensichtlich, dass eine solche Versammlung gar keine wirkliche Wahrheit und darum auch keine Klarheit und Klärung in diesen Fall deshalb bringen kann, weil die eine Seite nicht offen reden kann.
Die Fehler, die Frau W.[egman] gemacht hat, sehe ich sehr deutlich. Ich glaube, dass sie schon mit dem allerersten Schritt, den sie tat, die Esoterik eigentlich unmöglich gemacht hat. Denn so sehr ich ihr nachfühlen kann, dass sie sich als die Nachfolgerin Dr. Steiners in der Leitung der M.[ichael] Schule betrachten konnte, so sehr ist es mir sicher, dass nur geschehen durfte, was in völliger Einmütigkeit des gesamten esoterischen Vorstandes geschehen konnte, und dass alles andere zu unterbleiben hatte.
Dies – und vieles andre ist mir völlig klar. Ich habe dies nur deshalb früher nicht ausgesprochen, weil ich einem esoterischen Vorstand gegenüber überhaupt für unrichtig hielt, Negatives und Kritisches zu sagen, soweit es nicht absolut unvermeidlich ist. Frau W. gegenüber habe ich darum nur gesagt, dass sie es den Menschen viel leichter hätte machen können, sie als Füh-

rerin der Schule anzuerkennen, und dass sie selbst vieles getan hat, um es den Menschen schwer zu machen. In den letzten Wochen, seit die Dinge sich so zuspitzten, habe ich aber im Kreis ihrer Freunde mehr als einmal auf das, was hier verfehlt wurde, hingewiesen.
(Von hier an aus gesundheitlichen Gründen Bock diktiert) [von nun an Handschrift Bock]
Aber ich kann eben, und das ist in diesem Fall das Schwere für mich, die Fehler keineswegs bloß auf der einen Seite sehen. Ich halte mich dabei nicht an irgendwelche Erzählungen anderer, sondern nur an das, was ich selbst erlebt habe. Ich fand bei Frau Dr. Steiner an Weihnachten in dem, was ich selbst mit ihr erlebte, ein so leidenschaftliches Schwarzsehen, dass ich ganz hoffnungslos dadurch geworden bin. Dabei nehme ich an, dass sie zum Beispiel in der Angelegenheit, die auf der Generalsekretär-Versammlung verhandelt wurde, sachlich durchaus im Recht war. Aber selbst wenn ich das annehme, ist es mir doch unmöglich, dies irgendwie als etwas mitzufühlen, woraus die Zukunft und das Heil der Gesellschaft blühen könnte. Ebenso ging es mir mit dem, was sie mir persönlich über Stein und Kolisko sagte und über die 3 anderen Vorstandsmitglieder außer Ihnen. Ich kenne Stein und Kolisko jetzt sehr genau. Persönlich habe ich von ihnen [gemeint sind Stein und Kolisko] früher manches erlebt, was ich als schwere Beleidigung betrachten könnte. Aber sie sind keineswegs gerissene Diplomaten, sondern das Gegenteil. Sie sind Menschen, die in starken Impulsen leben, die sich sehr verrennen können in solchen Impulsen und dann schon auch Gefahren heraufbringen können, die nicht leicht zu nehmen sind. Aber ich habe immer gefunden, dass man bei persönlicher Aussprache mit ihnen recht weit kommen konnte, und dass bei geduldiger menschlicher Fühlungnahme

mit ihnen durchaus alle Möglichkeit vorhanden war, Einfluss auf sie zu nehmen. Eine Gesellschaft wie die Anthroposophische kann es sich durchaus nicht leisten, solche hochbegabte, mit starken Impulskräften ausgestattete Menschen durch eine negative Behandlung zu lähmen oder gar innerlich zu verlieren; sondern muss die Geduld und Kraft aufbringen, um sie an der rechten Stelle innerhalb der Gesamtheit zur vollen Auswirkung kommen zu lassen.
So, denke ich, hat auch Dr. Steiner gedacht, der mir gegenüber in einer Zeit, wo sie mich beleidigten, nicht nur im Scherz, von einer Ära Stein-Kolisko gesprochen hat, die jetzt in der anthroposophischen Bewegung angebrochen sei.
Stein und Kolisko werden das, was sie eigentlich auf dem Herzen haben, in der Samstags-Versammlung ganz bestimmt nicht sagen und auch gar nicht sagen können, denn die Emotionen der Versammlung würden es, selbst wenn die Situation es überhaupt möglich erscheinen ließe, durchaus vereiteln.
Dies aber wissen Unger und Leinhas. Und hier ist nun ein Punkt, wo es mir einfach im gegenwärtigen Augenblick Pflicht wird, offen zu Ihnen zu reden. Ich kenne Dr. Unger durch die dreijährige gemeinsame Arbeit im Vorstand ganz genau. Persönlich habe ich nie das geringste mit ihm gehabt, viel weniger als mit Kolisko und Stein. Aber ich habe mit steigender Besorgnis in den letzten Monaten, seit Dr. Steiners Tod besonders, beobachtet, wie in ihm, ihm selbst vielleicht unbewusst, eine elementare persönliche Tendenz ist, wieder an die Stelle zu kommen, wo er einst war. In vielen Gesprächen mit Unger hatte ich schon seit Monaten den Eindruck, dass dieses persönliche Streben Ungers ein Einfallstor ist für zerstörende Kräfte. Gerne werde ich Ihnen darüber mündlich einmal mehr erzählen. Da ich es nicht kann, möchte ich Sie fragen, ob sie nicht ganz von

sich aus einmal Herrn von Grone, den nächsten Mitarbeiter Dr. Ungers, über diese Dinge fragen wollen. Dazu ist die ganze abstrakte hölzerne Art von Geistigkeit, die Unger besitzt, und die menschlich wenig gewinnende Art dann besonders eine Gefahr für die Gesellschaft, wenn er nicht an seiner Stelle positiv leistet, was er leisten kann, mit seiner Arbeitskraft, großen Erfahrung und Denkschärfe, sondern wenn er in führender Stellung seine Art anderen gegenüber herrschend oder hemmend zur Auswirkung bringt. Mit Dr. Unger als Mitarbeiter kann die Anthroposophische Gesellschaft in Deutschland oder die neue Rudolf Steiner Vereinigung gut fahren, aber niemals mit Dr. Unger als Führer. Ganz besonders würde ich es auch meinerseits niemals dulden können, dass Dr. Unger nun Stein und Kolisko, die ihm allerdings viel Schweres zufügten, nun niederschlägt, so wenig wie ich es geduldet habe, dass Stein und Kolisko über Dr. Unger hinweggehen. Wir haben hier manche Vorstandssitzung gehabt und manche persönliche Besprechung, in der es mir gelungen ist, beide Seiten zu einem Dulden des anderen zu bringen, das allein eine richtige Zukunftsarbeit innerhalb der Anthroposophische Gesellschaft verbürgen kann. Ich schreibe Ihnen dies so offen aus der Sorge heraus, die auch ältere, ruhige Mitglieder der Anthroposophischen Gesellschaft haben können, dass durch einen Sieg Dr. Ungers, für den die Situation in Dornach außerordentlich günstig ist, eine Stellung Dr. Ungers geschaffen werden könnte, die sicher zum Unsegen der Gesellschaft ausschlagen wird.
Hätte ich nur früher angeboten, in Schwierigkeiten, die zwischen Ihnen und Frau Dr. einerseits, Stein und Kolisko andererseits entstehen, Vermittlungsdienste zu leisten! Ich tue es noch, soweit sich in der Zukunft die Notwendigkeit dazu ergeben sollte. Ich darf der sicheren Überzeugung sein, dass die beiden

sich jeder verständigen und geduldigen Aussprache offen zeigen. Jetzt bei der Samstags-Versammlung kann ich nur erwarten, dass sich ein absolut unvollständiges Bild und ein Ergebnis ohne Wahrheit und ohne Dauer herausstellt.
Was die Rudolf Steiner Vereinigung betrifft, so kann ich ja auch von dieser Wendung der Sache durchaus nicht die Lösung der vorhandenen Schwierigkeiten erwarten. Ich nehme an, dass diese neue Vereinigung, wenn sie ganz in Ihrer Hand bleibt und nur Ihre Absichten erfüllt, Gutes wirken kann, aber ich fürchte leider, es kommt anders. Doch darüber lässt sich ja nur mündlich reden.
Wenn die Situation es dann noch irgendwie nützlich oder wünschenswert erscheinen lässt, komme ich sofort nach meiner Rückkehr von der Vortragsreise einmal nach Dornach zur persönlichen Aussprache. Doch kann dies leider erst Anfang März sein. Seien sie überzeugt, dass ich mit allem, was mir möglich ist, Ihnen zur Verfügung stehe, um dem Schicksal der Anthroposophischen Gesamtbewegung eine möglichst günstige Wendung zu geben.
Von unserem persönlichen Gespräch in der Schreinerei liegt mir noch auf der Seele, dass ich Ihnen nicht nur nicht wirklich gesagt habe, was ich eigentlich über die Bedeutung des Vorstandsamts für Ihr persönliches Schicksal auf dem Herzen habe, sondern dass ich es noch dazu falsch gesagt habe. Das kam von der knappen Zeit, die damals zur Verfügung stand. Doch darüber lässt sich auch nur persönlich sprechen.
In herzlichsten Gedenken und mit stärksten Wünschen für die Erfüllung der schweren Aufgaben, die auf Ihnen liegen, grüßt Sie
Ihr treuverbundener
Fr. Rittelmeyer

P.S. In der zentralen Sache habe ich an Weihnachten in meinem Gespräch mit Frau Dr. W. durchaus den Eindruck gewinnen müssen, als ob volle Bereitwilligkeit vorhanden sei, jeden Fehler einzusehen und abzustellen, der das vollkommen harmonische Zusammenarbeiten des esoterischen Vorstandes unter Ihrer Leitung unmöglich macht. Es mag sein, dass sie vieles nicht sieht und durch manches, was sie so in ihrer Aktivität ohne volle Überschau der Situation einfach tut, sehr berechtigten Anstoß gibt. Aber den Eindruck, dass auf ihrer Seite innere Tatsachen vorhanden sind, die ein zukünftiges Zusammenarbeiten des gesamten esoterischen Vorstandes unmöglich macht, konnte ich keinesfalls gewinnen. Ich sehe aber die Möglichkeit zu einer wirklich gedeihlichen Zukunft der Anthroposophischen Gesamtbewegung einzig und allein darin, dass der von Dr. Steiner uns hinterlassene esoterische Vorstand in seiner Ganzheit die Gesellschaft wirklich führt. Kommt es nicht dazu, so ist die Auflösung unvermeidlich.
Rr.[115]

Der Verlauf der Versammlung am 6. Februar in Dornach ist ausführlich dokumentiert.[116] Leider hat sich die Befürchtung Friedrich Rittelmeyers bestätigt, dass eine solche Mitgliederversammlung nicht zur Klärung und Befriedung der Situation beitragen könne, sondern sie nahm teilweise den Charakter eines Tribunals an, besonders durch die Anklagen von Günther Schubert, der neun Jahre später wesentlich an der Erstellung der »Denkschrift« beteiligt war. Albert Steffen versuchte, aus-

---

[115] Brief von Friedrich Rittelmeyer an Albert Steffen vom 4. 2. 1926, GoeA A.01.001.003.

[116] *Eugen Kolisko*, a.a.O., S. 122-143.

gewogen und begütigend zu vermitteln. Ob er Friedrich Rittelmeyers Brief vom 4. Februar an diesem Tage schon erhalten hatte, wissen wir nicht.

Eines der Hauptprobleme war die Frage, wer berechtigt sei die Klassenstunden der Freien Hochschule für Geisteswissenschaft zu halten. Ita Wegman war durch die ihr von Rudolf Steiner zugewiesene Stellung innerhalb dieser Hochschule davon überzeugt, dass sie die Pflicht hatte, diese Arbeit fortzusetzen. Damit aber konnte sich Marie Steiner nicht abfinden. Dieses Problem war offensichtlich Emil Bock auch bekannt, denn er schrieb darüber am 5. Februar 1926 aus Holland einen Brief an Ita Wegman, der es verdient vollständig veröffentlicht zu werden, weil er nicht nur ein Licht auf die Situation, sondern auch auf die beteiligten Personen wirft:

> Haag 5. 2.26
>
> Sehr verehrte Frau Dr. Wegman.
>
> Aus einem gebieterischen inneren Müssen heraus wollte ich Ihnen vor einer Woche einen Brief schreiben, in dem ich aus aller Hingabe und Offenheit heraus sagen wollte, was ich auf dem Herzen hatte. Die Nachricht von der Gründung der Rudolf Steiner Vereinigung hielt mich dann von meinem Vorhaben ab. Ich musste denken, es sei nun zu spät.
>
> Trotzdem raffe ich mich jetzt auf, Ihnen einiges zu schreiben und bitte Sie, das nicht als Vermessenheit aufzufassen, sondern nur den Willen zum Helfen darin zu sehen, den ich Ihnen öfter schon zum Ausdruck zu bringen suchte.
>
> Ich sehe die einzige Möglichkeit der Rettung für unsere Anthroposophische Gesellschaft darin, dass sie, Frau Doktor, eine Tat der Selbstlosigkeit tun, wie sie außer im Leben Doktor Steiners

nicht noch einmal zu finden ist, und wie sie im gegenwärtigen Moment von niemand anderem als von Ihnen getan werden kann.
Und ich will es gleich heraus sagen, dass ich mit dieser Tat dies meine: bedingungslos und unmissverständlich alles, was mit Führung und Initiative in der Michaelsschule und mit sonstigen esoterischen Führungsangelegenheiten zusammenhängt, in die Hände des gesamten esoterischen Vorstandes zu legen, und die Bereitschaft zu erklären, alle Fehler abzustellen.
Denken Sie bitte nicht, dass ich gegen Sie Partei ergreifen wolle. Ganz und garnicht. Ich sehe mit aller Deutlichkeit alles Unrecht, das man Ihnen zufügt. Aber meine ganze und wirklich ungebrochene Anerkennung ihres esoterischen Auftrages setzte stets voraus, dass Sie selbst sich als vom gesamten esoterischen Vorstand beauftragt und vor demselben verantwortlich fühlten. Und ich weiß, dass die Anerkennung Ihres Auftrages bei den allermeisten, die sich als im Dienste der Weihnachtstagung lebend empfanden und noch empfinden, an die gleiche Voraussetzung gebunden war. Der gesamte von Dr. Steiner eingesetzte Vorstand, nicht eine einzelne Person galt und gilt mir als esoterisch.
Nachdem Dr. Steiner den Vorstand eingesetzt hatte, wollte man in allem von demselben sich geführt wissen. Und ich empfand es als etwas Verhängnisvolles, dass Ihre Aufgabe im Esoterischen begründet wurde mit Worten und Taten Dr. Steiners selbst, die ja zum Teil wirklich keinen Menschen etwas angingen außer die Mitglieder des Vorstandes.
Gewiss kann man sagen, dass diese Begründungen erst gegeben wurden, als es notwendig war, Ihren Auftrag zu verteidigen. Aber da muss ich zweierlei sagen.
Erstens ist ja – wie ich jetzt klar zu sehen meine – die Esoterik

von dem Moment an, wo von beteiligter und sogar maßgeblicher Seite – und wer soll maßgebend und beteiligt sein, wenn nicht die Mitglieder des Vorstandes – Einwendungen vorhanden sind, unmöglich gemacht.
Ich muss Sie da erinnern an einen Ausspruch Dr. Steiners, den Sie mir während Dr. Steiners Krankheit sagten, als ich mit Ihnen über die Schwesternangelegenheit und Kelbers Rolle dabei sprechen durfte. Sie sprachen sehr dezidiert aus: »Sobald über etwas Esoterisches diskutiert werde, sei das Esoterische schon tot.« Ich muss also sagen, statt einen esoterischen Auftrag gegen Einwendungen irgendwelcher Art zu verteidigen, selbst wenn man meint, sich auf Einsetzungen unmittelbarer Art dabei berufen zu können, ist es das Richtige, den esoterischen Auftrag, einfach um ihn nicht der Vernichtung auszusetzen, ruhen zu lassen und in das Innere der Seele zu verschließen, um ihn dort durchzutragen, bis die Einwendungen aus der Welt geschafft sind.
Deshalb kann ich nicht anerkennen, dass ein Recht bestand, sich gegenüber den Einwendungen einzelner Vorstandsmitglieder zu verteidigen durch Hinweis auf unmittelbaren Auftrag. Ich habe nur eine Klassenstunde mitgemacht nach Dr. Steiners Tode außer denen, die in Stuttgart gehalten wurden, das war in Holland. Und ich muss Ihnen, was ich längst sagen wollte, jetzt sagen. Während der Klassenstunde durchfuhr mich der Gedanke, dass ja hier etwas Esoterisches versucht würde, was bereits dadurch, dass es bestritten wurde von esoterischer Seite, seine Realität verlor. Von jenem Tage an – ich verbot mir selbstverständlich jedes Urteil – wartete ich sehnsüchtig darauf, Sie möchten das Abhalten von Klassenstunden einstellen. Ich rechnete ganz bestimmt darauf, des Satzes eingedenk, den Sie mir ja selber gesagt hatten.

Als dann durch die Weihnachtsereignisse die Fesseln des Schweigens so schmerzvoll zerrissen wurden, sprach ich einmal bei unserer Zusammenkunft mit den Lehrern und einmal Kirchner gegenüber aus: Ich glaube zu wissen, dass Frau Dr. W. durch Einstellen der Klassenstunden bald etwas tun wird, was ihren Gegnern die Waffen wegnehmen wird. Stattdessen erfuhr ich von Kirchner – und mich erschütterte das bis ins Innerste –, dass Sie daran dächten, nun doch Dinge zu veröffentlichen, die Ihre unmittelbare Beauftragung durch Dr. Steiner erkennen ließen. Das musste ich für das Gegenteil von dem halten, was nottat.

Aber das Zweite, was ich sagen würde auf den Einwand hin, Ihre Gegner hätten sie genötigt, sich statt auf die Beauftragung durch den Vorstand auf die Einsetzung durch Dr. Steiner zu berufen. Und das ist dasselbe, was ich Ihnen bereits im vorigen Herbst in Dornach zu sagen versuchte. Ich glaube jetzt mit größerer Deutlichkeit als vorher zu sehen, dass wirklich in den ersten Schritten, die auf dem Gebiete der Esoterik nach Dr. Steiners Tode getan wurden, eben doch verhängnisvolle Formfehler lagen.

Wenn ich mir ausmale, es könnte einmal ein »Meister« inkarniert sein, der auch wüsste, wer er ist, mit der Aufgabe, in der Priesterschaft der Christengemeinschaft zu wirken, so sehe ich: Derselbe würde sich gerade darin erst voll bewähren, dass er, statt sich unmittelbar auf seinen Geistesauftrag zu berufen, sich wirklich in aller Form der Priesterweihe durch die dazu beauftragten Personen unterziehen würde. Für ihn selbst bringt diese Zeremonie nichts Neues. Aber für sein Wirken in der Welt nimmt er auch die Form auf sich.

Die Michael-Schule hätte nicht an Kraft verloren, wenn auch wirklich einmal ein oder zwei Jahre lang die Klassenstunde nicht gehalten, sondern nur meditiert worden wäre. Ich glaube, dies durch die Analogien, die in Bezug auf das Halten und das Meditieren der Menschenweihehandlung vorliegen, sagen zu können.

Ich schreibe das alles mit blutendem Herzen, um wenigstens notdürftig zu motivieren, dass ich am Anfang des Briefes von der Notwendigkeit jener selbstlosen Tat zu sprechen wagte. Es möchte sein, dass durch diese Tat noch alles gerettet werden kann. Jedenfalls sehe ich ohne diese Tat nur das grauenvollste Unheil.

Um mich ganz deutlich zu machen: Es genügt nicht, wenn Sie anderen Vorstandsmitgliedern auch die Berechtigung zugestehen wollten oder wollen, Klassenstunden zu halten. Im Gegenteil glaube ich, dass dadurch die Spannung nur wächst, weil das doch einschließen würde, dass Sie diese Berechtigung erteilen können. Nur die bedingungslose Bereitwilligkeitserklärung, dem Vorstand alle esoterischen Rechte zur Neuregelung zu übergeben, und auch die Fehler abzustellen, die vorlagen, kann helfen.

Dies ist das einzig reale Problem. Was man morgen Abend verhandeln wird, wenn nicht durch Ihre selbstlose Tat oder durch ein anderes Wunder diese unheilvolle Mitgliederversammlung zum Wegfall gebracht wird, ist ja alles sekundär und tertiär und darum belanglos im Angesichte der wahren Situation. Und in der Führung der Esoterik und der damit verbundenen von Ihnen ausgeübten Initiative wurzeln doch zuletzt alle einzelnen Streitfragen.

Ist nicht doch die Weltschulverein-Angelegenheit auch nur durch jene Tat, von der ich spreche, zu regeln? Zeylmans wird rettungslos vernichtet, weil er ja nie wird sagen können und wollen, dass er sich durch Ihre Initiative und Zurede wesentlich hat bestimmen lassen, obwohl das ja Tatsache ist. Ich habe dieses, was ich damals in Holland selber miterlebte, niemandem außer Rittelmeyer und Spörri und Klein erzählt, sodass es durch mich niemand erfährt, der es gegen Sie verwendet. Zeylmans wird vernichtet in den Augen der Mitgliederschaft, wenn Sie nicht im Zusammenhange mit jener Tat auch hier die große Selbstlosigkeit vollbringen, dem Vorstande zu sagen, wie es war. Ich nannte dies, um ein Beispiel dafür zu sagen, wie doch alles nur durch Sie gerettet werden kann nach meiner Überzeugung. Die Gegenseite ist in Fehler des Gefühls verstrickt. Der Unbeteiligte schaut in einen schaudererregenden Abgrund von Hass und Vernichtungswillen hinein. Aber es liegt im Wesen dieser Fehler des Gefühls, dass man denen, die sie begehen, nicht abverlangen kann, diese Fehler abzustellen. Ich sage dies, um nochmals zu zeigen, dass ich die Fehler nicht nur auf einer Seite sehe und mit Ihnen leide und trage, was man Ihnen jetzt alles antut.

Ich bitte Sie von ganzem Herzen, mich ob dieses Briefes nicht anders zu sehen als bisher. Ich musste, gerade aus den Traumerlebnissen nach Dr. Steiners Tode, von denen ich Ihnen erzählt habe, alles dieses schreiben, obwohl alles anmaßend erscheint.

In treuester Ergebenheit und Verehrung

Ihr Emil Bock

Ein eben ankommender Brief von Dr. Röschl lässt mich noch diesen Satz hinzufügen: Möchten doch selbst der Hass und die Intrigen der Anhänger der Gegenseite, den Blick nicht ungetrübt lassen bei denjenigen, die, obwohl ihnen Unrecht geschieht, allein durch ihre große Selbstlosigkeit und Opferbereitschaft unsere große Sache retten können.

Dass ich diesen Brief ganz bloß aus persönlichster Initiative und Verantwortung schreibe, versteht sich von selbst.[117]

Man mag diesen Brief an einen Menschen, der dem Lebensalter und seiner anthroposophischen Entwicklung nach fast 20 Jahre älter war, als eine Unverschämtheit empfinden. Aber es könnte sein, dass er nicht unwesentlich dazu beigetragen hat, dass das geschah, was Emil Bock als die einzige Rettung für die Anthroposophische Gesellschaft ansah. Denn am 27. Februar 1926 kam es in Dornach zu einer Zusammenkunft der Mitglieder der Freien Hochschule für Geisteswissenschaft mit dem Vorstand, bei der es zwar immer noch Anklagen gegen Ita Wegman gab, aber diese konnte »ohne Zweifel den Beweis erbringen, dass Dr. Steiner sie als Mitleiterin der 1. Klasse betrachtete«. »Da sie wusste, dass man auf esoterischem Gebiet nicht fruchtbar wirken kann an einem Orte, wo man nicht anerkannt wird, legte sie das, was sie bisher getan hatte, in die Hände von Herrn Steffen.« Und dieser erklärte in einer versöhnlichen Schlussansprache:

Aber jedenfalls heute Morgen hat es sich erwiesen, dass wir durchgekommen sind. Ich konnte heute Morgen erklären, dass der Vorstand wieder gerne zusammenkommen wird, dass das Vertrauen herrscht unter den Vorstandsmitgliedern, dass, das spüre ich, auch die Anwesenden diesen Vorstand nicht nur ebenso, sondern etwas mehr liebten als vorher, trotzdem ich zum Beispiel mehrere Fehler ja deutlich gezeigt hatte. Sie erwiesen sich durchaus [als] korrigierbar und so auch bei den anderen. Unfehlbarkeit ist bei uns nicht nötig, damit es gut geht …

---

[117] Brief von Emil Bock an Ita Wegman, 5. Februar 1926, IWA.

> Es ist heute morgens dazu gekommen, dass Klassenstunden in Zukunft gehalten werden können, wenn die betreffenden Persönlichkeiten es wollen, von Frau Dr. Wegman, Frau Dr. Steiner und mir selbst auch.[118]

Damit hatte sich das bewahrheitet, was Friedrich Rittelmeyer als Eindruck über seine Begegnung mit Ita Wegman in der Weihnachtszeit geschrieben hatte, »als ob volle Bereitwilligkeit vorhanden sei, jeden Fehler einzusehen und abzustellen, der das vollkommen harmonische Zusammenarbeiten des esoterischen Vorstandes unter Ihrer Leitung unmöglich macht«.

Ein Grundproblem war zunächst durch die erstmalige Mitteilung gelöst, dass nicht Ita Wegman allein, sondern auch Marie Steiner und Albert Steffen die Klassenstunden der Hochschule in Zukunft halten würden.

Ita Wegman hat dann am 16. März 1926 in einem 7-seitigen mit der Maschine geschriebenen Brief an Albert Steffen zusammenfassend nicht nur ihre Einbeziehung in die Leitung der Hochschule durch Rudolf Steiner beschrieben, sondern auch davon, wie es nach dem Tode Rudolf Steiners weiterging. Darin heißt es unter anderem:

> Es wurde dann im Vorstand beschlossen, dass ich die Klassenstunde zu lesen hatte.[119] Hiermit will ich aussprechen, dass dasjenige, was man mir zum Vorwurf machte, dass ich mich als alleiniger Leiterin der Michaelsschule und als Nachfolgerin Dr. Steiners betrachtet habe, den Tatsachen nicht entspricht … Der

---

[118] *Eugen Kolisko,* a.a.O., S. 144f.

[119] Siehe auch J. E. Zeylmans van Emmichoven, *Wer war Ita Wegman,* Bd. 3, a.a.O., S. 60ff.

> beste Beweis dafür, dass ich mich nicht als Leiterin gehalten habe, ist, dass ich niemals die blauen Karten [der Mitglieder der Hochschule] unterschrieben habe als »Die Leitung«, sondern »Für die Leitung«.

Sie betonte auch, dass sie selbstverständlich einverstanden war, dass Albert Steffen und Marie Steiner ebenfalls die Klassenstunden halten sollten und sprach ihm ihre volle Anerkennung als erstem Vorsitzenden der Gesellschaft aus.[120]

Ita Wegman verstand diesen Brief an Albert Steffen als offenen Brief an alle Mitglieder und bat ihn, »diesen Brief zu veröffentlichen, wenn Sie damit einverstanden sind«. Als Ort der Veröffentlichung kam nur das Mitteilungsblatt infrage, das Albert Steffen als Redakteur herausgab. Aber dort ist der Brief nie erschienen.

Schon am 25. August 1925 hatte Ita Wegman in einem Brief an Albert Steffen ihre Einsetzung in die Mitverantwortung für die Michaelschule durch Rudolf Steiner noch deutlicher und intimer geschildert und daran erinnert, dass er selbst sie am 4. Juni 1925 in Dornach, als sie dort die 1. Klassenstunde nach Rudolf Steiners Tod hielt, eingeführt hatte. Auch Marie Steiner war vorher von ihr darüber in Kenntnis gesetzt worden, konnte aber trotzdem die Berechtigung Ita Wegmans, dies zu tun, nicht anerkennen.[121]

Obwohl es bei der Generalversammlung zu Weihnachten 1925 über die Frage zu Auseinandersetzungen unter den Mitgliedern gekommen war, ob Ita Wegman berechtigt sei,

---

[120] Brief von Ita Wegman an Albert Steffen vom 16. März 1926, a.a.O., S. 65ff.

[121] Brief von Ita Wegman an Albert Steffen vom 25. August 1925, a.a.O., S. 58ff.

Klassenstunden zu halten, konnte sich Albert Steffen nicht entschließen, die notwendigen Tatsachen, die in dem offenen Brief Ita Wegmans vom 16. März 1926 enthalten waren, als Urteilsgrundlage den Mitgliedern zur Kenntnis zu geben.

Vergleicht man die Stimmung und die Sprache dieses Briefes mit der des Artikels von Marie Steiner im Nachrichtenblatt vom 28. März 1926 unter dem Titel »Unsere Katharsis«,[122] in dem Marie Steiner auf den Tod Rudolf Steiners und die Zeit seitdem zurückblickte, so kann man den tiefgreifenden Unterschied dieser beiden großartigen Persönlichkeiten empfinden. Ita Wegman ließ einfach die Tatsachen sprechen, in Marie Steiners Darstellung der Ereignisse sind ihre eigenen Empfindungen und Urteile ununterscheidbar in die Schilderung der Tatsachen vermischt, verbunden mit raunenden Andeutungen (»O wie schwarz fegten die Schatten des Abgrunds um uns, als er gegangen war! Wie bald konnte Ahriman hohnlachen«) und moralischen Ermahnungen (»Die glückliche Sicherheit der Gefolgschaft ist uns genommen. Der Wunsch, sie weiter ausüben zu dürfen, besteht noch bei den Besten. Diese Besten werden Rechenschaft ablegen müssen für alles, was sie versäumen«).

So nimmt es bei den so unterschiedlichen Charakteren der beiden Frauen nicht Wunder, dass die im Vorstand und in der Gesellschaft erreichte Einigkeit nicht lange Bestand hatte und dass die Christengemeinschaft alsbald wieder in diese Problematik einbezogen wurde.

Das geschah im Spätherbst 1926. Adolf Arenson, ein altes Mitglied der Gesellschaft, das mit Marie Steiner und Carl Unger tief verbunden war, versandte im Oktober 1926 ein Rundschreiben,

---

[122] Siehe Anhang.

in dem er seine Sicht auf die Geschichte der Gesellschaft und auf die esoterische Schule, die vor dem 1. Weltkrieg bestanden hatte, darstellte. Vor allem erwähnte er die besondere Stellung, die Marie Steiner in dieser Schule innehatte.[123]

Dieses Rundschreiben wurde von vielen Mitgliedern, auch im Vorstand der Deutschen Landesgesellschaft, als einseitig empfunden. Deshalb verfasste Friedrich Rittelmeyer gemeinsam mit anderen Mitglieder des Vorstandes der Deutschen Landesgesellschaft eine Kundgebung, die von 95 Persönlichkeiten unterzeichnet wurde.[124] Friedrich Rittelmeyer erläuterte in einem persönlichen Brief an Marie Steiner vom 30. November 1926 und dann noch einmal am 3. Dezember 1926, warum er diese Erklärung unterschrieben habe, und betonte dabei besonders, wie wichtig es ihm dabei gewesen sei, dass auch Dr. Stein und Dr. Kolisko durch ihre Unterschrift unter dieselbe die Gesamtheit des Vorstandes in Dornach anerkennen und sich damit gegen Sonderinteressen und Parteiwesen ausgesprochen und diesbezügliche Fehler in der Vergangenheit verurteilt hätten.[125]

Damit erweckte Friedrich Rittelmeyer für Marie Steiner den Eindruck, einseitig auf der Seite derer zu stehen, die innerhalb der Gesellschaft auf dem falschen Wege waren. Das kommt besonders deutlich in ihrem Brief vom 3. Dezember 1926 an Albert Steffen zum Ausdruck:

---

[123] Eugen Kolisko, a.a.O., S. 153ff.

[124] ebenda, S. 157ff., und GoeA, A.01.001.004.

[125] Briefe von Friedrich Rittelmeyer an Marie Steiner vom 30. November und 3. Dezember 1926, RStA.

> Ein vierstündiges Gespräch mit Rittelmeyer machte mich für weitere Strapazen zu elend. Eine hoffnungslos feste Mauer, nur gespickt mit Stein-Kolisko-Vorstellungen, mühte sich in redlicher Absicht – ich weiß nicht um was, um irgendeinen melodramatischen Versöhnungsakt meinerseits.[126]

Und einen Tag später schrieb sie an Albert Steffen:

> Auch einen Brief von Rittelmeyer[127] bekam ich eben, ganz ohne Überschau und – beschränkt durch die so fest eingeimpften Vorstellungen. Das Schreiben aber, das er verfasst hat für die Nachrichten ist eine Heuchelei. Denn es kaschiert doch ganz den Tatbestand, dass unter den Unterzeichneten sich diejenigen befinden, die das Unheil in der Gesellschaft angerichtet haben. Dem muss ich meine Feststellung eines »Übervorstands« entgegenstellen. Durch das Schreiben stellen sich diejenigen, die das Parteiwesen geschaffen haben, das von uns abgewehrt wurde, in das Licht, als ob sie es bloß bekämpften. Das ist wieder eine Lebenslüge und dagegen muss ich Einspruch erheben. Wir kommen nur durch ein Bekenntnis zur Wahrheit zurecht …[128]

Mit dem »Übervorstand« meinte sie die Lehrer Walter Johannes Stein und Eugen Kolisko im Zusammenhang mit Ita Wegman, die sie beschuldigte, »Parteiwesen« in der Gesellschaft

---

[126] Brief von Marie Steiner an Albert Steffen vom 3.12.1926, GoeA, A.01.001.004.

[127] Briefe von Friedrich Rittelmeyer an Marie Steiner vom 30. November und 3. Dezember 1926, RStA.

[128] Brief von Marie Steiner an Albert Steffen vom 4. Dezember 1925, RStA.

geschaffen zu haben. Es ist tragisch zu sehen, dass Marie Steiner in dem gleichen Brief durch ihre Äußerungen offenbar macht, dass sie selber in Parteien und Mehrheiten dachte und dementsprechende Vorschläge machte:

> ... Aber es wird doch festgestellt werden müssen, dass Sie die ausschlaggebende Stimme haben in jedem Fall. Sonst bleiben wir ewige Minorität und es wird hinter dem Rücken weiter gekocht. Oder aber ich muss ebenso wie der 1. Vorsitzende 2 Stimmen haben, dann gibt es die Möglichkeit von 4 zu 3, d.h. dann kann die Stimme des Vorsitzenden die entscheidende sein ...[129]

Schon im 2. Brief vom 4. April 1925 an Albert Steffen zeigte sich diese Denkweise: Sie befürchtete, dass die beiden Damen im Vorstand »mit dem eingeseiften jungen Wachsmuth« in Zukunft alles zuvor verabreden, »und wir kommen dazu, um die verabredeten Dinge zu akzeptieren oder uns ihnen zu beugen. Da wir andere Dinge zu tun haben und nicht herrschsüchtig sind, wird es immer so sein. Auch werden wir immer die Minorität sein ...«[130]

Marie Steiner erkannte in dem Schreiben Friedrich Rittelmeyers nicht die Bemühung um Einbeziehung gegensätzlicher Positionen, sondern bezeichnete sie als Heuchelei.

Dies ist ein weiteres Beispiel für die Gewaltsamkeit ihrer Sprache.

Die Kundgebung mit den 95 Unterschriften setzte sich in öffentlichen Erklärungen von Emil Leinhas und im Gegenzug von

---

[129] Ebenda.

[130] Zweiter Brief an Albert Steffen vom 4. April 1925, RStA.

Friedrich Rittelmeyer fort und offenbarte nun auch einen tiefen Dissens im Vorstand der Deutschen Landesgesellschaft.[131]

Im zeitlichen Zusammenhang mit dieser Auseinandersetzung schrieb Albert Steffen in sein Tagebuch am 12./13. Dezember 1926:

»Von Dr. Rittelmeyer hat Dr. Steiner gesagt, seine Krankheit bestünde darin, dass er nicht zur Wahrheit durchdringen könne.«[132] Ob Albert Steffen diese Äußerung selber gehört hat oder ob sie ihm von Marie Steiner übermittelt worden ist, hat er leider nicht notiert. Aber sie bezeichnet den Anfang einer im Laufe der Jahre immer deutlicher werdenden Distanzierung zwischen ihm und Rittelmeyer, die vorher so nicht bemerkbar war.

Die tiefe Differenz zwischen Friedrich Rittelmeyer und Marie Steiner zeigte sich auch anlässlich eines Vorschlages des Vorstands in Dornach, in den Auseinandersetzungen innerhalb des Vorstandes der Deutschen Landesgesellschaft über die Kundgebung, Carl Unger zum Generalsekretär der Deutschen Landesgesellschaft zu ernennen, woran besonders Marie Steiner sehr gelegen war. Sie überging dabei die vernichtende Kritik, die Rudolf Steiner ihr gegenüber an Carl Ungers Fähigkeit zu einer leitenden Funktion in der Gesellschaft geübt hatte,[133] denn sie hatte in ihm einen getreuen Gefolgsmann. (Sie hatte vorher schon die Idee, dass Carl Unger in den Vorstand

---

131 »Notwendige Erklärung« von Emil Leinhas vom 11.12.1926; »Erwiderung auf die ›notwendige Erklärung‹ von Herrn Leinhas« von Friedrich Rittelmeyer, Dezember 1926; und »Offene Antwort an Dr. Rittelmeyer und an alle, die sie hören wollen« von Emil Leinhas am 25.12.1926; RStA.

132 Tagebuchnotiz von Albert Steffen vom 12./13. Dezember 1926, AStS.

133 *Rudolf Steiner – Marie Steiner Briefwechsel und Dokumente,* a.a.O., S. 374.

in Dornach berufen werden sollte, die sie aber fallen gelassen hatte, als Albert Steffen für diesen Fall seinen Rücktritt avisiert hatte.)[134] Friedrich Rittelmeyer hat dann in zwei Schreiben, einem privaten an Albert Steffen und einem offiziellen an den Vorstand in Dornach, seine Bedenken gegen eine solche Ernennung und – für den Fall einer positiven Entscheidung – seine Rücktrittsabsicht vom deutschen Vorstand bekundet.[135] Zu einer Ernennung Carl Ungers zum Generalsekretär für Deutschland kam es nicht.[136]

Im weiteren Verlauf der Auseinandersetzungen über das Rundschreiben von Adolf Arenson verlas Marie Steiner am 5. März 1927 auf der Generalversammlung der Allgemeinen Anthroposophische Gesellschaft in Dornach ein Schreiben mit dem Titel »Zur Orientierung der Mitglieder«, das sie anschließend in vervielfältigter Form an die Mitglieder verteilen und über ihren Verlag, den Philosophisch-Anthropologischen Verlag, heute Verlag am Goetheanum, vertreiben ließ. Darin heißt es:

> Herr von Grone, der die Beirrungskampagne eröffnet hat durch einen außerordentlich phantastischen Brief, den er auch in Abschriften hat kursieren lassen und dem er Reisen in Stimmungsmache hat folgen lassen, erzielte immerhin starke Wirkungen, wofür als Beweis ein in seiner Hypothesenkonstruktion geradezu romanhafter Brief aus Priesterkreisen in meinen Händen ist …

---

[134] Brief von Marie Steiner an Albert Steffen vom 4. Dezember 1926, RStA.

[135] Brief von Friedrich Rittelmeyer an Albert Steffen vom 23. Januar 1927, GoeA, A.01.001.005.

[136] Brief von Friedrich Rittelmeyer an Albert Steffen vom 31. Januar 1927, GoeA, A.01.001.005.

(Es handelte sich um einen privaten Brief des Priesters Otto Palmer an seine Mutter, den dann sein Vater an Marie Steiner weitergegeben hat. Am Schluss dieser »Orientierung« heißt es:)

> Man kann gar nicht anders als zur Satyre [sic!] greifen, wenn man die Dinge weiter behandeln wollte. Das Pathos steht ihnen nicht; es wird unwahr und heuchlerisch, wie es auch der Biedermeierton und der Brustton der Überzeugung der letzten »Klärung« ist, mit der man ja alle Dinge begießen kann, um sie durcheinander zu bringen und ihnen [ein] beliebiges Mäntelchen umzuhängen. Die Xenie und das Galgenlied wären allein am Platz zur Charakterisierung dieser Dinge. Die Kundgebung aber ist dadurch anfechtbar, dass sie einen Schein erwecken will, der sich nicht mit den Tatsachen deckt, welche dahinterstehen. Sie erweckt falsche Vorstellungen und ist hervorgerufen worden durch Gespensterschau, durch Dinge, die keine Realität haben. Die Klärungen und Mahnungen aber versuchen durch viele Worte vieles umzubiegen, sie insinuieren und locken; sie wagen sich so an Dr. Steiner heran, was doch nicht sehr geschmackvoll ist. Sie sind aus der Verblendung herausgeschrieben, und haben höchstens ihre Entschuldigung darin, dass jemand, der die Tatsachen an sich und in ihrem Ursprung nicht kennt, aber durch gewisse Dinge beeinflussbar ist, gern dort helfen möchte, wo man am stärksten klagt.
>
> Weil diese Unwahrheit immer weitere Verbreitung findet, dass Herr Arenson mit seinem Brief Nebenabsichten gehabt hat von der oben angedeuteten Art, war ich gezwungen, diese Aufklärung zu geben. Die Priester vor allem sollten bedenken, ob es ihres Amtes ist, auf Hypothesen hin Ansichten zu verbreiten, die sich zu Unwahrheiten verdichten, und kein Verständnis zu

zeigen für das, was Herr Arenson als Pflicht empfunden hat: Unwahrheit wieder richtig zu stellen.[137]

Der Text dieses Schreibens ist in mehrerer Hinsicht bemerkenswert: Er zeigt, dass die Sprache Marie Steiners nicht nur im privaten Brief, sondern in einem schriftlichen Text, der von ihr im Prinzip durch Verteilung bei der Generalversammlung und Vertrieb allen Mitgliedern zugänglich gemacht wurde, nicht gerade den Charakter einer gewaltfreien Kommunikation zeigt, sondern auch, dass sie die Priester allgemein moralisch ermahnt, keine »Ansichten zu verbreiten, die sich zu Unwahrheiten verdichten«, indem sie selber einen privaten Brief, der zudem nicht an sie selbst gerichtet war, zum Anlass nimmt, ihre Urteile einer breiten Öffentlichkeit zu übergeben. Diesen »romanhaften Brief aus Priesterkreisen« nimmt sie als »Beweis« für die Wirksamkeit der Stimmungsmache durch ein Vorstandsmitglied der Deutschen Landesgesellschaft.

Dieses öffentliche Schreiben Marie Steiners nahm Friedrich Rittelmeyer zum Anlass eines Briefes an sie. Am 17. März 1927 schrieb er:

Hochverehrte Frau Dr.!
Es ist mir immer sehr schmerzlich, wenn ich mit Ihnen nicht einer Meinung sein kann. Ich bin es aber meiner Kenntnisse der Geschehnisse ebenso wie meiner Verpflichtung gegen die Priester schuldig, Ihnen zu Ihrem Orientierungsschreiben an die Mitglieder einiges Tatsächliche mitzuteilen.
Der Brief von Otto Palmer an seine Mutter ist ein ganz ver-

---

[137] Sonderrundbrief von Friedrich Rittelmeyer an die Priester vom 12.3.1927, ZACG, IV.4; und ausführlicher zitiert in *Eugen Kolisko,* a.a.O., S. 173f.

einzelter Fall. Die Anschauungen über die Lizenzen[138], die in ihm ausgesprochen werden, höre ich buchstäblich nicht nur im Priesterkreis, sondern in der ganzen Anthroposophischen Gesellschaft zum allerersten Mal. Zum Beispiel weder Stein noch Kolisko habe ich sie je aussprechen hören, ja ich habe von ihnen, als der Brief bekannt wurde, aus Befragen gehört, dass sie sie für ganz falsch halten. Grone, den ich fragte, ob er denn so etwas zu Palmer gesagt habe, erwiderte mir, er erinnere sich, dass ihm Palmer eine solche Theorie vorgetragen habe, aber er habe dergleichen nie gesagt und nie gemeint, und in seinem Verhalten habe es keine Rolle gespielt. Insbesondere gibt es keinen »Priesterkreis«, der diese Anschauungen vertrete oder gar verbreitete. Wie Palmer selbst jetzt zu seinem Brief an seine Mutter steht, wird er Ihnen wohl persönlich schreiben.
Selbstverständlich ist jeder Priester in seiner Stellungnahme in anthroposophischen Angelegenheiten völlig frei, wie ja jeder Priester sogar völlige Lehrfreiheit hat. Von der Oberleitung unsrer Bewegung ist aber der Rat zu möglichster Zurückhaltung in diesen anthroposophischen Angelegenheiten wiederholt ausgegangen – ich selbst bin durch meine Zugehörigkeit zum deutschen Vorstand zur Mitarbeit verpflichtet – und es ist uns in der Oberleitung nichts bekannt, was einer Nicht-Befolgung dieses Rates gleichkäme. Die Priester werden Ihre Mahnung, sie sollen es nicht als ihres Amtes betrachten, Hypothesen zu verbreiten, die sich zu Unwahrheiten verdichten, gewiss gerne befolgen. Sie werden aber nicht finden, dass ihr Verhalten

[138] Die Lizenzen beziehen sich auf den Demonstrationskultus, den Rudolf Steiner innerhalb seiner esoterischen Schule vor dem Ersten Weltkrieg vollzogen hat. Siehe: Rudolf Steiner: *Zur Geschichte und aus den Inhalten …* (GA 266), S 49f. und 493f.

zu dieser Mahnung Anlass gegeben hätte. Und sie werden die Meinung, die so unter den Anthroposophen über sie entsteht, und ihre Folgen recht schmerzlich empfinden.
Was die Kundgebung[139] betrifft, so bin ich an ihrer Entstehung beteiligt gewesen. Ich kann also ganz authentisch aussprechen, dass die Meinungen, wie sie im Palmer-Brief zum Vorschein kommen, an ihrem Zustandekommen gar keinen Anteil haben. Auch nicht einmal die allgemeine Vorstellung, dass Sie alte und neue Esoterik verbinden wollten. Die Meinung von Grones über den Arenson-Brief, dass er eine Verletzung der Weihnachtstagung sei, mag von einigen geteilt werden. Ich habe eine andere Auffassung vom Arenson-Brief, die ich Ihnen seinerzeit mitteilte. Bei mir selbst hat der Arenson-Brief in dieser ganzen Angelegenheit nur eine untergeordnete Rolle gespielt. Bei vielen anderen unterzeichnen gar keine. Zum Beispiel gar nicht bei den unterzeichnenden Priestern Bock, Klein, Fräulein Spörri, mit denen ich gar nicht oder kaum über den Arenson-Brief gesprochen hatte. Es entspricht also nicht der Wirklichkeit, wie ich sie kenne, dass bei der Entstehung und Unterzeichnung der Kundgebung eine solche Gespensterschau die eigentliche innere Grundlage gewesen sei.
Ich bin es Ihnen, hochverehrte Frau Doktor, schuldig, diejenigen Tatsachen in Kürze mitzuteilen, die sich auf die Priester und auf mich selbst, respektive die Entstehung der Kundgebung beziehen. Mein eigner Herzenswunsch wäre es gewesen, mit Ihnen in diesen Gesellschafsangelegenheiten dauernd persönliche Fühlung zu haben. Ein anderes Bestreben leitet mich dabei in gar keiner Weise als nur die Verpflichtung, der Anthroposophischen Gesellschaft nach Möglichkeit zu dienen. Sie

[139] Vgl. Anm. 119.

um eine persönliche Unterredung zu bitten, würde ich wagen, wenn mir nicht Ihre Stimmung gegenüber der letzten Unterredung den Mut nähme. Doch möchte ich einmal für alle Zeiten erklären, dass ich, was immer kommen mag, in jedem Augenblick bereit sein werde, handle es sich um eine Einzelheit oder um das Ganze, zu jeder persönlichen Besprechung zu kommen und in aller Empfänglichkeit für das, was Sie zu sagen haben, und in aller Offenheit in Bezug auf das, was ich selbst denke und empfinde und weiß, mit Ihnen zu sprechen über das, was Ihnen so sehr, aber auch mir am Herzen liegt: der Fortgang des Werkes Doktor Steiners.

In größter Verehrung
Doktor Rittelmeyer[140]

Trotz der Höflichkeit in der Form sind die Kritik Friedrich Rittelmeyers an Marie Steiners Orientierungsschreiben für die Mitglieder der Anthroposophischen Gesellschaft und seine Bemühung, ihren Vorstellungen und Urteilen ergänzende und korrigierende Tatsachen an die Seite zu stellen, deutlich zu erkennen. Ob er auf diesen Brief eine Antwort erhalten hat, ließ sich bisher nicht feststellen, ist aber eher unwahrscheinlich, weil zu gleicher Zeit Marie Steiner über eine Initiative der Christengemeinschaft sehr verstimmt war.

---

140 Brief von Friedrich Rittelmeyer an Marie Steiner vom 17. März 1927, RStA.

Der geplante Kirchenbau der Christengemeinschaft in Stuttgart

Nachdem es im Jahre 1926 bei der Gründung der Gemeinde der Christengemeinschaft in Danzig erhebliche Turbulenzen zwischen der dortigen Zweigleiterin der Anthroposophischen Gesellschaft und den Priestern der Christengemeinschaft gegeben hatte, bei denen es vor allem um die Finanzierung der Priester ging, worüber im Rudolf Steiner Archiv und im Goetheanum Archiv ein umfangreiches Konvolut von Dokumenten existiert, kam es 1927 zu einer Auseinandersetzung über den geplanten Kirchenbau der Christengemeinschaft in Stuttgart.

Im Februar-Heft der Zeitschrift »Die Christengemeinschaft« 1927 veröffentlichte Friedrich Rittelmeyer folgenden Aufruf:

> Die dritte Mitteilung an alle unsere Leser und Freunde: *In Stuttgart soll die erste neue Kirche der Christengemeinschaft entstehen!* Die vorangehenden Kirchenbauten – in Lörrach und Nürnberg aus beglückendem Opfergeist entstanden – waren Umbauten. Nun soll ganz aus dem Geist des Neuen heraus ein Kirchenbau werden und neben der Kirche *ein Seminarbau für unsere Studierenden,* der den jetzigen gänzlich unzureichenden Notverhältnissen ein Ende macht. Mit einer ungeheuren Liebe sind im Mittelalter Kirchen oft wie aus dem Nichts entstanden. *Ist urchristlicher Geist unter uns?* Die Zeit ist arm, das Volk ist arm, aber gerade aus der Armut ist immer das Größte gekommen. Wollten unsere 7000 Bezieher und vermutlich mindestens

20.000 Leser alle helfen, jeder zum wenigsten so, dass er sich verpflichtet, einen Baustein zu 100, 50 oder 25 Mark im Laufe eines Jahres zu bezahlen, so könnte in einem Jahr schon ein Wunderbau, weithin strahlend, auf dem Stuttgarter Berg stehen und der geistige Mittelpunkt unserer Bewegung sein. Auch verzinsliche Darlehen in jeder Höhe nach unten und nach oben sind willkommen. Unser Stuttgarter Pfarrer Martin Borchart Uhlandstraße 14a hat weite Taschen machen lassen und schaut täglich sehnsüchtig nach allen Himmelsrichtungen aus, was wohl kommen wird, auch zu den Lesern nach San Francisco und zu denen nach Indien und China. Auf Bitte schickt er jedem einen Baustein, der allmählich abgetragen werden kann, und ist zu jeder Auskunft geradezu phantastisch bereit. Wer hilft mit, dem neuen, werdenden, umschaffenden, zukunftsgestaltenden Christentum die erste ganz eigene Erdenstätte zu bauen?[141]

Um die Reaktion aus Dornach und die folgenden Vorgänge zu verstehen, muss man wissen, dass sich das zweite Goetheanum zu der Zeit in einem fortgeschrittenen Baustadium befand und dessen Finanzierung noch nicht vollständig gesichert war.

Günther Wachsmuth, der im Vorstand für diese Finanzierung verantwortlich war, schrieb an Friedrich Rittelmeyer daraufhin am 11. Februar in einem Brief unter Bezugnahme auf die Probleme, die ihm aus Danzig berichtet worden waren:

Wenn ich mir bei dieser Gelegenheit noch eine ganz persönliche Bitte erlauben darf, so ist es diese, doch mit dem Bau und der Werbetätigkeit für die Kirche der Christengemeinschaft in Stuttgart, wenn irgend möglich noch zuwarten zu wollen, bis

---

[141] Kursive Passagen sind im Original fett bzw. gesperrt gedruckt.

das Goetheanum fertiggestellt ist. Ich richte diese Bitte an Sie ganz aus persönlichem Impuls heraus, da ich nun einmal die Hauptsorge für die Aufbringung der Mittel für das Goetheanum auf den Schultern habe und gerade selbst alles vermeiden möchte, was irgendwie zu einer Konkurrenz zwischen der Gesellschaft und der Christengemeinschaft führen könnte. Sie werden gewiss überzeugt sein, dass ich der Christengemeinschaft von ganzem Herzen einen solchen Bau wünsche, aber da nun einmal gerade jetzt alle Kräfte auf die Fertigstellung des Goetheanum konzentriert werden müssen und viele Menschen beiden Gemeinschaften angehören, so ließe es sich gar nicht vermeiden, dass in vielen Fällen ernstliche Konflikte entstünden, für die der oben zitierte Fall nur ein Symptom ist. Sie werden gewiss diesen Brief nur als den Ausdruck einer persönlichen Sorge, den aufrichtigen Willen zu einer gemeinschaftlichen Lösung dieser Probleme nehmen.
Mit den herzlichsten Grüßen
Ihr ganz ergebener Günther Wachsmuth[142]

In seiner Antwort vom 18. Februar 1927 schrieb Friedrich Rittelmeyer:

Was den Kirchenbau angeht, so haben wir schon Jahre hindurch zurückgehalten und unseren Bauplatz, der uns im ersten Jahr geschenkt wurde, brach liegen lassen und nur die Steuern für ihn bezahlt. Der Grund dazu war für mich gerade auch die Rücksicht auf das Goetheanum und die Aktion zugunsten der Bausteine. Nachdem aber nun wegen anderer Reflektanten

---

142 Brief von Günther Wachsmuth an Friedrich Rittelmeyer vom 11.2.1927, GoeA, A.02.001.013.

die Notwendigkeit zwingend geworden ist, noch mehr Bauplatz dazu zu kaufen und nach dem unser Gastsein in der Hochschule für Musik stets unsicher und bedroht ist (zum Beispiel durch Faschingsvergnügen im demselben Saal!), habe ich, umso mehr als die Stuttgarter Gemeinde sehr begeistert zum Kirchenbau drängt, den Appell in unsrer Zeitschrift ausgehen lassen. Was wir zum Bauen brauchen, ist im Verhältnis zu dem, was das Goetheanum braucht, eine Kleinigkeit, höchstens 2–300.000 Mark, und davon werden wir weiteraus das Meiste von Mitgliedern bekommen, die nicht Anthroposophen sind oder erst durch uns der Gesamtbewegung näher kommen. Warten wir noch länger, so verteuert und verschwierigt sich für uns die Sache noch mehr. Die finanziellen Verhältnisse unter den Gemeindegliedern werden immer schlechter und aussichtsloser. Ich kann aber dies tun, dass ich in unserem Priesterrundbrief ausdrücklich darum bitte, dass alle Rücksicht auf das Goetheanum genommen wird und dass womöglich durch unsre Schuld niemand veranlasst wird, dem Goetheanum irgendwelche Beträge zu entziehen. Das gleiche kann ich auch hier einmal auf dem Gemeindeabend sagen. Ich hoffe, sie würdigen diese Lage und billigen meine Haltung. Andernfalls bitte ich um ganz ungenierte Mitteilung.

Nach einem Absatz über die Verhältnisse und Vorgänge in Danzig heißt es weiter:

Dass es an manchen Orten noch nicht recht gelungen ist, die Christengemeinschaft finanziell so zu stellen, dass Anthroposophen, die vorher schon Anthroposophen waren, nicht wesentlich an ihrem Unterhalt beteiligt sind, ist leider wahr. Ich sprach darüber auch noch mit Doktor Steiner. Er sagte damals ohne weiteres etwa: Wie soll es denn am Anfang anders gehen? Der gute Wille ist bei allen unseren Priestern ohne Ausnahme vorhanden, das kann ich bestimmt sagen, und wir sprechen auch oft darüber in diesem Sinn, aber es ist in vielen Fällen recht schwer und trotz guten Willens nicht so gelungen, wie wir es selbst wünschen. Das wird noch einige Zeit dauern. Ich bin froh, dass Dr. Steiner dies auch gewusst hat und nicht radikal in diesem Punkt gewesen ist. Es kommen ja auch durch uns fortwährend Menschen zur Anthroposophie und werden es in der Zukunft erst recht, und es werden durch unsre Zeitschrift und unsre Geschäftsstelle viele anthroposophische Bücher verkauft, sodass von daher auch manches zum Ausgleich geschieht.

Nachdem ich jetzt an Sie schreibe, möchte ich Sie auf eine Tatsache hinweisen, unter der viele unsrer Freunde sehr leiden. Oft kommt es nämlich vor, dass Zweigleiter, wenn Menschen durch unsre Freunde zur Anthroposophie kommen, ihnen dann den bekannten Vortrag von Dr. Steiner [vom 30.12.1922] vorlesen, sie dadurch in große innere Not stürzen und in vielen Fällen von der Christengemeinschaft absprengen. Dies ist bestimmt nicht im Willen Dr. Steiners. Ich habe ihn damals gleich nach dem Vortrag über diese Möglichkeit gefragt, und er hat mit aller Entschiedenheit gesagt, dass er nicht wünsche, dass diejenigen Anthroposophen, die durch uns zur Anthroposophie kommen, in ihrer Zugehörigkeit zur Christengemeinschaft irgendwie irre gemacht werden sollen. Ähnlich hat er hier im Vorstand gesprochen …[143]

---

[143] Brief von Friedrich Rittelmeyer an Günther Wachsmuth vom 18.2.1927, GoeA, A.02.001.013.

Weil Friedrich Rittelmeyer aus gesundheitlichen Gründen nicht zur Generalversammlung nach Dornach reisen konnte, schrieb er am 4. März 1927 an Albert Steffen zu dem Thema:

> ... Bedauern muss ich mein Fehlen auch deshalb, weil ich von Herrn Leinhas hörte, dass in einer Dornacher Vorstandssitzung unser Aufruf zum Kirchenbau als zu unglücklich gewählter Zeit erfolgt bezeichnet worden ist. Ich habe schon vor dieser Nachricht an Herrn Dr. Wachsmuth als Antwort auf seinen Brief geschrieben und möchte Ihnen auch noch offiziell, zugleich im Namen meiner Freunde, sagen, dass wir ja gewartet haben bis zu dem Tag, für den früher die Beendigung der Bausteinsammlung [für das Goetheanum] in Aussicht gestellt wurde. Nachdem sich aber jetzt herausstellt, dass doch noch lange die Sammlung fortgehen muss, auch nach Vollendung des Baus zu seiner Instandhaltung, können wir nicht warten, bis die Sammlungen nicht mehr sind, zumal da wir in unsrem jetzigen Raum keinen Tag wirklich sicher sind. Es soll aber gewiss alles geschehen, was geschehen kann, damit dem Goetheanum doch ja kein Abbruch geschieht. Und ich bitte Sie auch, mich es doch sicher wissen zu lassen, wenn Sie an dem, was ich hier oder an Wachsmuth geschrieben habe, irgendwelchen Anstoß nehmen. Sollte es zu irgendwelcher Aussprache, die die Christengemeinschaft betrifft, kommen, so bitte ich herzlich, jede Auseinandersetzung bis zu einer persönlichen Unterredung mit Ihnen oder dem Vorstand zu vertagen. Ich komme dann, sobald ich kann ...[144]

---

[144] Brief von Friedrich Rittelmeyer an Albert Steffen vom 4.3.1927, GoeA, A.02.001.005.

Am 10. März 1927 antwortete Günther Wachsmuth:

Sehr geehrter, lieber Dr. Rittelmeyer,
Nehmen Sie bitte meinen herzlichsten Dank für Ihren freundlichen, ausführlichen Brief wegen der Baustein-Sammlung für den Kirchenbau in Stuttgart.
Da es sich um eine Angelegenheit der Gesellschaft handelte, und die Frage auch, wie uns berichtet wurde, vielerorts in der Gesellschaft diskutiert wird, habe ich mir erlaubt Ihren Brief mit Herrn Steffen und dem Gesamt-Vorstand zu besprechen.
Der Vorstand bittet sie nun, um alle Missverständnisse und eventuellen Missstimmungen und Weiterungen in der Gesellschaft zu vermeiden, dass Sie selbst in Ihrer Zeitschrift, wo Ihr Aufruf zu einer Bausteinsammlung für den Stuttgarter Kirchenbau erschien, einen Appell an die zur Christengemeinschaft gehörigen Mitglieder der anthroposophischen Gesellschaft richten, im jetzigen Augenblick, wo der Goetheanum-Bau Rudolf Steiners der intensivsten Konzentration aller Mittel zu seiner Fertigstellung bedarf, auf jeden Fall nur für den Goetheanum-Bau beizutragen. Der Vorstand stellte sich auf den Standpunkt, dass es wohl verständlich wäre, wenn die Christengemeinschaft, die ja alle ihre geistigen Inhalte von Rudolf Steiner empfangen hat, ihrerseits zur Vollendung des Goetheanum-Baues Rudolf Steiners als Dank und Gedächtnis für ihn beitragen würde, dass es aber nicht verständlich wäre, wenn im jetzigen Augenblick aus Kreisen der Mitglieder der anthroposophischen Gesellschaft Beiträge zu einem anderen Bau fließen würden, solange nicht erst derjenige Bau fertiggestellt ist, dessen Errichtung Dr. Steiner selbst am meisten ersehnte.

Indem ich Ihnen nochmals für Ihr gütiges Eingehen auf den letzten Brief herzlichst danke, bin ich mit den herzlichsten Grüßen
Ihr ganz ergebener [Günther Wachsmuth][145]

Darauf antwortete Friedrich Rittelmeyer am 29. März 1927:

Lieber Herr Doktor!
Den Wunsch des Vorstands kann ich in der Weise erfüllen, dass ich eine Bitte an die anthroposophischen Mitglieder der Christengemeinschaft ausgehen lasse, sie möchten auf keinen Fall dem unvollendeten Bau des Goetheanums in Dornach zugunsten unseres Baus das Geringste entziehen.
Von dem Bau unsrer Kirche, wenn es dazu kommt, glauben wir, dass er auch der Gesamtbewegung zugute kommt und notwendig ist wie andre Bauten im Dienst der Gesamtbewegung neben dem großen Bau in Dornach.
Da Sie davon sprechen, dass es eigentlich unsre Pflicht wäre, aus Dankbarkeit am Bau des Goetheanums mitzuhelfen, darf ich daran erinnern, dass auf Vorschlag der Oberlenkung sämtliche Priester, wenn irgend möglich, je einen Baustein zu zeichnen sich entschlossen und zum großen Teil trotz starker finanzieller Schwierigkeiten schon eingezahlt haben.
Mit herzlichem Gruß
Dr. Rittelmeyer

Die höfliche und moderate Form dieses Briefwechsels lässt nicht erkennen, wie die Haltung und Reaktion Marie Steiners

---

[145] Brief von Günther Wachsmuth an Friedrich Rittelmeyer vom 11.2.1927, GoeA, A.02.001.013.

in der Sache war. Zunächst ist ja deutlich, dass Friedrich Rittelmeyer keineswegs geneigt war, die Baupläne aufzugeben.

An den Priesterkreis schrieb er am 19. Februar 1927:

> Der Kirchen- und Seminarbau wird nun weiter hier nach Kräften gefördert werden. Borchart schreibt Euch darüber. Wenn Ihr einiges dafür tun könnt in Euren Gemeinden – auch Darlehen sind ja willkommen – so seht nur bitte darauf, dass nicht die Gaben für das Goetheanum darüber irgendwie verkürzt werden. Wir haben hier den Kirchenbau absichtlich – eigentlich gegen unsren eigenen Vorteil – hinaus gezögert bis zu dem Augenblick, für den der Abschluss der Baustein-Sammlung geplant war. Wir können nicht länger warten, wenn nicht die Schwierigkeiten sich immer mehr türmen sollen, und die Summe, die wir brauchen, ist ja im Verhältnis zu dem, was das Goetheanum braucht, gering. Trotzdem entstehen sicherlich Verstimmungen und mit Recht, wenn wir nicht alles tun, damit das Goetheanum fertig gestellt wird. Manchmal genügt eine gewisse Wachsamkeit nach dieser Richtung. Es braucht wirklich nichts zurückgehalten zu werden, was an Begeisterung für die neue Kirche sich regen will, wenn es nur möglichst nicht auf Kosten des anderen weltgeschichtlichen Baues geschieht. Ich werde Dr. Wachsmuth mitteilen, dass ich Euch dies geschrieben habe.[146]

Am 16. Mai 1927 konnte Friedrich Rittelmeyer dem Priesterkreis mitteilen, dass der fehlende Grundstücksteil für den Bau der Kirche gekauft war, und Martin Borchart berichtete aus-

---

[146] ARB 73, S. II, ZACG, IV.4.

führlich über die Bau- und Finanzplanung.[147] Und noch am 16. Juni schrieb Rittelmeyer an die Priester:

> Dass wir gerade jetzt mit dem Baugedanken beginnen, hängt einfach damit zusammen, dass wir nicht mehr länger warten können. Das Baugelände um uns herum wird bebaut. Wir müssen selbst für den brachliegenden Bauplatz hinter unsrem Haus jährlich M 300.- Steuer zahlen und für den jetzt aus Zwang gekauften natürlich noch viel mehr. Das Geld in den Gemeinden wird immer rarer. In den nächsten Jahren wird es sicher nicht besser, sondern schlechter. Auch ist der gemietete Stuttgarter Raum in der Hochschule für Musik uns keineswegs sicher, sondern stets bedroht und nicht sehr geeignet. Die Dornacher Bauzeichnung sollte ursprünglich gerade bis zum Januar dieses Jahres abgeschlossen sein, es stellt sich aber jetzt heraus, dass der Dornacher Bau noch auf Jahre große Summen braucht und dass wir nicht darauf warten können, bis dieser Bau und diese Sammlung für ihn ganz abgeschlossen ist. Wahrscheinlich sage ich mit dem allen den Meisten unter Euch nichts Neues. Es ist für die gesagt, die noch Schwierigkeiten haben, sich innerlich und äußerlich für den Bau einzusetzen. Die Juni-Nummer [der Zeitschrift] ist in genügend großer Auflage gedruckt worden und möchte als Werbenummer für den Bau verwendet werden.[148]

Als dann am 25. Juli 1927 die allgemeine Synode der Priesterschaft in Dornach zusammenkam, nahm plötzlich alles eine ganz andere Wendung. Ein ungewöhnlich langer Tagebuch-

---

[147] ARB 77, S. 1a und 18ff., ZACG, IV.4.

[148] ARB 78, S. 10a, ZACG, IV.4.

eintrag von Albert Steffen am 27. Juli 1927 beleuchtet die Situation am besten:

> Es sind jetzt die Priester der Christengemeinschaft angekommen und tagen in der alten Kantine. Einen Saal konnte man für sie nicht frei machen. Dass man sie dorthin gewiesen, sagt, man achtet ihrer nicht besonders. Das empfinden sie. Sie besuchen mich (Dr. Rittelmeyer, Bock und Klein) und versichern, dass sie vom Goetheanum empfangen möchten, was sie können. Sie wollen die Verbindung bewahren und pflegen. Sie versprechen, alles zu tun, was gerecht ist. Aber man soll es sagen.
> Zum Beispiel beteuert Dr. Rittelmeyer, er stelle sich auf den Boden des Vortrags vom [30.] Dezember 1922, den Dr. Steiner vor dem Brand gehalten. Da habe Dr. Steiner aus der Einsicht in die geistige Welt heraus gesprochen.
> Die Anthroposophische Gesellschaft vermag nicht, beide Bewegungen zu tragen.
> Es liegen aber Zeugnisse (ein Briefwechsel von Rittelmeyer – Brederlow)[149] vor, dass die Priester doch die Mitglieder angespannt haben, sodass diese wohl Priester unterhalten, aber nicht Lehrer der Gesellschaft.
> So war es. So ist es. Überall braucht man uns. Man nimmt zu durch unsere Hilfe und entzieht uns die Mittel. Jetzt baut man eine Kirche. Dr. Rittelmeyer sagt, man könne gar nicht bauen, wenn Frau Dr. Steiner dagegen sei, man wäre gelähmt. Und doch liege eine Notwendigkeit vor, indem nämlich im April 1928 100.000 Fr. für das Grundstück gezahlt werden müssten, auch wenn nicht gebaut würde, also vergeblich, für nichts. Das wäre unser Bankrott.

---

[149] Dies bezieht sich auf die erwähnte Situation in Danzig.

Damit sagt er, dass Frau Dr. Steiner diesen Bankrott bewirke, wenn sie den Bau verhindere.
(Sie hat am 26. Juli in der Probe der Helena-Szene gesagt, der Kirchenbau sei ein Verrat an Dr. Steiner. Sie würde wohl noch mit ihren Schülern in die Kantine ziehen. Kurz, sie erregte schon Zorn gegen die Priester.)
Dass diese überhaupt hierher kommen, empfindet sie als Politik, als Unehrlichkeit, als List, um die Menschen zum Glauben zu bringen, es herrsche das beste Einverständnis.[150]
Als ich sage, dass Dr. Rittelmeyer das Wort bankrott gebraucht habe, ruft sie empört, das sei eine niederträchtige (nicht dieses Wort!) Kampfart. Dadurch schiebt man ihr die Schuld des Misslingens zu, die sie ja selbst haben, indem sie nämlich gegen Dr. Steiners Gebot handelten und überhaupt begonnen haben zu bauen. Dr. Steiner sagte doch, die Gesellschaft könne nicht beide Bewegungen tragen. Stütze man sich auf die Anthroposophie, so ginge beides zu Grunde. Es geht eben beides zu Grunde, sowohl die Gesellschaft wie die Christengemeinschaft.
Die Kirche ist schuld, dass der Bau [des Goetheanum] nicht fertig wird. Die Priester sollten für den Bau werben. Wird dieser nicht fertig, so sind wir verloren. Die Behörden werden uns ausweisen. Und der Untergang der Gesellschaft, der ohne Bau kommt, zieht den der Christengemeinschaft nach sich.

---

150 Dies unterstellte Marie Steiner den Priestern, obwohl sie von Rudolf Meyer einen am 28. Juli 1927 geschriebenen Brief erhalten hatte, in dem er über die Synode in Dornach schrieb: »Viele von uns Mitarbeitern haben zeitlich und finanziell nur sehr selten die Möglichkeit, zum Goetheanum zu fahren. Darum erwarten wir durch dieses 14-tägige Weilen in Dornach viel für unser eigenes Darinnenstehen in der Anthroposophie, wie auch für die Arbeitsimpulse, die wir für unsere spezielle priesterliche Aufgabe mit hinausnehmen möchten.« RStA.

Sie wenden ein, dass sie uns viele Mitglieder bringen. (Oft geht die Mehrzahl der gewonnenen Mitglieder zu der Gesellschaft über.)
Dr. Rittelmeyer sagt, die Christengemeinschaft habe einen gewaltigen spirituellen Gehalt im Kultus. Wenn jemand daran teilnehme durch Taufe, Beerdigung, Trauung, so müsste er eigentlich die Priester – wenigstens ideell – unterstützen und nicht schlecht über sie sprechen. Er betrachte sich doch dadurch als Glied der Gemeinschaft.
Bei Anthroposophen macht man eine Ausnahme.
Durch die Erteilung der [Sakramente] verpflichtet sich die Christengemeinschaft die Menschen.
Diese Frage ist insofern interessant, dass auch ein Vorstandsmitglied[151] sich von einem Priester (Doldinger) trauen lässt und sich dennoch in letzter Zeit (eben wegen des Baus) gegen sie stellt. Die Frage, ob Doldinger sich in Basel niederlassen soll, wird aufgeworfen. Ich sage: der ist jetzt sehr beliebt in Dornach. Dann wird er es nicht mehr sein. Er schafft sich eine unmögliche Existenz.
Moses hielt die Juden 40 Jahre in der Wüste zurück.
Diejenigen werden geistig siegen, die physisch entbehren können.
Klein will, dass der Vorstand der Geste wegen die Gemeinschaft besucht.
Ich bin gegen Komplimente, die unwahr sind. Als Dichter solle ich, sagt Dr. Rittelmeyer, kommen. (Er, der mich aus juristischen Gründen zum Vorsitzenden vorschlug und dadurch meine Berufung als Dichter so missachtete.) Ich sage zu, obwohl

---

[151] Es handelt sich um Günther Wachsmuth, der später selbst in einem Brief bekannte, dass er sich von der Christengemeinschaft habe trauen lassen.

ich spüre, man ist darüber hauptsächlich froh, weil man das Prestige hebt. Man kann sagen: Steffen war bei uns ...[152]

Dieser Eintrag gibt im Wesentlichen das Treffen des Vorstandes mit den drei Oberlenkern wieder, enthält aber auch Notizen, die sich offensichtlich auf ein Gespräch zwischen Marie Steiner und Albert Steffen beziehen. Die wachsende Distanz Albert Steffens zu Friedrich Rittelmeyer zeigt sich einerseits darin, dass er Positionen (»man nimmt zu durch unsere Hilfe und entzieht uns die Mittel«) und Vermutungen (was »man« sagen kann) Marie Steiners übernommen hat und andererseits ihm den Vorwurf macht, er hätte seine Berufung als Dichter missachtet dadurch, dass er ihn zu Weihnachten 1925 zum ersten Vorsitzenden der Gesellschaft vorgeschlagen habe, obwohl er dadurch nur den Auftrag des erweiterten Vorstandes ausgeführt hatte.

Diese Notizen belegen aber auch erneut die harte Sprache Marie Steiners (zum Beispiel »Verrat an Dr. Steiner«), ihre Unterstellungen (dass die Priester nach Dornach kommen aus politischen Gründen, als List, aus Unehrlichkeit) und ihre Schuldzuweisungen an die Christengemeinschaft (dass der Goetheanum-Bau nicht fertig werde und in der Folge davon die Anthroposophische Gesellschaft zugrunde gehe). Sie schreckte auch nicht vor einer falschen Behauptung zurück, indem sie verbreitete, es habe ein Gebot Rudolf Steiners an die Priester gegeben, nicht zu bauen, das diese übertreten hätten. Rudolf Steiner hat den Priestern weder geboten, nicht zu bauen, noch hat er von ihnen verlangt, von Anthroposophen kein Geld zu nehmen, wie wir gesehen haben. Der ganze Text zeigt die Ängste und die Empörung Marie Steiners.

---

[152] Tagebucheintrag von Albert Steffen vom 27. Juli 1927, AStS.

Die Tagebucheintragung Albert Steffens geht dann weiter mit einer Schilderung seines Treffens mit dem Priesterkreis:

> Abends 5:00 Uhr in den Priesterkreis. Dr. Rittelmeyer sprach einige Worte der Verehrung, die man mir entgegenbringe als Stellvertreter Dr. Steiners, als welchen mich Dr. Steiner ausdrücklich bei der Weihnachtstagung bezeichnet habe, als Dichter und Mensch. Ich würde geliebt. Man verfolge meine Aufsätze, lese meine Bücher, Dramen, Gedichte, Romane mit dem Herzen etc.
>
> Ich erwiderte hierauf, dass es wahr sei, dass die tiefste Verbindung herrsche zwischen dem Kreise und mir, indem mich Dr. Steiner von Anfang an zu allem beigezogen hätte. Und auch, dass ich viel diesem Erlebnis verdanke, das so tief sei, dass ich es nie völlig werde aussprechen können. Aber ich füge sogleich bei, dass ich als Künstler in den Kreis trete (d.h. als Privatmensch und nicht in irgendeiner Funktion). Und so sprach ich denn auch über die Natur. Bäume und Blumen.
>
> Hernach schloss sich eine Fragestellung an den Vortrag, wo man manch Interessantes erfuhr, zum Beispiel, dass ein Professor die Kinder mit dem Blute der Eltern impfe und so Masern verhinderte.
>
> Auf eine Frage über Alexander sagte ich, dass ich mich nie mit ihm beschäftigt habe.
>
> Einige andere Fragen zeugten von einer gewissen Sensationslust.
>
> Ich ging dann mit Fräulein Spörri gegen den Bau hinauf. Und im Angesicht desselben sagte sie, dass man an den Aufgang zum weißen Saal erinnert werde, dass man gegenüber den Formen ein Erlebnis habe, das einen mahne, mehr als bisher für den Bau zu tun. Das hätten sie auch beschlossen.

> Ich hatte den Eindruck, dass man verzichten wird, die Kirche aufzuführen.
> In solchem Sinne hätte ich noch gewirkt und zum Beispiel gesagt, dass es durchaus für eine Religionsgemeinschaft unnötig sei, Prachtbauten zu haben. Die Kunst aber braucht einen Raum zur Darstellung des Schönen. Die Religion hat es mit dem Innern der Seelen zu tun. Es soll der Bau, von Dr. Steiner entworfen, eher stehen als die Kirche derer, die er beschenkt hat. Sie sollen selbst von dem Gedanken abkommen. Und ich hätte dieses erreicht.[153]

Den geplanten Stuttgarter Kirchenbau als »Prachtbau« zu bezeichnen, ist nicht nur eine maßlose Übertreibung, sondern dieser Satz zeigt auch, dass Albert Steffen wenig Sinn hatte für den Kultus, dessen Wesen Versinnlichung des Geistigen ist und sich zu allen Zeiten in künstlerischen Bauwerken eine Hülle geschaffen hat. Ebenso wird durch diesen Satz auch deutlich, dass er kein Mitgefühl mit einer christlichen Gemeinde hatte, die für ihre heiligen Handlungen nach einem eigenen, geschützten Raum strebte, obwohl Friedrich Rittelmeyer die Notwendigkeit eines eigenen Raumes deutlich geschildert hatte. Steffen dagegen sah diese Notwendigkeit nur für die Kunst.

Eine gewisse Distanzierung Albert Steffens kann man auch darin sehen, dass er ausdrücklich als Privatperson und nicht als Vorsitzender der Anthroposophischen Gesellschaft zu den Priestern sprach, nicht über die Probleme des Verhältnisses zur Christengemeinschaft, sondern über Bäume und Blumen.

Der Schluss der Tagebucheintragung ist einem Vortrag von Dr. Roman Boos gewidmet:

---

[153] Ebenda.

Am Abend ist der Vortrag von Dr. Boos. Im Gange hinter der Bühne sagt Frau Dr. Steiner, Dr. Rittelmeyer wäre im Traum mit einer heftigen Bewegung auf sie zu getreten.
Ich erwidere, auch ich hätte von ihm geträumt. Und zwar, dass er einen Bau gehabt hätte an einem Fluss (an jener Stelle, wo wir Kinder badeten und den wir »Sand« nannten), und zwar war er auf einem emporgetürmten grauen, sandigen Berg, der senkrecht anstieg und das Erdgeschoss bildete. Oben erst in vertikal gestelltem Grundriss die Fassade.
Merkwürdig war mir nun, dass Dr. Boos in seinem Vortrag die Zeichnung an die Tafel zeichnete und mit Rot die Figur, die ich im Traum vorhergesehen, ausfüllte. Er stellte dar, dass dieser Grundriss auch beim Triumphbogen der Römer war, und dass man bis in die Renaissance hinein so gebaut habe. Dann aber nicht mehr. Und nun stellte er die neue Bautat von Dr. Steiner dar, das alte Goetheanum (das verloren ist), das neue, das er entworfen, aber nicht ausführen kann und in das in diesen Tagen die Christusstatue hinübergebracht wurde (ein welthistorischer Augenblick). Er sprach dann aus, dass die Priester einen Vorsprung hätten durch das Geschenk des Kultus, das sie von Dr. Steiner bekommen. Aber dass sie bedenken sollten, es sei ein Geschenk, und dass sie nicht vergessen sollten, was der Schenkende sagte und tat. Er wollte die Michaelschule einrichten und den Bau vollenden. Er rechnete mit dem Leben. Der Tod kam. Der Tod ist ein Opfer. Das Leben ist in das Tun derer geflossen, die er beschenkte, und sie sollen im Sinne des Lebens handeln. D.h., den Bau vor allem vollenden und dann die Michaelschule (wenn sie innerlich erwachen, ist es doch möglich). Da sollte in seinem Opfersinne lebend jeder dazu beitragen. Und unbegreiflich sei ihm, dass man vorher noch eine Kirche anfange zu bauen und so dem Bau die Mittel entziehe.

> Erst muss man sein [Rudolf Steiners] Opfer fassen und sein Werk, das er als das wichtigste hinstellte und wollte, im Herzen trug, vollenden. Vorher kann man als Anthroposoph nicht ein anderes Werk vollenden.
> Er sprach dann noch über das priesterlose Geistesleben, das sich für uns ziemt. Wir brauchen keine Priester.[154]

Was Albert Steffen im Priesterkreise nicht getan hatte, das tat Roman Boos öffentlich vor den Mitgliedern der Gesellschaft: Er sprach ganz im Sinne Marie Steiners über die Christengemeinschaft, dass sie von Rudolf Steiner das Geschenk des Kultus bekommen habe und deshalb den Schenkenden nicht vergessen dürfe. (Rudolf Steiner hätte die Vorstellung, dass *er* der Schenkende gewesen sei, weit von sich gewiesen!) Er beurteilte die Absicht, eine Kirche bauen zu wollen, bevor das

---

[154] ebenda; Roman Boos (1889–1952) war ein genialer Jurist, der sich durch Aufsätze, Vorträge und vielfältige andere Arbeiten sehr für Rudolf Steiner und die Anthroposophie einsetzte. Mit seiner großen Rednergabe kämpfte er für die Anthroposophie, verfiel aber im Mai 1921 in eine jahrelange Depression. Marie Steiner holte ihn 1926 als Mitarbeiter in ihre Sektion und dachte sogar daran, dass er als 2. Vorsitzender in den Vorstand der Gesellschaft eintreten könne (ihr Brief an Albert Steffen vom 4. Dezember 1926, RStA). Seine Äußerungen wirkten oft polarisierend und brachten ihm Feindschaften ein. Er war Marie Steiner treu ergeben, konnte aber den Rat Rudolf Steiners, der an seiner Möglichkeit zu geistiger Entwicklung zweifelte, ein »stiller Gelehrter« zu werden, nicht befolgen. Ende der Dreißigerjahre erkrankte er erneut an Depression. (Siehe: Heinz Herbert Scheffler, *Das Wirken Rudolf Steiners* Bd. 4: 1917-1925, Dornach 1987, S. 348; Bodo von Plato, *Anthroposophie im 20. Jahrhundert,* Dornach 2003, S. 104f.; Brief von Ita Wegman an Karl König vom 30. Oktober 1930, IWA; Brief von Berta Polzer an Ita Wegman vom 15. November 1929, IWA; Brief von Hilde Boos-Hamburger an Rudolf Steiner vom 29. September 1921, RStA.)

Goetheanum fertig sei, als ein Zeichen dafür, dass derjenige, der eine solche Absicht habe, kein rechter Anthroposoph sein könne. Ein solcher könne nur sein, wer ein priesterloses Geistesleben führe und keinen Priester brauche. Deutlicher kann man die Distanzierung von der Christengemeinschaft nicht ausdrücken.

Leider haben wir von der Synode 1927 weder ein Protokoll noch irgendeinen Bericht, sodass wir nicht nachvollziehen können, wie die Diskussionen im Priesterkreis über die Frage des Kirchenbaus verlaufen sind. Wir wissen aber durch zwei Briefe von Nora Stein an Ita Wegman in England vom 3. und 7. August 1927, dass am 2. August ein Gespräch zwischen Marie Steiner und den drei Oberlenkern Friedrich Rittelmeyer, Emil Bock und Werner Klein stattgefunden hat, von dem Nora Stein durch Annemarie, die Tochter Rittelmeyers, Kenntnis erhalten hat.

> Der Vater kam sehr traurig zurück, denn sie mussten den Kirchenbau opfern. Gleich zu Anfang sagten die Priester von sich aus, sie wollen dafür sorgen, dass keine anthroposophischen Gelder in die Sammlung kommen, sie ging darauf nicht ein und meinte, das könne man nicht aufhalten, nur dann, wenn sie überhaupt verzichten auf das Bauen, bis das Goetheanum fertig ist. Bis sie das ihr versprochen haben, ließ die Spannung nicht nach. Endlich taten sie es ...
> Ich habe den Eindruck, es ist die ganze Christengemeinschaft durch die Angriffe etwas gelähmt, gedrückt (so äußern sich auch einige Priester), sie würden Aufrichte-Kraft brauchen.[155]

[155] Brief von Nora Stein an Ita Wegman vom 3.8.1927, IWA.

Das Ergebnis dieses Gespräches mit Marie Steiner haben die Oberlenker dann am 3. August der Synode der Priester mitgeteilt und um Zustimmung zu ihrem Verzicht gebeten. Wir wissen nichts vom Verlauf der Diskussion, sondern kennen nur das Ergebnis, das Friedrich Rittelmeyer zunächst am 4. August Albert Steffen, am 6. August den Mitgliedern der Gesellschaft[156] mündlich mitteilte und am 11. September im Mitteilungsblatt veröffentlichte.

Albert Steffen notierte am 4. August 1927 in sein Tagebuch:

> ... Hierauf 19:45 Uhr treffe ich bei der Kantine Pfarrer Rittelmeyer, der das Resultat der Besprechungen im Priesterkreis mitteilt ... Er erzählte, dass die drei Leiter zu Frau Dr. Steiner gegangen seien und erklärt hätten, sie würden sich nun – nach den Besprechungen im Priesterkreis – auf den Standpunkt stellen, dass sie den Vortrag Dr. Steiners vom 30. Dezember [1922] als Grundlage nehmen ihres Verhaltens, dass sie den Bau der Kirche hinausschieben würden, und dass sie in ihrer Zeitung und in unserem Mitteilungsblatt dies aussprechen würden.
>
> Er sprach es aus, dass er nie begonnen hätte, diese Bewegung zu begründen, wenn er gewusst hätte, dass Dr. Steiner diese Rede halten würde. Aber jetzt müsse man sich daran halten. Er möchte um keinen Preis die Gesellschaft schädigen. Zwar sehe er voraus, dass ungeheure Krisen kommen. Denn wovon sollen die Priester leben, die bis jetzt von Freunden unterstützt wurden? Auch würden die Priester sich weigern, Menschen, die trotz allem kämen, fortzuweisen. Sie würden niemals die Zahl [der Anthroposophen in ihren Gemeinden] angeben.

---

[156] Brief von Nora Stein an Ita Wegman vom 7.8.1927, IWA.

Ich sage: Es wird sich wohl nichts ändern. Ihre Freunde werden Sie nicht verlassen.
Und so ist es auch: Die Christengemeinschaft hat gewonnen, indem sie öffentlich ein Opfer bringt. Sie hat verzichtet. Frau Dr. Steiner erscheint lediglich als – geizig.
Er sagte, dass der Vortrag von Dr. Boos die Lage nur verschlimmert hätte. Es ist so, dass sie schon vor dem Vortrag erklärten, dass sie nicht bauen würden, wenn Frau Dr. Steiner nicht einverstanden damit wäre.
Und zu Dr. Boos selber sagte Rittelmeyer, dass sie nur mit dem Vorstand darüber verhandeln würden. –
Nach der Stunde zeige ich Frau Dr. Steiner den Brief von Frau Dr. Speiser und meine Antwort. Sie erzählt noch über die Priester und sagt, was gefehlt worden sei, ließe sich nicht mehr gut machen.[157]

An diesen Notizen zeigt sich schon deutlicher die tragische Entfremdung zwischen leitenden Personen der anthroposophischen Gesellschaft und der Christengemeinschaft. Der Verzicht der Priesterschaft auf den Kirchenbau in Stuttgart wurde nicht etwa mit Dankbarkeit oder zumindest mit Respekt aufgenommen, sondern wird von Albert Steffen als »Sieg« der Christengemeinschaft über die Anthroposophische Gesellschaft interpretiert, und er spekuliert darüber, dass der Verzicht dazu führen würde, Marie Steiner in der Öffentlichkeit als geizig erscheinen zu lassen.

Auch Marie Steiner war in ihrer Empfindung und Haltung in Bezug auf die Christengemeinschaft durch diesen Verzicht nicht etwa wohlwollender gestimmt worden, sondern zeigte

---

[157] Tagebuchnotiz von Albert Steffen vom 4. August 1927, AStS.

sich unversöhnlich: »Was gefehlt worden sei, ließe sich nicht mehr gut machen.«

Diese Unversöhnlichkeit war nicht nur eine augenblickliche Empfindung, sondern zeigte sich auch ein Jahr später, als Emil Bock aus den Einnahmen seiner Evangelien-Betrachtungen, die als Bausteine für den Stuttgarter Kirchenbau bestimmt waren, einen Betrag an das Goetheanum spenden wollte. Albert Steffen notierte unter dem 28. August 1928 in sein Tagebuch:

> Bock fragt mich, ob er einen Teil seiner Einnahmen aus den Evangelien-Betrachtungen an das Goetheanum geben könne, 2000 M., da es doch aus dem geistigen Erbgut Dr. Steiners erflossen sei. Ich schlage ihm vor, es Frau Dr. Steiner zu Handen des Verlages zu geben. Aber diese lehnt es, als ich sie später frage, ab.[158]

Marie Steiner nahm die Geste guten Willens von Emil Bock nicht an. Friedrich Rittelmeyer aber hielt sein Versprechen und veröffentlichte im Nachrichtenblatt folgende »Mitteilung«:

> Am 6. August, dem letzten Tage unserer diesjährigen Priesterzusammenkunft, wurde in Dornach in der Schreinerei die nachstehende Erklärung von mir abgegeben. Sie wird hier mitgeteilt, gleichzeitig mit einer entsprechenden Erklärung in unserer Zeitschrift »Die Christengemeinschaft«, für deren Leserkreis, der nach unserer Stichprobe zu gut zwei Dritteln aus Nicht-Mitgliedern der Anthroposophischen Gesellschaft besteht. –
> Nach Besprechung mit den beiden anwesenden Mitgliedern des Vorstands der Allgemeinen Anthroposophischen Gesellschaft

---

[158] Tagebuchnotiz von Albert Steffen vom 28. August 1928, AStS.

habe ich im Namen der Priesterschaft folgende Erklärung abzugeben in Bezug auf die Kirchenbausache und in Bezug auf das Verhältnis der Christengemeinschaft zur Anthroposophischen Gesellschaft.
Vorausschicken möchte ich: Was die Priesterschaft hierher geführt hat nach Dornach, war der einmütige elementare Wille, wir möchten in gutem Einvernehmen mit der Anthroposophischen Gesellschaft unsere Aufgabe erfüllen. Wir fühlen uns im engsten Lebenszusammenhang mit der anthroposophischen Gesamtbewegung, haben hier die Wurzel unsres geistigen Daseins, wissen uns in großer Dankbarkeit und Verehrung unsrem Lehrer Rudolf Steiner verbunden, dem wir alles verdanken, was die Christengemeinschaft als Geistesinhalt besitzt, und haben das unbedingte Lebensbedürfnis, in bester innerer Fühlung zu stehen mit der Stätte, an der das Werk Rudolf Steiners vor allem seine Pflege findet, und mit den Menschen, die es zu verwalten haben.
Aus diesem Grund haben wir uns entschlossen, unseren Kirchenbau in Stuttgart zurückzustellen. Der Entschluss war ein eindeutiger und wurde gefasst von den ersten Tagen unsres Hier-seins an. Wir wollen dadurch zum Ausdruck bringen, dass uns das Goetheanum vor allem anderen wichtig ist, auch vor den Notwendigkeiten unsrer eigenen Bewegung, und dass wir alles vermeiden wollen, was der für unsre ganze Zeit so bedeutungsvollen Vollendung des Goetheanums irgend Abbruch tun könnte. Wir werden dies auch in unsrer Zeitschrift zum Ausdruck bringen in einer Form, dass der in weite Kreise außerhalb der Anthroposophischen Gesellschaft gesenkte Impuls zum Kirchenbau keine Lähmung erfährt und dass uns die Möglichkeit bleibt, für den Bauplatz, der erworben werden musste, die noch nicht vorhandenen Mittel zu bekommen. Wir

werden versuchen, dies so zu tun, dass dem Goetheanum dadurch neue Freunde gewonnen werden.
Was das Verhältnis zur Anthroposophischen Gesellschaft betrifft, so wollen wir keinen Zweifel darüber lassen, dass die gesamte Priesterschaft einmütig den Vortrag Dr. Rudolf Steiners vom 30. Dezember 1922 anerkennt und sich ihn mit allem anderen, was Dr. Steiner zu uns gesprochen hat über das Verhältnis der beiden Bewegungen, zur Richtschnur ihres Verhaltens dienen lassen will. Es soll auch offen anerkannt werden, dass die Bewusstheit und Entschlossenheit, nach den angegebenen Richtlinien zu handeln, größer werden kann. Das Werk Rudolf Steiners, einen Menschenkreis zu sammeln, der der besonderen anthroposophischen Aufgabe dient – ein Menschenkreis, der ohnedies noch klein genug ist und ernstesten Gegenmächten gegenübersteht – soll durch uns nach unsrem Willen in keiner Weise beeinträchtigt, sondern nur gefördert werden. Die Verhältnisse sind im Einzelnen vielfach unendlich schwierige, schwieriger als man von außen her sehen kann, und können nur in gutem Einvernehmen mit den Vertretern der Anthroposophischen Gesellschaft zur rechten Ordnung geführt werden. In diesem Sinne wollen wir als Anthroposophen das Werk, das uns im Ganzen der großen anthroposophischen Gesamtaufgabe anvertraut ist, mit immer größerer Tatkraft durchzuführen suchen und bitten alle unsre anthroposophischen Freunde, mit denen wir uns gegen übermächtige, ja übermenschliche Widerstände in weltgeschichtlicher Schicksalsgemeinschaft verbunden wissen, um ihr helfendes Vertrauen.[159]

[159] »Was in der Anthroposophischen Gesellschaft vorgeht«, 4. Jg., Nr. 37 vom 11. September 1927, S. 146f.

Und in der Zeitschrift der Christengemeinschaft veröffentlichte er im gleichen Monat folgende Erklärung:

Kirchenbau und Seminarbau in Stuttgart

Durch unsere Zeitschrift haben unsere Leser wiederholt erfahren, wie wir den Bau einer Kirche und eines Seminargebäudes für unsere werdenden Priester in Stuttgart als eine dringende Lebensnotwendigkeit empfinden. Warm haben sich viele unserer Leser für unseren Plan eingesetzt und dankenswert sind uns die Mittel zugeflossen, um die ersten Schritte zu seiner Verwirklichung zu tun. In diesem Herbst, so war unsere Absicht, sollte mit einer tatkräftigen Werbetätigkeit für diesen Bau begonnen werden.

Nun ist das neue Goetheanum in Dornach, entgegen den ursprünglichen Hoffnungen, noch unvollendet. Ja die anthroposophische Gesellschaft sieht sich genötigt, nochmals einen kräftigen Aufruf für diesen Bau ausgehen zu lassen, der erst im Rohbau annähernd vollendet dasteht. Das werdende Goetheanum ist ein Geisteswerk Rudolf Steiners. Nachdem das alte Goetheanum, eine Fülle von neuen Kunsttaten in sich bergend, niedergebrannt war, hat Rudolf Steiner den neuen Bau als eine Lebensnotwendigkeit für die anthroposophische Gesamtbewegung bezeichnet. Diese wahre geisteswissenschaftliche Bewegung selbst aber ist wieder eine Lebensnotwendigkeit für unsere Zeit. Schon vor Monaten haben wir in unserer Zeitschrift ausgesprochen, dass wir es auf jeden Fall vermeiden möchten, dass durch unseren Bau dem Goetheanum Mittel entzogen werden. Im Angesicht des noch unvollendeten Goetheanum hat nun in diesen Wochen die Priesterschaft der Christengemeinschaft einmütig den Beschluss gefasst, dass der Beginn des Stuttgarter Baus zunächst aufgeschoben wird, bis das Goetheanum sicherer dasteht. Dies kann in ein bis zwei Jahren der Fall sein.

Für diesen Entschluss, der eine völlig freie Tat der Priesterschaft ist, wollen wir nicht nur dies wiederum zum Ausdruck bringen, dass sich unsere Bewegung, in sich völlig selbstständig, Rudolf Steiner und seinem Werk zu allergrößtem Dank verpflichtet weiß. Durch das, was in seiner Persönlichkeit und in seinem Werk der Menschheit geschenkt wurde, ist auch eine wirklich umfassende religiöse Erneuerungsbewegung in der Gegenwart erst möglich geworden. Wir wollen vor aller Öffentlichkeit aussprechen, dass heute eine gründliche Neugestaltung auf allen Gebieten des gesamten Geisteslebens nach der Zeit des Materialismus notwendig ist, wie sie eine religiöse Bewegung für sich allein nicht vollbringen kann, wie sie aber am Goetheanum für alle Bereiche des Wissens und der Kunst ein Lebenszentrum hat, bedeutungsvoll für die ganze Menschheit. Wir wollen, angesichts der andauernden Verkennung und Verleumdung der Anthroposophie in der Öffentlichkeit, unser Wort, das einmütige Wort der Priesterschaft der Christengemeinschaft, tatkräftig dafür einsetzen, dass die Menschheit aufmerksam wird auf das, was in ihrer Mitte geschehen ist und was auch dem religiösen Leben helfen wird, im gesamten Geistesleben wieder gesund drinnen zu stehen. Darum gedenken auch die Priester der Christengemeinschaft, wie bisher, so weiterhin nach ihren Kräften helfend am Goetheanum-Bau mitzuwirken und möchten, dass recht viele ihrer Gemeindeglieder für die Notwendigkeiten eines solchen Geisteszentrums opferfreudiges Verständnis beweisen. Vielleicht werden wir darüber noch nähere Vorschläge machen.

Die Leser unserer Zeitschrift, die ja zum weitaus größeren Teil aus Nichtmitgliedern der Anthroposophischen Gesellschaft bestehen, mögen nicht denken, dass damit unser eigener Bau aufgegeben oder irgendetwas von der Unterstützung, die sie uns bereitwillig und begeistert geleistet haben, verloren gegangen ist. Im Gegenteil, wenn wir von einer stärkeren Werbetätigkeit zunächst absehen, so sind wir umso ernstlicher auf alle Hilfe unserer nicht-anthroposophischen Freunde angewiesen, um die Zukunft, die eine nahe sein kann, vorzubereiten.

Wir haben seinerzeit den Bauplatz hinter unserem Haus Urachstraße 41 bis auf die Höhe des Berges hinauf kaufen müssen, wenn wir nicht wollten, dass er mit Kleinwohnungen besät und dass uns dadurch für immer die Möglichkeit genommen wird, hier den geplanten Bau zu schaffen. Für diesen Bauplatz haben wir bis April 1928 150.000 Mark zu entrichten. Was bisher eingegangen ist, beträgt gegen 40.000 Mark. Auch wenn es uns gelingt, den anderen Bauplatz hinter unserem Haus, der uns einst geschenkt wurde und der für unseren Bau nicht ausreichend und weniger günstig gelegen ist, zu verkaufen, bleibt noch bis April die Summe von 60.000 Mark aufzubringen. Wir sind also nicht nur auf die Heimsparkassen, die bestehen bleiben und weiter ausgebaut werden, auch *auf freie Beiträge unserer Freunde* dringend angewiesen, wenn wir nur einstweilen den Bauplatz bezahlen und die Zukunft vorbereiten wollen. Wir hoffen aber gerade mit dieser vollkommen offenen Darlegung unsrer Lage am meisten das Vertrauen und die Hilfe unsrer Freunde zu gewinnen.

Das vorläufige Zurückstellen unsrer Pläne ist, wie man sieht, nicht ohne Schwierigkeiten und Besorgnisse möglich. Wir sind aber der Gewissheit, dass wir nur dann im Geist einer religiösen Erneuerungsbewegung handeln, wenn im Vertrauen zur göttlichen Führung geschieht, was als gut erkannt wird. So mag unser Entschluss an seinem bescheidenen Teil als eine Gegentat gegen die übelwollende Vernichtung des alten Goetheanum wirken und dazu mithelfen, dass in der Menschheit ernst genommen wird, was durch Rudolf Steiner und sein Werk für die Welt geschehen ist, wie wir es aus religiösen Lebensinteressen heraus als so überaus bedeutungsvoll erkannt haben!

Für die Priesterschaft der Christengemeinschaft:

Dr. Friedrich Rittelmeyer[160]

Die Hoffnung Friedrich Rittelmeyers, den Kirchenbau in Stuttgart nur zu verschieben und in absehbarer Zeit dann zu realisieren, erfüllte sich nicht. Ein Großteil des Grundstücks musste parzelliert und verkauft werden, ein Seminarbau konnte erst sechs Jahre später auf dem Rest des Grundstücks verwirklicht und zwölf Jahre später an anderer Stelle eine Kirche gebaut werden.[161]

Durch den Verzicht auf eine zeitnahe Realisierung der Kirchenbaupläne hatte die Christengemeinschaft zwar einen gewissen Frieden mit der Leitung der Anthroposophischen Gesellschaft erreicht, aber die internen Fragen und Probleme waren damit nicht wirklich beantwortet und gelöst. Es ging in den damals schwierigen wirtschaftlichen Verhältnissen zwar auch um die Einwerbung von finanziellen Mitteln zum laufenden Betrieb und für Investitionen in beiden Institutionen, aber die entscheidenden Fragen bezogen sich auf das innere Verhältnis der beiden Bewegungen:

---

160 »Die Christengemeinschaft«, 4. Jg., Heft 6, September 1927, S. 192.

161 Eine ausführliche Schilderung dieser Vorgänge findet sich in Gundhild Kačer-Bock, *Die Christengemeinschaft in Stuttgart, Chronik 1922–2005,* Stuttgart 2007, S. 79-101.

- Ist die Mitgliedschaft in der Christengemeinschaft nur eine Vorstufe für die Mitgliedschaft in der Anthroposophischen Gesellschaft?
- Sollte die Christengemeinschaft auf Mitglieder verzichten, die zur Anthroposophie den Zugang gefunden hatten?
- Darf ein Anthroposoph noch den Kultus der Christengemeinschaft besuchen?
- Braucht ein wahrer Anthroposoph den religiösen Kultus überhaupt noch?

Auf solche Fragen gab der Vortrag Rudolf Steiners vom 30. Dezember 1922, der in den wiedergegebenen Dokumenten schon mehrfach erwähnt worden ist, für viele eine scheinbar eindeutige Antwort.

Er wurde von Marie Steiner im Dezember 1927, auch auf Anregung einiger Priester, zum ersten Mal vollständig veröffentlicht.[162]

Diese Veröffentlichung hatte eine ambivalente Wirkung: Einerseits war damit der Zustand beendet, dass nur eine in einem Mitteilungsblatt veröffentlichte verkürzte Fassung dieses Vortrags zur Verfügung stand, andererseits aber nun die zum Teil situationsbedingten, radikalen und ergänzungsbedürftigen Äußerungen Rudolf Steiners zum Verhältnis der beiden Bewegungen allgemein bekannt wurden, aber gleichzeitig seine vielfältig ergänzenden und korrigierenden Äußerungen und Handlungsweisen noch nicht öffentlich bekannt waren. So entstanden bei vielen Mitgliedern der Anthroposo-

---

[162] »Die geistige Kommunion der Menschheit«, Dornach 1927 (angezeigt im »Nachrichtenblatt« Nr. 51 vom 18. Dezember 1927); heute enthalten in: *Das Verhältnis der Sternenwelt zum Menschen ...* (GA 219), Dornach [6]1994.

phischen Gesellschaft durch Jahrzehnte einseitige Urteile und Haltungen, die erst viel später durch eine umfassende Darstellung aller diesbezüglichen Dokumente ergänzt und relativiert werden konnten.[163]

Der erreichte Frieden währte aber nur wenige Monate.

---

[163] Wolfgang Gädeke, *Anthroposophie und die Fortbildung der Religion,* a.a.O., S. 292–392.

Ein Vorwort Marie Steiners und seine Folgen

Am 27. Mai 1928 veröffentlichte Marie Steiner in der Zeitschrift »Das Goetheanum«[164] das Vorwort, das sie der ersten Veröffentlichung der Vorträge Rudolf Steiners in Buchform über das Johannesevangelium, die er im Mai 1908 in Hamburg gehalten hatte, voranstellte. Darin heißt es:

> ... Es kam eine Anzahl Theologen zu Rudolf Steiner; diese sagten: Unsere Kirchen veröden; unsere Seminare geben uns nicht dasjenige, was wir als Lebensbrot den hungrigen Seelen reichen können. Sie allein vermögen uns zu helfen. Wollen Sie uns dasjenige geben, was uns fähig macht, in unserer Amtstätigkeit den anderen zu helfen. Sonst müssen wir dem Stande des Geistlichen entsagen.
> Und Rudolf Steiner gab ihnen, was sie verlangten: den Schlüssel zu den Evangelien, den lebendigen Christus, das Wort, das zur Weihehandlung wird.
> Er sprach zu ihnen: Ihr habt mich gebeten um das, was Ihr reichen könnt denen, die noch nicht stark genug sind für die Erarbeitung der Geisteswissenschaft, und für die geistige Kommunion. Ihr wollt sie auf diesem Wege hinführen zu den Quellen jenes Wissens, das den Menschen wach und frei und vollbewusst macht, entsprechend den Forderungen der Zeit. Ihr dürft in dieser Weise an dem Werke helfen, wenn Euer Tun Euch

---

[164] Öffentliche Wochenschrift »Das Goetheanum«, 7. Jg., Nr. 22, S. 171ff.

> nicht Selbstzweck wird; wenn der Gedanke der Kirche nicht über den des Geistes siegt; wenn der Weg der Seelsorge dazu führt, den Menschen in seinem Ich erstarken zu lassen, damit er in Freiheit und Wachheit sich mit den göttlichen Welten verbinde und dem Herzen Christi, das in der Sonne leuchtet und durch die Erde pulst. Ihr habt es gewollt und habt es versprochen, handelt darnach und bleibt Eurem Worte treu.
> Sie gingen und gründeten die Gemeinschaft für christliche Erneuerung, vielen Seelen zum Heil. Die Evangelienkunde wird dort eifrig betrieben, zu der Rudolf Steiner den Schlüssel gegeben hatte ...[165]

Wie wir gesehen haben, fragten die Gründer nicht nach Hilfe für ihre Amtstätigkeit, sondern sie hatten die grundsätzliche Frage, ob ein religiös-kirchliches Wirken für die Zukunft noch zeitgemäß sei. Außerdem stand keiner von den Fragenden schon in einem Amte. Rudolf Steiner hat auch nie zu den Gründern gesagt, dass ihre künftige Tätigkeit nur für diejenigen sei, die zu schwach »für die Erarbeitung der Geisteswissenschaft und für die geistige Kommunion« seien. Es ging auch gerade nicht um einen »Weg zu den Quellen des Wissens«, sondern um das gegenüber der Wissenschaft grundsätzlich unabhängige und andere Gebiet des Geisteslebens, um Religionsausübung.

Man kann an diesem Text Marie Steiners ablesen, dass sie auch fünf Jahre nach den Sitzungen des sogenannten Dreißigerkreises, von denen oben die Rede war, den Ursprungsimpuls der Christengemeinschaft nicht verstanden hatte und weiter-

---

[165] In späteren Auflagen, zum Beispiel 8. Aufl., Dornach 1962, sind diese Absätze ohne Kennzeichnung weggelassen worden.

hin der Meinung war, dass deren religiöser Kultus nur für die geistig Schwachen von Bedeutung und damit gegenüber der Geisterkenntnis nachrangig sei. Sie konnte die Christengemeinschaft nur als Vorschule für Anthroposophie anerkennen. Dabei stützte sie sich in ihrem Urteil ausschließlich und selektiv auf den Vortrag vom 30. Dezember 1922, in dem Rudolf Steiner die Anthroposophen immerhin ermunterte, »Helfer und Rater« für den Kultus der Christengemeinschaft zu sein. Außerdem verglich er darin das Wirken der Anthroposophie und das der Christengemeinschaft mit dem Wirken und der Aufgabe von Blut und Nerv in einem Organismus, womit er einen Rangunterschied zwischen beiden eindeutig ausschloss. Außerdem ignorierte sie bei ihrem Urteil vollständig eine Äußerung Rudolf Steiners, die sie bei der Sitzung des Dreißigerkreises am 13. Februar 1923 selber gehört hatte:

> Man kann alles sagen, aber man muss es mit dem Bewusstsein sagen, dass die Überlieferung des Kultus an die religiöse Erneuerung dieser religiösen Bewegung das Rückgrat gegeben hat. Wenn sie einfach meinen Vortrag vom 30. Dezember 1922 interpretiert bekommen in der Weise, dass ihnen bloß negativ gesagt wird, der Anthroposoph brauche keinen Kultus, dann verlieren die Leute dieses Rückgrat.[166]

Der Satz: »Ihr dürft in dieser Weise an dem Werke helfen, wenn Euer Tun Euch nicht Selbstzweck wird; wenn der Gedanke der Kirche nicht über den des Geistes siegt«, klingt in dem Zusammenhang wie ein Zitat Rudolf Steiners, was er aber in keiner Weise ist, sondern Marie Steiners eigene moralische Belehrung

---

[166] Rudolf Steiner, *Das Schicksalsjahr 1923 …* (GA 259), S. 326.

der Priester und Ausdruck ihrer inneren Distanz zur Religion und Kirche.

Noch vor der allgemeinen Synode der Priester, die vom 20. bis 30. August 1928 in Dornach stattfinden sollte, erschien im Rundbrief ein langer Artikel von Johannes Werner Klein, in dem er unter anderem auf manches Fehlverhalten von Anthroposophen und dann auf diesen Text Marie Steiners einging:

> Immerhin, es gibt mildernde Gründe. Diese fallen aber weg bei einer Persönlichkeit wie Frau Dr. Steiner, die vom ersten Anfang an das Entstehen unsrer Bewegung miterlebte. Was sie im »Goetheanum« unter dem 27.5.28 über uns schrieb, ist schlechthin Geschichtsfälschung. Es ist unmöglich, dass eine Priesterschaft, die sich ihres Auftrages bewusst ist, dies unwidersprochen hinnimmt. Meiner Ansicht nach muss es auch auf der diesjährigen Synode zu einer ausdrücklichen Kundgebung dagegen kommen. Wir werden in dem Schreiben eindeutig zu einer Vorschule (Prosektion) Minderbegabter für A. [Anthroposophie] gemacht. Es wird dort von einem Versprechen geredet, das wir nie gegeben haben, und es wird die Essenz unsrer Sache öffentlich bloßgestellt, wie man es nicht dulden darf. Es muss erlaubt sein zu sagen, dass dasjenige, was Rudolf Steiner in seinem Vortrag Dezember 22 sagen durfte, der aus esoterischer Vollmacht vieles sagte, was zu den größten Gedankenanstrengungen bei uns anderen führte, noch nicht jeder andere sagen darf. – Auch darüber hinaus gibt es noch manche Handlungen von Frau Dr. Steiner uns gegenüber, die zeigen, dass sie kein Verhältnis zu dem Wesen unsrer Sache hat. Man darf das vielleicht nicht verlangen, aber man soll seine Konsequenzen daraus ziehen.[167]

[167] ARB 90, vom 11.8.1928, S. 13, ZACG, IV.4.

Besonders der Vorwurf der »Geschichtsfälschung« erregte heftige Reaktionen, auch bei Priesterkollegen, ohne dass geprüft wurde, ob dieser Vorwurf sachlich gerechtfertigt wäre oder nicht.[168] Am 17. August 1928 informierte der Priester Karl Ludwig durch einen Brief aus Schlesien Marie Steiner über Kleins Vorwurf der »Geschichtsfälschung« durch sie. Und der obige Text wurde in einem Brief, den der Priester Wolfgang Schickler am 27. August 1928, also während der Synode, in Dornach an Marie Steiner schrieb, weitergeleitet.[169] Das teilte er mündlich auch Dr. Rittelmeyer mit.[170] Frau Dr. Steiner sagte daraufhin am gleichen Tag in einem Brief an Friedrich Rittelmeyer ihr geplantes Erscheinen auf der Synode ab:

> Sehr geehrter Herr Dr. Rittelmeyer,
> das Schicksal hat es so gefügt, dass ich eben die Worte zu lesen bekommen habe, die Herr Klein (Hamburg) in Ihren Rundbriefen über mein Vorwort zum Joh.-Ev. geschrieben hat. Diese Rundbriefe schickt man mir ja schon lange nicht, auch nicht Herrn Steffen. Sie werden verstehen, dass solange eine solche Auffassung nicht gebührend zurückgewiesen ist, ich einer Einladung aus Ihrem Kreise nicht Folge leisten kann.
> Mit vorzüglicher Hochachtung
> Marie Steiner[171]

---

[168] So bei Friedrich Doldinger, der handschriftlich erklärte: »Ich finde angesichts dieser Situation, dass Frau Dr. Steiner im Vorwort zum Johannesevangelium einfach den Nagel auf den Kopf getroffen hat. Aus unserer Bewegung kann leicht eine Geschichtsfälschung werden« (ZACG, IV.4.)

[169] Brief von Wolfgang Schickler an Marie Steiner vom 27. August 1928, RStA.

[170] »Memorandum« von Wolfgang Schickler, November 1928, ZACG, IV.4.

[171] Brief von Marie Steiner an Friedrich Rittelmeyer vom 27.8.1928, RStA.

Leider besitzen wir auch von dieser Synode in Dornach 1928 kein Protokoll und auch keine Notizen. Aber einen Tag später, am 28. August fand eine Sitzung statt, von der Albert Steffen in seinem Tagebuch notierte:

> Sitzungen mit Dr. Rittelmeyer und Lic. Bock, weil ein Konflikt ausgebrochen ist infolge eines Wortes von Priester Klein im Rundbrief: »Geschichtsfälschung«. (So wird der Aufsatz von Frau Dr. Steiner genannt).[172] Die Theologen haben ganz anderes erlebt, als Frau Dr. Steiner. Nun wollen sie es auf ihre Art darstellen. Der Ausdruck von Klein [Geschichtsfälschung] wird begriffen, aber nicht akzeptiert. Nun, der Fall erledigt sich. Ich gehe noch in die Versammlung und spreche über Zweifel – Verzweiflung.
> Wirkungsweise der Anthroposophen und der Priester. Beide müssen sich an das Ich des Menschen wenden, dass meist Lockungen folgt, die verderblich sind, und wenn diese wegfallen, von Angst befallen wird. Die Stelle »Euer Herz erschrecke nicht« als Eingangserlebnis in die geistig-göttliche Welt.[173]

Da die Synode schon am 20. August begonnen hatte, ist anzunehmen, dass über den Rundbriefbeitrag und den Vorwurf Johannes Werner Kleins an Marie Steiner sowohl im großen Kreis als auch im Lenkerkreis bis zum 27. August schon gesprochen worden war. Aus der Tagebuchnotiz von Albert Steffen kann man herauslesen, dass die Priester zwar das Wort »Geschichts-

---

172 Es handelt sich um das oben erwähnte Vorwort zu dem Zyklus über das Johannesevangelium und den Aufsatz von Marie Steiner im »Goetheanum« 1928, S. 171.

173 Tagebuch von Albert Steffen vom 28. August 1928, AStS.

fälschung« nicht akzeptiert, wohl aber verstanden haben, was Klein damit gemeint hatte, nämlich, dass Marie Steiner den Ursprungsimpuls der Christengemeinschaft nicht begriffen hatte. Das geht aus der Bemerkung hervor, dass sie eine eigene Darstellung der Gründung geben wollten. Ob aber eine sachliche Aufarbeitung des Vorwurfs der Geschichtsfälschung im Priesterkreis stattgefunden hat, lässt sich nicht mehr feststellen. Mit Marie Steiner hat jedenfalls eine solche Aufarbeitung nicht stattgefunden. Ob sie jemals verstanden hat, worin der sachliche Inhalt des für sie ehrenrührigen und beleidigenden Vorwurfs bestanden hat, ist sehr unwahrscheinlich, da sie noch 19 Jahre später, ein Jahr vor ihrem Tode, eine im Wesentlichen gleiche Darstellung der Gründung der Christengemeinschaft wie in ihrem erwähnten Vorwort gegeben hat, wie wir noch sehen werden.

Albert Steffen ist der Sachfrage, ob der Vorwurf der Geschichtsfälschung gerechtfertigt war, nicht nachgegangen. Für ihn war der Hinweis ausreichend, dass die Priester die Gründung anders erlebt hätten als Marie Steiner. Er hat aber nicht anhand der ihm zugänglichen Dokumente (zum Beispiel den sogenannten Theologenzyklen) den Vorwurf auf seine Stimmigkeit geprüft, sondern sich damit begnügt festzustellen: »Nun, der Fall erledigt sich.«

Friedrich Rittelmeyer und Emil Bock sind in ihren Briefen an Marie Steiner nicht mehr auf die Sache zurückgekommen. Nur von Rudolf Meyer wissen wir, dass er in sehr vornehmer Form in einem Brief an Marie Steiner eine deutliche Kritik an Teilen ihres Vorwortes geübt hat. In einem Brief vom 23. November 1928 ging er auf fünf großen, eng beschriebenen Seiten zunächst auf die Schwierigkeiten zwischen Christengemeinschaft und Anthroposophischer Gesellschaft ein:

Denn ich weiß nicht – auch heute noch nicht –, wodurch überhaupt Gegensätze und Kämpfe zwischen Christengemeinschaft und Anthroposophischer Gesellschaft entstehen könnten. Ich habe das nie begriffen.« Den inzwischen erfolgten Austritt Johannes Werner Kleins aus der Anthroposophischen Gesellschaft bezeichnete er zwar als eine ihm selbst nicht verständliche »unendlich schmerzvolle« Tatsache, aber doch als dessen Privatangelegenheit, die für die Priesterschaft nicht repräsentativ sei. Dann betonte er bei aller äußeren organisatorischen Trennung der beiden Bewegungen, dass sie in ihren esoterischen Bemühungen letztlich doch konvergieren und machte deutlich, warum er trotz der Mängel in der Gesellschaft in ihr bleiben wollte:

»Ich habe als Schüler Rudolf Steiners von mir aus alles beizutragen, dass sie das werde mehr und mehr, was sie nach seinem Willen sein soll.«

Nach zweieinhalb Seiten folgen dann seine kritischen Bemerkungen:

Nun möchte ich mir erlauben, noch auf einen Punkt zu kommen, den Sie, verehrte Frau Dr., bitte in rechtem Sinne verstehen mögen, wenn ich da ganz offen bin. Ihr Vorwort zum Johannes-Evangelium, das im Übrigen einen so reinen und hohen Geist atmet, hat mich an einer Stelle auch geschmerzt. Und wohl die Meisten im Priesterkreis: nämlich da, wo Sie davon sprechen, dass die kultisch-religiöse Bewegung für die sei, die nicht stark genug seien, sich Anthroposophie zu erarbeiten. Gewiss ist richtig, dass im Großen und Ganzen zur religiösen Bewegung solche Menschen heute kommen, die in Bezug auf ihre Bewusstseinsseelenkräfte nicht stark genug zum Erarbeiten der Anthroposophie sind. Aber die gleichen Menschen – das spürt man so oft – können so starke und bedeutende Kräfte oft in ihrer Seele haben und darin weit manchem Anthroposophiestudierenden überlegen sein. Ja, oft ist es etwas Karmisches (in Erziehung, Milieu, Berufsüberhäufung etc. Liegendes), was sie zur religiösen Bewegung vorläufig führt – aber oft gerade Menschen mit einer starken, aus früheren Leben herübergetragenen Spiritualität, die nur nicht gleich den Anschluss an die Art finden kann, wie innerhalb der anthroposophischen Bewegung das Spirituelle heute gepflegt wird. Und oft empfindet man es schmerzlich als Priester, wenn in einen solchen Schicksalsweg (der ja doch einmal zur Anthroposophie hinführt) von diesem oder jenem anthroposophischen Mitgliede störend hineingewirkt wird – und nicht nur von unverständigen, naiven Mitgliedern; sondern zum Beispiel auch von Rednern, Eurythmistinnen usw. Etwas Intolerantes, nicht auf die karmische Lage der Einzelnen Hinblickendes spricht dann oft daraus, wie der kultische durch die religiöse Gemeinschaft führende Geistesweg als etwas Untergeordnetes, etwas wie eine Kleinkinderschule und Bevormundung der Seelen hingestellt wird. Es ist eben nur nach einer Richtung hin wahr (in Bezug auf die Bewusstseinsseelen-Entwicklung, aber vorläufig noch nicht immer in Bezug auf das Ganzmenschliche), dass die zur Christengemeinschaft Findenden die schwächeren Seelen sind.

Und weil diese Wahrheit eben etwas nur esoterisch recht zu Wertendes ist, vor der Allgemeinheit aber als Intoleranz und als Schaffen einer Rangordnung unter den Menschen wirkt – darum meine ich, dass sie in dieser Form nicht in ein öffentliches Buch gehörte, wie Sie es taten. Und dass durch solche Art von Aussprüchen gerade das in der Anthroposophischen

Gesellschaft gestärkt wird, was in der Welt so oft als hochmütig und Menschen-rangierende Einstellung der Anthroposophen empfunden wird. Ja: was unsere Arbeit als Priester gegenüber den neu Herankommenden schwerer macht: – was ja gewiss nicht in Ihren Absichten liegt, davon bin ich überzeugt.

Ich darf es wohl aussprechen einmal: Man hat als Priester vieles, sehr vieles schweigend eingesteckt, was hier und da von Mitgliedern der Gesellschaft gesagt und getan wurde gegenüber der religiösen Arbeit aus einem Nichtverstehen unserer Arbeit heraus, die doch einmal eine aus dem weltgeschichtlichen Karma heraus heute Notwendige ist. Immer wieder um des Friedens willen, und weil einem der Zusammenhang mit der anthroposophischen Gesamtbewegung das Teuerste und menschlich Heiligste war, hat man es getragen. Das werden viele Priester bestätigen können. Beispiele dafür möchte ich gar nicht anführen.

Andererseits sagte man sich ja auch immer: Auch die Priester haben Fehler gemacht; wir haben – besonders am Anfang – erst lernen müssen (bei unserer Jugend und dem Unvorbereitetsein für die Aufgabe), uns richtig mit unserer Bewegung in die Welt und in den anthroposophischen Gesamtimpuls einzuordnen. Da will man gerne die Gegenschläge tragen, die nun von dieser oder jener anthroposophischen Seite kommen. Aber es gehört oft sehr viel Geduld und Selbstzucht dazu, das alles hinzunehmen, was da geschieht.

Dies trifft selbstverständlich nicht Sie und den Vorstand. Aber die Art ihres Vorwortes schien mir und vielen von uns in der Linie zu liegen, die eben die Lage nicht bessert, sondern manches indirekt stärkt, was nicht heilsam ist.

Ich mag im Irrtum sein; aber vorläufig sehe ich es so. Ich bin gern bereit, hochverehrte gnädige Frau, mich eines Besseren belehren zu lassen. Denn ich bin überzeugt, dass Sie nicht aus Unbedachtsamkeit Ihre Feder geführt haben.

Aber ich muss, um nicht innerlich unehrlich zu werden, doch die Möglichkeit haben, dieses einmal Ihnen gegenüber auszusprechen. Es stehen genügend Erlebnisse und Sorgen dahinter, die sich einem innerhalb der priesterlichen Arbeit auf die Seele abladen.

Es liegt mir und meinen Freunden völlig fern, über Kompetenz- und Rechtsfragen der Bewegungen zu diskutieren oder von Bewegung zu Bewegung nur zu »verhandeln«. Wir wollen ja das Eine gemeinsame Schicksal tragen, das größte Gegenwartsschicksal: dem Gesamtwerke Rudolf Steiners zu dienen und mit Ihnen zusammen (wenn auch innerhalb unserer konkret gesetzten Aufgabe – aber immer aus dem Gesichtspunkte des Ganzen).

Ich habe nie Sonderinteressen der Christengemeinschaft empfunden; ich will nicht bloß Mitglieder für die religiöse Arbeit »abfangen« – sondern den Menschen, die karmisch meinen Lebensweg und Wirkungskreis kreuzen, so helfen, wie ich glaube, dass es für sie am besten und in ihren eigenen tiefsten Impulsen liegt, soweit ich das vermag. Dabei kommt es mir nicht darauf an, dass diese immer durch die Christengemeinschaft geführt werden: sondern dass sie die geistige Welt so finden, wie es für sie am entsprechendsten ist.

Jedenfalls ist es mein Wille, in diesem Sinne Priester und damit im Einklang mit der anthroposophischen Bewegung zu sein. Wie sehr es aus diesem Geiste heraus mein Wunsch ist und war, dass Sie, verehrte Frau Doktor, nicht bloß ein loyal-offizielles Verhältnis zu uns haben, sondern mit dem Herzen auch unserem Werke im Dienste Rudolf Steiners nahe sind, sich schicksalsverbunden unserem Kreise und Lebensauftrage

fühlen – das möchte ich nicht weiter ausführen. Es ist nur der denkbar innigste Wunsch. Und zugleich die Hoffnung, dass er auch möglich werde.
In steter Hochachtung und Verehrung
Ihr sehr ergebener Rudolf Meyer (z.Z. Prag)[174]

Auch Rudolf Meyer geht also nicht auf den Vorwurf der Geschichtsfälschung ein, aber seine Kritik an der Veröffentlichung einer so einseitigen Interpretation des Vortrages vom 30.12.1922 (»Diejenigen, die den Weg einmal in die Anthroposophische Gesellschaft gefunden haben, brauchen keine religiöse Erneuerung«)[175] kommt deutlich zum Ausdruck. Er war dabei gewesen, als Rudolf Steiner in ihrer Gegenwart auch gesagt hatte: »Es behaupten nun die Anthroposophen, dass gewisse Fortgeschrittene den Kult entbehren könnten. Diese Frage würde eigentlich gar nicht entstehen können, wenn man sich richtig einstellte.«[176] Marie Steiner hatte am 30.12.1922 von Rudolf Steiner gehört, dass die Christengemeinschaft für Menschen da sei, »die – mehr oder weniger dumpf – in ihrem Gemüte einen starken religiösen Trieb haben«.[177] Sie hatte aber am 12. Juli 1923 in Gegenwart Rudolf Meyers auch gehört: »Es gibt Menschen … mit einem dumpfen religiösen Trieb. Wenn ich so gesagt habe, die Anthroposophie könne nichts machen gegenüber den Menschen mit dumpfem religiösen Trieb, sondern nur die religiöse Bewegung, so ist das richtig, aber das

---

[174] Brief von Rudolf Meyer an Marie Steiner vom 23. November 1928, RStA.
[175] *Das Verhältnis der Sternwelt zum Menschen …* (GA 219), Dornach 1966, S. 172.
[176] *Vorträge und Kurse über christlich-religiöses Wirken IV* (GA 345), Dornach 1994, S. 34.
[177] *Das Verhältnis der Sternwelt zum Menschen …*, a.a.O., S. 165.

heißt nicht, dass die religiöse Bewegung besonders und allein auf diese Art Menschen angewiesen sei …«[178]

Aufgrund dieser Einseitigkeiten in der Interpretation Marie Steiners und aufgrund der Äußerungen von Eurythmistinnen, die ihre Meinung letztlich nur von Marie Steiner haben konnten, erkannte Rudolf Meyer, dass Marie Steiner sich nicht »mit dem Herzen auch unserem Werke im Dienste Rudolf Steiners nahe« und »schicksalsverbunden unserem Kreise und Lebensauftrage fühlen« konnte. Denn eine Hoffnung und ein Wunsch, von denen er in dem Briefe schrieb, richten sich immer auf etwas, das zu einem bestimmten Zeitpunkt noch nicht ist. Diese Einsicht Rudolf Meyers korrespondiert mit dem oben zitierten Wort Rudolf Steiners an Ita Wegman: »Es wäre gut, wenn Frau Dr. Steiner ein inneres Verhältnis zur Christengemeinschaft gewinnen könnte.« Und sie entspricht der Ansicht von Johannes Werner Klein, die wir oben zitierten: »Auch darüber hinaus gibt es noch manche Handlungen von Frau Dr. Steiner uns gegenüber, die zeigen, dass sie kein Verhältnis zu dem Wesen unsrer Sache hat.«

Dieser Brief Rudolf Meyers war natürlich trotz seiner verbindlichen und freundlichen Form für Marie Steiner eine große Zumutung. Es gibt keinerlei Anzeichen dafür, dass sie Rudolf Meyer geantwortet habe. Dessen nächster erhaltener Brief an sie datiert vom Februar 1937. Demnach ist es sehr wahrscheinlich, dass zwischen beiden ein neun Jahre langes Schweigen herrschte. Der Vorgang erinnert sehr daran, wie Marie Steiner

[178] *Vorträge und Kurse über christlich-religiöses Wirken IV,* a.a.O., S. 34; hier zitiert nach der unbearbeiteten Stenogrammausschrift, der ältesten erhaltenen Quelle.

auch auf die Kritik Rittelmeyers an ihrem Nachwort zum Lebensgang Rudolf Steiners, wie wir gesehen haben, nicht eingehen konnte. Ebenso wenig ist zu erkennen, dass der Brief Rudolf Meyers dazu angetan gewesen sein könnte, dass sich in ihrer Seele die Einstellung gegenüber der Christengemeinschaft verändert haben könnte. Die Tatsachen der kommenden Jahre sprechen eher eine gegenteilige Sprache.

Für Johannes Werner Klein war das oben genannte Vorwort Marie Steiners zwar nicht der Grund, aber immerhin ein Anlass unter mehreren, aus der Anthroposophischen Gesellschaft auszutreten. Er teilte diese Tatsache auch im Priesterrundbrief mit:

> An die
> anthroposophische Gesellschaft
> in Deutschland
> Es ist für mich eine Angelegenheit innerer Wahrhaftigkeit, Ihnen mitzuteilen, dass ich hierdurch meinen Austritt aus der allgem. anthropos. Gesellschaft vollziehe. Meine Mitgliedskarte lege ich bei. Ich bitte, dies dem Vorstand der allgem. anthropos. Gesellschaft mitzuteilen.
> Hochachtungsvoll
> Joh. Werner Klein.
>
> N.B. Ich bekunde durch diese Erklärung für meine Person, dass die beiden Körperschaften: anthrop. Gesellschaft u. Christengemeinschaft weder organisatorisch noch esoterisch oder teleologisch identisch sind. Auf der anderen Seite muss ich betonen, dass meine Stellung zur Anthroposophie und Rud. Steiner nicht durch mein Verhalten zur anthroposoph. Gesell-

schaft gekennzeichnet ist, deren Realität im Sinne der Weihnachtstagung 1923 ich nicht mehr anzuerkennen vermag.
Ich versichere, dass ich von meiner Mitgliedskarte der Hochschule, die ich nicht einschicken werde, keinen Gebrauch mehr mache. Das mir mitgeteilte Geistesgut der Hochschule werde ich vernichten.

D.O.[179]

Im Priesterkreis fand Johannes Werner Klein kein Verständnis für seinen Schritt. Friedrich Rittelmeyer schrieb im Rundbrief vom 3. Dezember 1928:

Über Kleins Austritt aus der anthroposophischen Gesellschaft möchte ich heute garnichts sagen. Es kann uns zur inneren Prüfung unseres Verhältnisses zur Anthroposophie und anthroposophischen Gesellschaft dienen. Dass ich selber ganz anders denke und diesen Schritt niemals für richtig und wirklich der Christengemeinschaft förderlich halte, obwohl mir die Lage gewiss nicht weniger bekannt ist als Klein, geht ja aus meinen Worten und Handlungen genügend hervor.[180]

Und Gertrud Spöri schrieb:

Liebe Freunde, München, 30. November 1928
Zu Werner Kleins Austritt aus der allgem. anthrop. Gesellschaft habe ich nur die eine Antwort: Ich werde über Weihnachten nach Dornach fahren, um damit auszusprechen für meine Person, dass ich als Persönlichkeit – die ihren Pries-

---

[179] Zwischenrundbrief 18.11.28, ZACG, IV.4.
[180] ARB 93, S. 5, ZACG, IV.4.

terauftrag und ihr Amt mit ihrem Wesen identisch weiß – in einem von mir aus unlösbaren Zusammenhang stehe mit der anthroposophischen Sache und Gesellschaft.

Weil mir die Motive, die Werner Klein zu diesem Schritt veranlassten, undurchschaubar waren, fuhr ich letzte Woche für einen Tag nach Hamburg. Aber ich sehe mich persönlich zur Zeit nicht in der Lage, mich über die persönlich-sachliche Krisis, die mir da entgegentrat, zu äußern.

Herzlich grüßt Euch Gertrud Spörri[181]

Weil eine Aufarbeitung des Vorwurfes der Geschichtsfälschung an Marie Steiner weder im Priesterkreis noch mit den Mitgliedern des Vorstands in Dornach möglich war und auch eine Lösung der Frage nach dem Verhältnis der beiden Bewegungen zueinander nicht gefunden wurde, setzten sich die Probleme, die Rudolf Meyer in seinem Brief an Marie Steiner beschrieben hatte, in den nächsten Jahren fort.

Daran änderten auch die Bemühungen Carl Ungers nichts, der durch zwei Beiträge versuchte, in aller Kürze das Verhältnis der beiden Bewegungen zu klären. In einem Mitteilungsblatt unter dem Titel »An die Arbeitsgruppen und Mitglieder der Anthroposophischen Gesellschaft in Deutschland«, Mitte September 1927, schrieb er von seinem Plan, eine Klarstellung zu dem Thema zu veröffentlichen, in der auch Friedrich Rittelmeyer zu Wort kommen sollte mit seinem Beitrag, den er im Nachrichtenblatt Nr. 37 vom 11. September 1927 veröffentlicht hatte. Carl Unger wollte in dieser Klarstellung

---

[181] ARB 93, S. 5, ZACG, IV.4.

> insbesondere aufgenommen wissen das Verhältnis in die Richtung, wie die Wege sowohl herüber wie hinüber führen können, dass also die Möglichkeit besteht, so wie es in den Intentionen Dr. Steiners lag, dass sich einzelne Mitglieder der Anthroposophischen Gesellschaft für die Christengemeinschaft interessierten, und wie dieses gemeint war, das soll alles in eine solche Erklärung hinein.
> Auf der anderen Seite soll gezeigt werden, wie der Weg von der Christengemeinschaft zur Anthroposophischen Gesellschaft führt ...[182]

Eine solche gemeinsame öffentliche Klarstellung kam nicht zustande. Stattdessen schrieb Carl Unger einen kurzen Aufsatz »Zur Frage des Verhältnisses der Christengemeinschaft zur Anthroposophischen Gesellschaft«, den er am 20. April 1928 im Nachrichtenblatt veröffentlichte. Darin entwickelte er die Idee der drei Kultusarten, die durch Anthroposophie möglich geworden waren. Er schloss diesen Aufsatz mit dem Satz: »Wer das Wesen dieses dreifachen Kults erfassen kann, der ist Anthroposoph und wird sein Verhältnis dazu bis in alle Einzelheiten gewinnen können.«[183]

Von den Wegen »herüber und hinüber« ist darin nicht mehr die Rede. Eine wirkliche Klärung dieses Verhältnisses konnte auch deswegen durch diese Aufsätze nicht erreicht werden, weil diese komplexe Frage auch eine sehr vielfältige und differenzierte Erörterung verlangt. Wenn er schon eine kurze Lösung anbieten wollte, hätte er schreiben können: »Eine Teilnahme am Leben einer Religionsgemeinschaft ist im Sinne der

---

[182] GoeA, A.01.003.001.

[183] Nachrichtenblatt 5. Jg. Nr. 17 vom 22. April 1928, S. 62f.

Statuten[184] der Allgemeinen Anthroposophischen Gesellschaft selbstverständlich in die Freiheit des einzelnen gegeben. Das gilt natürlich auch für die Christengemeinschaft.« Das aber konnte er nicht schreiben, denn es hätte der einseitigen und radikalen Auslegung des Vortrages vom 30. Dezember 1922 durch Marie Steiner widersprochen, zu der er sich nicht in Gegensatz setzen wollte.

---

[184] Siehe: *Die Konstitution der Allgemeinen Anthroposophische Gesellschaft* (GA 260a), Dornach 1966, S. 31, Punkt 4.

Eine Bitte Friedrich Rittelmeyers an Marie Steiner

Schon kurze Zeit nach dem Tode Rudolf Steiners zeigte sich den Priestern der Christengemeinschaft, dass sie in Bezug auf die Ritualworte der Sakramente und deren Handhabung nicht nur unterschiedliche Erinnerungen, sondern auch inhaltlich voneinander abweichende Notizen und Abschriften hatten. Weil aber gerade der gleichartige Vollzug der Rituale und Sakramente das wesentliche Element der Identität der Christengemeinschaft ausmacht, erzeugte diese Tatsache Unsicherheit.

Den ersten Versuch, diese Unsicherheit zu beheben, unternahm Gertrud Spörri, indem sie am 16. Oktober 1924 an Marie Steiner schrieb, dass sie gerne die Niederschriften der Ritualtexte durch Rudolf Steiner einsehen würde, wenn sie demnächst nach Dornach käme, um die fraglichen Stellen zu vergleichen.[185] Eine Antwort von Marie Steiner ist nicht überliefert, und es ist mit Sicherheit auszuschließen, dass Gertrud Spörri die Handschriften der Rituale einsehen konnte, denn das hätte sie bei ihren regelmäßigen Berichten im Rundbrief der Priester mit Sicherheit erwähnt, weil sie zu der Zeit für die Überlieferung und Richtigkeit der Rituale innerhalb der Leitung der Priesterschaft zuständig war.

Fünf Jahre später wurde das Problem für die Priester und deren Leitung so deutlich, dass Friedrich Rittelmeyer nach der Synode, die 1930 wieder in Dornach stattfand, von dort aus in

---

[185] Brief von Gertrud Spörri an Marie Steiner vom 16. Oktober 1925, RStA.

einem handschriftlichen Brief vom 18. August 1930 an Marie Steiner schrieb:

> Mit diesen Zeilen möchte ich Ihnen eine Bitte vortragen, die vor Sie zu bringen mich der Priesterkreis beauftragt hat.
> Es sind einige Unsicherheiten entstanden in Bezug auf die Rituale, die uns Dr. Steiner anvertraut hat. In manchen Einzelheiten, die wir jetzt besser durchschauen, könnte vielleicht aus der Art, wie Dr. Steiner geschrieben hat (Zeilenabsatz u.s.f.), eine Antwort auf unsere Fragen gefunden werden. So möchte ich Sie bitten, die Rituale und das Priesterbrevier, das nur aus einem Notizbuch diktiert wurde, einmal einsehen zu dürfen. Sie sagten uns bald nach Dr. Steiners Weggang auf eine ähnliche Frage einmal, sie seien noch nicht, bei der Durchsicht der Papiere, zu diesen Manuskripten gekommen. Vielleicht gilt dies auch jetzt noch. Aber ich möchte Dornach nicht verlassen, ohne gefragt zu haben, und werde, falls bei meinem persönlichen Besuch keine Möglichkeit ist, Sie zu sprechen, heute, Montag, vor meiner Abreise zu telefonieren mir erlauben. Wenn nämlich eine Möglichkeit der Einsichtnahme ist, dann bleibe ich noch hier ...[186]

Außerdem gab er seiner Dankbarkeit und Freude Ausdruck, dass die Synode in Dornach stattfinden konnte und berichtete ihr von einer Extraspende der Priester an das Goetheanum von 1300 Mark.

Er erhielt wohl zeitnah die Nachricht, dass eine Einsichtnahme in die Handschriften nicht möglich sei und schrieb deswegen noch einmal am folgenden Tag:

---

[186] Brief von Friedrich Rittelmeyer an Marie Steiner vom 18. August 1930, RStA.

Es schien mir sehr unwahrscheinlich, dass Sie zur Zeit meine Bitte, die ich im Namen des Priesterkreises vorzubringen hatte, erfüllen können. So möchte ich sie in der Form wiederholen, dass ich Sie bitte, mich in irgendeiner Form es wissen zu lassen, wann einmal die Möglichkeit zu solcher Einsichtnahme in die von Dr. Steiner gegebenen Rituale ganz oder teilweise besteht. Es wird dann einer von uns zu diesem Zweck nach Dornach reisen.[187]

Auf diesen Brief erhielt Rittelmeyer eine Woche später von der Sekretärin Marie Steiners folgende Antwort:

Sehr verehrter Herr Dr. Rittelmeyer,
Frau Dr. Steiner bat mich, Ihnen zu schreiben, dass ihr tatsächlich nie die Möglichkeit gegeben worden ist, von der täglichen Arbeit sich so weit zu lösen, dass sie in alte Papiere hätte untertauchen können. Dies wird erst geschehen, wenn sie in Dornach eine Zeit lang so leben könnte, dass sie sich dieser Arbeit widmet und nicht dauernd von anderen Dingen und Menschen in Anspruch genommen wird. Dies scheint noch zunächst eine vergebliche Hoffnung zu sein. So bedauert sie sehr, auch Ihnen noch nicht zu ihrem Wunsche verhelfen zu können.
Mit hochachtungsvollem Gruß
im Auftrag:[188]

Wieder fünf Jahre später, nachdem inzwischen die ersten kultischen Regelungen innerhalb der Priesterschaft über verschie-

---

[187] Brief von Friedrich Rittelmeyer an Marie Steiner vom 19. August 1930, RStA.

[188] Dornach, Haus Hansi, den 25. August 1930, Brief an Friedrich Rittelmeyer, RStA.

dene Unklarheiten im Vollzug der Rituale verabredet worden waren und Friedrich Rittelmeyer immer noch nichts in dieser Hinsicht von Marie Steiner gehört hatte, schrieb er in einer Nachschrift eines Briefes vom 16. Juli 1935 an sie:

> In unserer gegenwärtigen Lenkerversammlung empfanden wir es wieder schmerzlich, dass wir noch keine Gelegenheit hatten, unsere Ritualtexte, die damals vom Text Dr. Steiners abgeschrieben wurden oder bei seinem Vortrag nachgeschrieben wurden, aber trotzdem kleine Verschiedenheiten aufweisen, die wir gern beseitigten, mit dem Urtext Dr. Steiners noch einmal zu vergleichen. Besteht dazu keine Möglichkeit mehr?[189]

Auch darauf erhielt Rittelmeyer keine Antwort, sodass zu seinen Lebzeiten keine Klärung der Fragen mehr möglich war. Erst nach dem Kriege und dem Tode Marie Steiners konnte Gottfried Husemann, der inzwischen nach Gertrud Spörri innerhalb der Leitung die Verantwortung für die Ritualtexte übernommen hatte, im Sommer 1949 nach Dornach reisen und im »Rudolf Steiner Nachlass Verein«, dem heutigen Rudolf Steiner Archiv, die Handschriften einsehen und alle fraglichen Stellen genauestens prüfen.[190]

Die ganze Angelegenheit scheint eine Kleinigkeit zu sein. Wenn man sich aber vergegenwärtigt, dass der gemeinsame Vollzug des Kultus für die Christengemeinschaft nicht nur die zentrale Aufgabe ist, sondern bis in die Einzelheiten hinein ein Abbild geistiger Wirklichkeiten sein soll, wird verständlich, dass

---

[189] Brief von Friedrich Rittelmeyer an Marie Steiner vom 16. Juli 1935, RStA.
[190] RB 32 vom Oktober 1949, S. 11f., ZACG, IV.4.

die Priesterschaft bestrebt ist, diesen Kultus so getreulich wie möglich im Sinne seiner Einsetzung durch Rudolf Steiner zu vollziehen. Man stelle sich vor, dass andere Berufsgruppen wie die Ärzte, die Landwirte, die Lehrer und die Pharmazeuten, die ebenfalls wesentliche Anregungen für ihr Handeln von Rudolf Steiner empfangen haben, mit ähnlichen Fragen an Marie Steiner herangetreten wären – hätten sie auch keine Antwort erhalten?

Wer hätte Marie Steiner die Möglichkeit geben können und sollen, »von der täglichen Arbeit sich so weit zu lösen, dass sie in alte Papiere hätte untertauchen können«? Sie war ja selber ständig mit »alten Papieren« beschäftigt, aus denen sie fortwährend Texte Rudolf Steiners veröffentlichte. Wer anders als sie selbst hätte sie befreien können von der Inanspruchnahme durch »andere Dinge und Menschen«? Die Bitte der Leitung der Christengemeinschaft war ihr schlicht nicht wichtig genug, um ihr die nötige Zeit zu widmen. Und es bestätigte sich für die Priesterschaft der Christengemeinschaft der Eindruck, dass diese »Tochterbewegung«, wie Rudolf Steiner sie genannt hatte, seiner Witwe eben nicht am Herzen lag, wie es schon in dem erwähnten Brief von Rudolf Meyer an sie, in dessen Wunsch und Hoffnung und in dem erwähnten Urteil von Johannes Werner Klein zum Ausdruck kam.

Verschärft wurde dieser Eindruck noch dadurch, dass Marie Steiner die »alten Papiere« mit den Texten, die den Priestern anvertraut waren, nach ihrem eigenen Zeugnis im Frühjahr 1933 in Händen gehalten hat,[191] ohne der oben zitierten zwei-

[191] Brief von Marie Steiner an Friedrich Doldinger vom 7. Juni 1933, RStA; GoeA, A.01.001.013.

fach ausgesprochenen Bitte Friedrich Rittelmeyers zu entsprechen. Und wenn sie selber keine Zeit und Kraft für die Suche nach solchen Papieren gehabt hatte, hätte sie doch anderen gestatten können, im Nachlass Rudolf Steiners danach zu suchen. Das allerdings lag offenbar völlig außerhalb ihrer Vorstellungsmöglichkeit.

Eine Irritation

Im Anschluss an eine Besprechung des Buches von Emil Bock *Vorboten des Geistes* von Dr. Fränkl im »Goetheanum«, das 1929 erschienen war, korrespondierte Friedrich Rittelmeyer mit Albert Steffen über die nach seiner Meinung nachteilige Wirkung dieser Besprechung für die Christengemeinschaft. In diesem Zusammenhang schrieb er:

> Ich weiß, wie viel Verständnis Sie selbst, sehr verehrter Herr Steffen, für unsere Arbeit haben. Sie waren uns oft so nahe, wenn Sie unter uns waren. Aber eine weitverbreitete Stimmung unter den Priestern wird durch solche Ereignisse [wie diese Besprechung] gewiss nicht beseitigt: dass wir seit dem Hingang Rudolf Steiners nicht mehr viel Gutes von Dornach her erfahren haben, dass auf unsrer schweren Arbeit der Blick nicht mit dem Verständnis und dem Wohlwollen ruht, die wir uns so sehr wünschen und mit Recht erwarten dürften, und dass fortwährende Lähmungen von unsren Schicksalsgenossen und Mit-Anthroposophen in unsre Arbeit einfließen, die unsere Arbeit wohl innerlich in uns selbst wie in der Außenwelt bedrohen.

> Ich schreibe Ihnen dies in aller Offenheit. Sie hören so oft von Seiten, die den Priestern nicht wohlgesinnt sind, dass sie gewiss auch gern einmal erfahren – ich spreche ja wenig genug davon – wie es in den Priestern aussieht ...[192]

In einem Antwortbrief vom 27. Januar 1930 an Friedrich Rittelmeyer versuchte Albert Steffen durch eine alternative Interpretation in Bezug auf die Buchbesprechung von Dr. Fränkl diesen etwas zu beruhigen und versicherte: »Was mich betrifft, so möchte ich immer wieder betonen, dass ich der Christengemeinschaft gegenüber heute genauso empfinde wie damals, als wir mit Dr. Steiner zusammensaßen.[193]

Schon am 30. Januar antwortete Rittelmeyer:

> Es ist mir eine Beruhigung, dass Sie es so ansehen. Aber ich finde doch, auch wenn ich mit Ihren Augen sehe, den Satz durch den Zusammenhang gar nicht gefordert, reichlich überflüssig und missverständlich. Man kann als Anthroposoph nicht einfach von dem Kultus reden ohne zu sagen, welchen Kultus man meint, und dass ein Kultus da ist, der sich mit dem ernsthaften Erkenntnisstreben verbinden kann, aber auch ohne dieses in eine reine Welt ohne Fanatismus führt. Solche Bemerkungen – selbst wenn sie nicht missverstanden werden – wirken so, dass in den Nur-Anthroposophen das Unverständnis für den Kultus und für die Christengemeinschaft gestärkt und in den

---

[192] Brief von Friedrich Rittelmeyer an Albert Steffen vom 23. Januar 1930, AStS.

[193] Brief von Albert Steffen an Friedrich Rittelmeyer vom 27. Januar 1930, AStS.

Priestern das Gefühl des Verlassenseins am Goetheanum gesteigert wird.
Sie wissen ja auch, dass ich nur einmal diesen einzelnen Fall aufgriff, gerade weil ich die Hoffnung hatte, von Ihnen verstanden zu werden, und dass ich aus recht reicher Erfahrung in Bezug auf die praktischen Beziehungen der beiden Bewegungen heraus rede.[194]

---

[194] Brief von Friedrich Rittelmeyer an Albert Steffen vom 29. Januar 1930, AStS.

Ein Aufsatz von Karl König und eine Tagung in Hannover

Wie Albert Steffen über Friedrich Rittelmeyer wirklich dachte, geht aus Tagebuchnotizen hervor, die er ein Jahr später niederschrieb im Zusammenhang mit einem Ereignis, das sich lohnt, näher betrachtet zu werden.

Emil Bock hat mit Dr. Karl König in verschiedenen Städten Vorträge und Kurse für Menschen gehalten, die in sozialen Berufen standen, besonders für »Fürsorgerinnen«, wie man die heutigen Sozialarbeiter damals nannte. Es wurden aber auch andere Personen zu diesen Kursen und Vorträgen zugelassen, da sie öffentlich angekündigt wurden. In den Programmen wurden auch Themen wie Abtreibung, Sexualität, Sterilisation usw. angekündigt. Ein solches Programm erschien im »Nachrichtenblatt« vom 25. Januar 1931, aber nicht als Anzeige der Veranstalter, sondern von der Schriftleitung des Nachrichtenblattes, denn weder der Name eines Autors des Begleittextes noch der des Zitierenden der dem Programm gegenübergestellten Äußerungen Rudolf Steiners aus einem Vortrag ist angegeben.

Wegen der Anordnung der Texte und der begleitenden Bemerkungen sei diese Zusammenstellung als Abbildung aus der Zeitschrift wiedergegeben.[195]

[195] Nachrichtenblatt, 8. Jg., Nr. 4.

den „Mitteilungen für die Mitglieder
r Anthroposophischen Gesellschaft"

wenig man sich nach dem richtet, was von Rudolf
ls notwendige Richtlinien gegeben worden ist zur
; eines strengen, geistig reinen Niveaus der Anthro-
:hen Gesellschaft zeigt das Folgende:
sei zur Gegenüberstellung nebeneinander gebracht.

ALE KRANKHEIT UND SOZIALE HEILUNG

ürsorge im Zusammenwirken von Arzt und Priester

Sozial-pädagogischer Schulungskurs

nstaltet von der Christengemeinschaft Hannover

onnerstag, den 22. bis Sonnabend, den 24. Januar 1931
im Saal des „*Daheim*", Hildesheimerstr. 22

, 22. Januar

.30 Uhr **Der soziale Heilwille aus anthroposophischer Menschenkunde und sakramentaler Seelsorge**

Uhr **Betrug und Diebstahl**
Einseitigkeit und Gleichgewicht in den Seelenkräften

. Januar

Die Probleme des Sexuallebens

.30 Uhr **Nach der persönlichen Seite**
Triebleben, Homosexualität, Psychoanalyse

Uhr **Nach der sozialen Seite**
Ehefragen, Abtreibung, Sterilisation

24. Januar

.30 Uhr **Die Trübungen des Bewusstseins**
Alkohol, Rauschgifte, Mediumismus, Geisteskrankheiten

Uhr **Die Zerstörungen des Lebens**
Mord und Selbstmord

iner Reihe von Vorträgen und Besprechungen soll gezeigt
elchen Beitrag die anthroposophische Medizin und das seel-
Leben der Christengemeinschaft zur Lösung der Probleme
n Fürsorge leisten kann. Täglich werden 2 Vorträge über ein
zelthema gehalten, bei denen jeweils von Seiten des Arztes
elsorgers gesprochen wird. An den einzelnen Vortrag schliesst
nal eine Besprechung und Fragenbeantwortung an. Die Teil-
rden gebeten, den Gang der Besprechung durch Darstellung
Fürsorgefälle zu fördern. Der Kursus wird gehalten von:
Karl König, Leiter des heilpädagogischen Instituts Schloss
in bei Striegau und Lic. *Emil Bock*, Pfarrer in der Christen-
ft.

karte: 3.50 RM; Einzelvortrag 75 Pfg. bei den Buchhandlungen
l Heinzelmann, Georgstr. (dort auch einschlägige Literatur)
ie Leeser, Cellerstr. 73, sowie an der Tageskasse.

unft, Programme und Karten bei *Joachim Sydow*, Pfarrer in
engemeinschaft, Albert Niemannstr. 15, Tel. 80515; Frau
, Callinstrasse 27, Tel. 32496.

Aus den: **„Mitteilungen für die Mitglieder der Anthroposophischen Gesellschaft".**
Nr. VII. Köln, Juni 1914.

Generalversammlung. Dritter Tag. Dienstag, den 20. Januar 1914.
Vortrag von Herrn Dr. Steiner über:

Pseudowissenschaft der Gegenwart.

S. 22: Meine Freunde! „Zweierlei habe ich einst zu Herrn X. gesagt, weil ich mich verpflichtet fühlte, es zu sagen, als er nicht ein so dünnes Büchelchen, wie die „Sexual-Probleme" sind, sondern vier bis fünf Bände schreiben wollte. Da sagte ich zu ihm — es war damals das Büchelchen noch nicht geschrieben: „Herr X., schreiben Sie doch jetzt das nicht! Wenn Sie einmal zehn, zwölf, fünfzehn Jahre älter geworden sind, dann werden Sie es sehr bedauern, dass Sie Ihren Lebensweg sich dadurch ruiniert haben, dass Sie in der Jugend solches Zeug geschrieben haben."

S. 22. Ein zweites habe ich zu Herrn X. bei einer anderen Gelegenheit gesagt. Ich sagte ihm: „Sehen Sie, Herr X., *sich gerade auf dieses Gebiet zu verlegen, ist eine gefährliche Sache, und eigentlich kann es nur derjenige, welcher wirklich heimisch ist auf dem Gebiete derjenigen Forschung, die tiefer hineinführt in die Geheimnisse des Daseins, und der von diesem Gesichtspunkte aus über diese Dinge redet; denn dann redet man ganz anders über diese Dinge. Und es ist das gefährlichste Gebiet, das man berühren kann, aus dem Grunde, weil die Gedanken, wenn sie auf dieses Gebiet hingelenkt werden, immer in einer gewissen Beziehung verfinstert werden.*"

Ich berühre hier etwas, das ausführlich behandelt werden müsste, wenn es ganz klar werden sollte, das aber ein wirkliches Resultat der Geisteswissenschaft ist. Wir mögen uns über manches ergehen, über das wir suchen, klare Gedanken zu bekommen:

in dem Augenblicke, wo die Gedanken auf das sexuelle Gebiet gehen, und sei die Vornahme auch noch so rein — in dem Augenblicke ist es nur allzuleicht möglich, die Zügel über die Gedanken zu verlieren. Daher haben Zeiten, die noch mehr gewusst haben von den okkulten Seiten des Lebens, dieses Gebiet in die Symbolik — und in mancherlei Symbolik verhüllt. Und dem *rohen Materialismus* unserer Zeit scheint es aufbehalten worden zu sein, mit *täppischen Händen die heiligen Symbole zu zerstören*, um nicht hinzuweisen darauf, dass es heilige, hohe Gebiete gibt, und dass das *unterste* dieser Gebiete, das für uns Menschen aufzusuchen ist — der allerspeziellste Fall — das Gebiet des Sexuellen ist. Dem *heutigen rohen Materialismus mit seinen täppischen tölpelhaften Händen* scheint es aufbewahrt gewesen zu sein, von diesem Gebiete auszugehen und die hohen, heiligen Gebiete für eine Umdeutung des sexuellen Gebietes zu erklären — wie Sie es gerade bei X. gesehen haben. Schlimm stehen die Sachen auf diesem Gebiete, aber wundern dürfen wir uns nicht, wenn durch die Art, wie in einer uns immer mehr und mehr überflutenden Literatur die Dinge behandelt werden — unreife Köpfe eben verworren gemacht werden."

S. 23. .....dürfen wir diese Praktik uns hereintragen lassen in unsere Kreise? Oder ist es nicht gerade unsere Aufgabe, uns ernsthaft *gegen* solche Praktik zu wenden? Ich meine, in bezug auf diese Frage könnte niemand eigentlich im Zweifel sein! — — S. 24. „Man kann nicht sagen, dadurch tue man etwas Unpopuläres, dass man dieses Thema erörtert; o nein, man kann vielmehr sich unbeliebt machen, wenn man das Thema vermeidet."

Da der Text in der Abbildung nicht gut zu lesen ist, sei hier jede Spalte noch einmal für sich wiedergegeben:

Aus den »Mitteilungen für die Mitglieder der Anthroposophischen Gesellschaft«

Wie wenig man sich nach dem richtet, was von Rudolf Steiner als notwendige Richtlinien gegeben worden ist zur Erhaltung eines strengen, geistig reinen Niveaus der Anthroposophischen Gesellschaft zeigt das Folgende:
Es sei zur Gegenüberstellung nebeneinander gebracht.
SOZIALE KRANKHEIT UND SOZIALE HEILUNG
Fürsorge im Zusammenwirken von Arzt und Priester
Sozial-pädagogischer Schulungskurs
veranstaltet von der Christengemeinschaft Hannover
vom Donnerstag, den 22. bis Sonnabend, den 24. Januar 1931
im Saal des »Daheim«, Hildesheimer Straße 22

Donnerstag, 20. Januar

nachm. 5:30 Uhr	**Der soziale Heilwille aus anthroposophischer Menschenkunde und sakramentaler Seelsorge**
abends 8:00 Uhr	**Betrug und Diebstahl** Einseitigkeit und Gleichgewicht in den Seelenkräften

Freitag, 23. Januar

	Die Probleme des Sexuallebens
nachm. 5:30 Uhr	**Nach der persönlichen Seite** Triebleben, Homosexualität, Psychoanalyse
abends 8:00 Uhr	**Nach der sozialen Seite** Ehefragen, Abtreibung, Sterilisation

Sonnabend, 24. Januar

nachm. 5:30 Uhr	**Die Trübung des Bewusstseins** Alkohol, Rauschgifte, Mediumismus, Geisteskrankheiten
abends 8:00 Uhr	**Die Zerstörung des Lebens** Mord und Selbstmord

In einer Reihe von Vorträgen und Besprechungen soll gezeigt werden, welchen Beitrag die anthroposophische Medizin und das seelsorgerliche Leben der Christengemeinschaft zur Lösung der Probleme der sozialen Fürsorge leisten kann. Täglich werden zwei Vorträge über ein akutes Einzelthema gehalten, bei denen jeweils von Seiten des Arztes und des Seelsorgers gesprochen wird. An den einzelnen Vortrag schließt sich jedes Mal eine Besprechung und Fragenbeantwortung an. Die Teilnehmer werden gebeten, den Gang der Besprechung durch Darstellung zahlreicher Fürsorgefälle zu fördern. Der Kursus wird gehalten von: Dr. med. *Karl König*, Leiter des heilpädagogischen Instituts Schloss Pilgramshain bei Striegau und Lic. *Emil Bock*, Pfarrer in der Christengemeinschaft.
Kurskarte: 3,50 RM; Einzelvortrag 75 Pfg. Bei den Buchhandlungen Sachse und Heinzelmann, Georgstr. (dort auch einschlägige Literatur) und Antonie Leeser, Cellerstr. 73, sowie an der Tageskasse.
Auskunft, Programme und Karten bei *Joachim Sydow*, Pfarrer in der Christengemeinschaft, Albert Niemannstr. 15, Telefon 80515; Frau *Luise Voigt*, Callinstr. 27, Telefon 32496.

In der rechten Spalte steht folgender Text:

Aus den: »**Mitteilungen für die Mitglieder der Anthroposophischen Gesellschaft**«.
Nr. VII, Köln Juni 1914.

Generalversammlung. Dritter Tag. Dienstag, den 20. Januar 1914.

Vortrag von Herrn Dr. Steiner über:

Pseudowissenschaft der Gegenwart.

S. 22: Meine Freunde! »Zweierlei habe ich einst zu Herrn X. gesagt, weil ich mich verpflichtet fühlte, es zu sagen, als er nicht ein so dünnes Büchelchen, wie die »Sexual-Probleme« sind, sondern vier bis fünf Bände schreiben wollte. Da sagte ich zu ihm – es war damals das Büchelchen noch nicht geschrieben: »Herr X., schreiben Sie doch jetzt das nicht! Wenn Sie einmal 10, 12, 15 Jahre älter geworden sind, dann werden Sie es sehr bedauern, dass Sie Ihren Lebensweg sich dadurch ruiniert haben, dass Sie in der Jugend solches Zeug geschrieben haben.«

S. 22: Ein zweites habe ich zu Herrn X. Bei einer anderen Gelegenheit gesagt. Ich sagte ihm: »Sehen Sie, Herr X, *sich gerade auf dieses Gebiet zu verlegen, ist eine gefährliche Sache, und eigentlich kann es nur derjenige, welcher wirklich heimisch ist auf dem Gebiete derjenigen Forschung, die tiefer hineinführt in die Geheimnisse des Daseins, und der von diesem Gesichtspunkt aus über diese Dinge redet; denn dann redet man ganz anders über diese Dinge. Und es ist das gefährlichste Gebiet, das man berühren kann, aus dem Grunde, weil die Gedanken, wenn sie auf dieses Gebiet hingelenkt werden, immer in einer gewissen Beziehung verfinstert werden.*«

Ich berühre hier etwas, das ausführlich behandelt werden müsste, wenn es ganz klar werden sollte, das aber ein wirkliches Resultat der Geisteswissenschaft ist. Wir mögen uns über manches ergehen, über das wir suchen, klare Gedanken zu bekommen:

in dem Augenblicke, wo die Gedanken auf das sexuelle Gebiet gehen, und sei die Vornahme auch noch so rein – in dem Augenblicke ist es nur allzu leicht möglich, die Zügel über die Gedanken zu verlieren. Daher haben Zeiten, die noch mehr gewusst haben von den okkulten Seiten des Lebens, dieses Gebiet in die Symbolik – und in mancherlei Symbolik verhüllt. Und dem *rohen Materialismus* unserer Zeit scheint es aufbehalten worden zu sein, mit *täppischen Händen die heiligen Symbole zu zerstören*, um nicht hinzuweisen darauf, dass es heilige, hohe Gebiete gibt, und dass das *unterste* dieser Gebiete, das für uns Menschen aufzusuchen ist – der allerspeziellste Fall – das Gebiet des Sexuellen ist. Dem *heutigen rohen Materialismus mit seinen täppischen, tölpelhaften Händen* scheint es aufbewahrt gewesen zu sein, von diesem Gebiete auszugehen und die hohen, heiligen Gebiete für eine Umdeutung des sexuellen Gebietes zu erklären – wie Sie es gerade bei X. gesehen haben. Schlimm stehen die Sachen auf diesem Gebiete, aber wundern dürfen wir uns nicht, wenn durch die Art, wie in einer uns immer mehr und mehr überfluteten Literatur die Dinge behandelt werden – unreife Köpfe eben verworren gemacht werden.«

S. 23: »... dürfen wir diese Praktik uns hereintragen lassen in unsere Kreise? Oder ist es nicht gerade unsere Aufgabe, uns ernsthaft *gegen* solche Praktik zu wenden? Ich meine, in Bezug auf diese Frage könnte niemand eigentlich im Zweifel sein! – – S. 24. »Man kann nicht sagen, dadurch tue man etwas Unpopuläres, dass man dieses Thema erörtert; o nein, man kann vielmehr sich unbeliebt machen, wenn man das Thema vermeidet.«

Bemerkenswert ist zunächst, dass die Gesamtüberschrift nur für die zweite, rechte Spalte zutreffend ist, denn in der linken Spalte ist einfach das Programm einer Tagung wiedergegeben, die von der Christengemeinschaft in Hannover veranstaltet worden ist. Die Vorbemerkung unter dieser Überschrift unterstellt, dass die Äußerungen Rudolf Steiners aus dem Vortrag vom 20. Januar 1914, die in der rechten Spalte wiedergegeben sind, von ihm als eine »Richtlinie« für alle Arbeit in der Anthroposophischen Gesellschaft gemeint war. Das unpersönliche »man«, das sich nicht nach dieser »Richtlinie« richtet, erinnert sehr an den Sprachgebrauch Marie Steiners, wenn sie moralische Urteile aussprach.[196] In diesem Falle sind die Verantwortlichen aber namentlich angegeben: zwei Priester und ein anthroposophischer Arzt, die aus pastoral-medizinischer Verantwortung zu brennenden Gegenwartsproblemen Stellung nehmen und aus Anthroposophie und religiösem Leben Wege zu deren Überwindung aufzeigen möchten. Die Kritik an ihrem Vorhaben wird nicht durch Unterschrift persönlich verantwortet, sondern bleibt anonym – und das, obwohl im Impressum des Nachrichtenblattes immer, so auch in dieser Nummer, die Bemerkung stand: »Jeder Autor ist für den Inhalt

---

[196] Siehe zum Beispiel ihren Aufsatz »Unsere Katharsis« im Nachrichtenblatt vom 28.3.1926.

seines Beitrages selbst verantwortlich.« Es zeichnete also niemand für diesen Abdruck verantwortlich. Eine mündliche oder schriftliche vorherige Kontaktaufnahme zu den Verantwortlichen ist nicht überliefert. Sie wurden öffentlich angeprangert, ohne dass ihnen die Gelegenheit gegeben wurde, über ihre Absichten, Methoden und Inhalte Auskunft zu geben, und ohne, dass die Kritiker die Tagung selbst miterlebt und die Vorträge und Gespräche wahrgenommen hätten.

Die Einseitigkeit dieser Kritik liegt schon in der Fixierung auf ein Drittel der gesamten Themen der Tagung. Außerdem berücksichtigt sie nicht, dass Rudolf Steiner in dem zitierten Vortrag nicht behauptet, man solle nicht über Sexualität reden. Vielmehr geht aus dem ganzen Zusammenhang hervor, dass dies nur von einem geisteswissenschaftlichen Gesichtspunkt aus geschehen sollte, was er selber ja in vielen Fällen auch getan hat.[197] Er sprach sich vor allem dagegen aus, dass es jemand wie der Münchener Ernst Boldt tun sollte, der in seiner 1911 veröffentlichten Schrift *Sexualprobleme* das Thema nur scheinbar vom geisteswissenschaftlichen Gesichtspunkt aus behandelt habe, in Wirklichkeit aber infiziert sei von damaligen pseudowissenschaftlichen Sexualwissenschaftlern sowie von der Tiefenpsychologie Sigmund Freuds, deren Wissenschaftlichkeit Rudolf Steiner deutlich kritisierte. Eine solche wissenschaftliche Praxis meinte Rudolf Steiner, wenn er sagte, sie dürfe nicht in anthroposophische Kreise hineinragen.

Marie Steiner und Albert Steffen unterstellten Karl König und Emil Bock, dass sie in Hannover nicht von einem geisteswissenschaftlichen Gesichtspunkt aus gesprochen hätten,

---

[197] Siehe: Wolfgang Gädeke: *Ehe – Sehnsucht, Idee, Wirklichkeit,* Stuttgart 2000, S. 93–127.

obwohl diese in der Ankündigung ihren anthroposophischen und religiösen Ansatz deutlich gemacht hatten. Ist das nicht ein Zeichen von Vorurteilen, Misstrauen und Ignoranz?

Des Weiteren haben Sie nicht berücksichtigt, dass die drei Verantwortlichen der Tagung in Hannover den Text dieses Vortrages vom 20.1.1914 wahrscheinlich gar nicht kennen konnten, weil er nur in dem genannten Mitteilungsblatt vor dem Ersten Weltkrieg, lange bevor sie Anthroposophen geworden waren, veröffentlicht worden war. Trotzdem bezeichnete Albert Steffen in seinem Tagebuch das Wirken dieser Menschen als »Agitation« (siehe unten). Eine Agitation kann man vielmehr nennen, wenn Äußerungen Rudolf Steiners aus dem Zusammenhang gerissen und ohne sorgfältige Analyse der Situation, in der diese Worte gesprochen worden sind, im Tone der Empörung gegen andere verwendet werden. Der inhaltliche Zusammenhang der Zitate war nämlich, wie gezeigt, eine Auseinandersetzung Rudolf Steiners mit der freudschen Psychoanalyse und der Person des Müncheners Ernst Boldt, der im Sinne von Freud und von theosophischem Gesichtspunkt über Sexualität geschrieben hatte und schreiben wollte. Eine ausgewogene Beurteilung der Tätigkeit von Mitarbeitern der Anthroposophie und ihrer Gesellschaft sieht anders aus.

Dass diese Zusammenstellung für das Nachrichtenblatt von Marie Steiner stammt, ist zwar nicht absolut sicher zu beweisen, hat aber einen sehr hohen Grad von Wahrscheinlichkeit: Wer hätte es sonst gewagt, ohne Unterschrift so einen Text zu veröffentlichen? Wem außer Marie Steiner hätte Albert Steffen die Anonymität durchgehen lassen?

Im Brief an Friedrich Rittelmeyer zu diesem Thema vom 7. März 1931 schrieb er: »Die Mitglieder des Vorstandes haben von vornherein Anspruch, Aufsätze hineinzuschreiben.«[198] Wer außer Marie Steiner hatte das Recht, einen Vortragstext von Rudolf Steiner durch Sperrung und Kursivsetzen so zu bearbeiten, wie es in diesem Fall geschehen ist? In dem zitierten Mitteilungsblatt von Juni 1914 steht der Text auf den Seiten 22 und 23 nämlich ohne Kursivsetzung und Sperrung. Diese sind also eindeutig für das Mitteilungsblatt 1931 absichtlich gesetzt worden. So etwas konnte nur mit Wissen und Genehmigung Marie Steiners geschehen. Dazu kommen der schon genannte Sprachduktus in der Vorbemerkung sowie die öffentliche moralische Bewertung anderer, die Marie Steiner, wie gezeigt, schon früher praktiziert hatte.

Albert Steffen war aber auch ganz einverstanden mit ihrer Einsendung, was aus seinem Tagebuch und einem Brief an Friedrich Rittelmeyer eindeutig hervorgeht. Am 22./23. Januar 1931 notierte er in sein Tagebuch, nachdem er von seinen meditativen Bemühungen geschrieben hatte, Folgendes:

> Ich beginne also wiederum meine Übungen.
> Die Folge, dass man sie nicht mehr machte (ich freilich übte immer, wenn auch nicht gerade diese), war, dass man ins Breite ging. Und das trat gerade diese Woche zu Tage, indem nämlich von Dr. König und Lic. Bock Kurse über Sozialmedizin gehalten wurden: über Perversität, Abtreibung, Sterilisation (über welche Verbrechen sie sprechen). Aber solche Agitation wäre ja niemals nötig, wenn man die Geisteswissenschaft als solche mit ihren Methoden richtig anwenden würde und die Anwendung lehrte.

---

[198] Brief von Albert Steffen an Friedrich Rittelmeyer vom 7.3.1931, GoeA, A.01.001.010.

Den schmalen, nicht den breiten Weg gehen.
Ist es nicht, als sprächen dieses die Toten selber?
Ich als Leiter der Gesellschaft will mich ganz auf diesen schmalen Weg begeben und ein Beispiel sein.
Die Leute um Rittelmeyer gehen eben auch den breiten Weg, wenn sie ihre Sozialpolitik nicht aufgeben können.[199]

Die Rede vom breiten Weg stellt einen Bezug her zur Bergpredigt, Matthäus 7,13: »Tretet ein durch die enge Pforte! Denn weit ist die Pforte und breit der Weg, der ins Verderben führt, und gar viele kommen dadurch hinein.« (Übersetzung Konstantin Rösch). Albert Steffen pauschalisiert sein Urteil im Sinne dieses Jesus-Wortes, in dem er schreibt: »die Leute um Rittelmeyer«, obwohl es eindeutig eine Initiative von Emil Bock und Karl König war. Und er führt durch seine Tagebucheintragung das Reden über Sexualität auf einen Mangel an meditativer Arbeit zurück, den er damit Emil Bock und Karl König innerlich zum Vorwurf macht, und fällt das Urteil, dass dies ins Verderben führe.

Friedrich Rittelmeyer schrieb aufgrund der Veröffentlichung im Nachrichtenblatt am 3. Februar 1931 einen Brief an Albert Steffen:

Sehr verehrter Herr Steffen,
Mit großer Traurigkeit habe ich das letzte Mitteilungsblatt gelesen.
Zur Sache selbst möchte ich zunächst sagen, dass ich das Hannoveraner Programm erst aus dem Mitteilungsblatt überhaupt kennengelernt habe, ebenso wie meine Mitoberlenkerin Ger-

[199] Aus dem Tagebuch Albert Steffens vom 22./23. Januar 1931, AStS.

trud Spörri. Es ist bei uns nicht üblich, dass jede lokale Unternehmung ihr Programm nach Stuttgart sendet. Auch frühere Programme ähnlicher lokaler Unternehmungen habe ich nicht erhalten. Ich habe auch nie eine Klage darüber gehört. Wie die Christengemeinschaft als Ganzes sich verhält, das ist aus den etwa 25 Programmen offizieller Tagungen zu ersehen, die bis jetzt vorliegen. So wie das Hannoveraner Programm abgefasst ist, kann ich sagen, dass ich es bestimmt nicht so formuliert hätte und die Formulierungen nicht gutheiße. Doch müsste man billigerweise erst hören, wie gesprochen worden ist. Bock schreibt mir, dass der Kurs im Wesentlichen für Fürsorgerinnen war – eine beschränkte Zahl anderer Menschen, die sich für soziale Fragen interessieren, nahmen teil – dass das Programm gewissermaßen nur die Fragen darstellt, die in diesen Kreisen leben, Berufsfragen der Fürsorgerinnen, und dass die Antworten, die sie in ihren Ausführungen gegeben hätten, vor den Ratschlägen Dr. Steiners bestehen könnten. Dies alles können natürlich nur Teilnehmer prüfen, die wirklich unbefangen und verständig sind.

Was mich aber so betroffen gemacht hat, das ist, dass all mein immer wiederholtes Bitten, man möchte mir alles, was gegen die Christengemeinschaft in Dornach vorliegt, zuerst mitteilen, möge mir erlauben, mich dazu zu äußern und eventuell selbst etwas zur Abhilfe zu tun, nicht hat verhindern können, dass die Sache in dieser Weise in die anthroposophische Öffentlichkeit gekommen ist.

In einem früheren Fall – es handelte sich um die erste Nummer der »Entscheidung«[200] – hat seinerzeit Dr. Boos die Entgleisung unserer Freunde in mehreren Versammlungen von

[200] Eine Zeitschrift, die von Carl Stegmann herausgegeben wurde.

Anthropoposophen vorgebracht, ohne dass ich durch ihn etwas erfahren hätte und ohne dass das Positive des Wirkens unserer Freunde zur Geltung gekommen wäre. Das konnte natürlich nur trennend wirken. Dagegen hat mir damals Dr. Wachsmuth in einem Brief von der Beschwerde Mitteilung gemacht. Ich habe sofort mit unseren Freunden Fühlung genommen. Sie sahen den Fehler ein und waren gleich bereit, die Stelle auf der Umschlagseite zu ändern.
Auch mein Wunsch, sie möchten mit Herrn Leinhas und Herrn Dr. Boos persönlich sich verständigen, sich von ihnen Kritik erbitten, womöglich über jede Nummer, und dieser Kritik, wenn möglich, Rechnung tragen, wurde von den Freunden gern erfüllt. Warum konnten wir es diesmal nicht so machen? Gewiss war das Programm in die Öffentlichkeit gekommen. Das war bei der »Entscheidung« auch der Fall. Aber es handelt sich doch, wie mir scheint, vor allem darum, dass Fehler, die gemacht worden sind, in Zukunft vermieden werden. Und dazu ist doch der Weg der persönlichen Verständigung der beste.
In der Wirkung einer solchen Mitteilung kann ich kaum in irgendeiner Beziehung etwas Erfreuliches sehen. Ich erlebe auch das Unerfreuliche der Wirkung auf die verschiedenste Weise.
Weder für die anthroposophische Bewegung noch für die Christengemeinschaft kommt Gutes bei dieser Form des Verkehrs heraus. Ist von der positiven Arbeit der Christengemeinschaft in der anthroposophischen Öffentlichkeit seit Jahren jemals freundlich Kenntnis genommen worden?
Die beiden Bewegungen sind so sehr auf Zusammenwirken und Gemeinsamkeit angewiesen. Vieles ist vorhanden, was die Zusammenarbeit erschwert. Von Seiten der Priesterschaft kann ich mit voller Sicherheit sagen, dass der Wille zum engsten Zusammenhalt mit dem Goetheanum da ist, und auch der gute

Wille, im Einzelnen das Rechte zu tun, ist erfreulich stark und groß. Darum fühle ich das innerste Bedürfnis, Ihnen im Vertrauen auf die tiefe Gemeinsamkeit, die uns mit Ihnen verbindet, und in Erinnerung an manche beglückende Stunde, die wir mit Ihnen verlebt, in aller Offenheit mein Herz auszuschütten. Von Neuem biete ich an, in allen Fällen, wo gegen die Christengemeinschaft ein Bedenken vorliegt, zunächst persönlich mit jeder Auskunft und jeder mir möglichen Hilfe zur Verfügung zu stehen.
In herzlicher Verehrung
Rittelmeyer[201]

In diesem Brief kommt deutlich zum Ausdruck, wie sich das Verhältnis der Christengemeinschaft zu Dornach und umgekehrt aus der Perspektive Friedrich Rittelmeyers Anfang 1931 ausnahm: Die Christengemeinschaft wird aus Dornach öffentlich kritisiert, bevor im Dialog, der gar nicht erst gesucht wird, Probleme ausgeräumt werden können. Positive Leistungen der Christengemeinschaft werden mit Schweigen übergangen. Rittelmeyer aber bringt seine Kritik an der Veröffentlichung des Programms der Tagung in Hannover recht vornehm und indirekt zum Ausdruck: »Dies alles können natürlich nur Teilnehmer prüfen, die wirklich unbefangen und verständig sind.« Marie Steiner und Albert Steffen, die Verantwortlichen für die Veröffentlichung und die Kritik an dem Programm, waren keine Teilnehmer in Hannover, und ob sie »unbefangen und verständig« gewesen wären, wird durch diese Äußerung Rittelmeyers offengelassen.

---

[201] Brief von Friedrich Rittelmeyer an Albert Steffen vom 3. Februar 1931, GoeA, A.01.001.010.

Im Rundbrief der Pfarrer erwähnte Rittelmeyer die Angelegenheit nur kurz:

> Nun habe ich in der Eile die Sache König-Bock im Mitteilungsblatt nicht erwähnt. Mir selbst ist die Formulierung des Vortragsinhalts – ich habe das Programm erst durch das Mitteilungsblatt kennen gelernt – in dieser Form bedenklich. Aber es kommt doch darauf an, *wie* gesprochen wurde.
> Und sehr wenig erfreulich finde ich die Art der Mitteilung im Mitteilungsblatt. Wie oft habe ich in Dornach gebeten, Vorwürfe, die gegen die Chr.Gem. erhoben werden, zunächst mir mitzuteilen, mir Gelegenheit zur Äußerung und evtl. die Möglichkeit zur Abhilfe zu geben. Und nun diese Form des Verkehrs, die nicht dem freundschaftlichen Zusammenwirken dient! In diesem Sinn habe ich auf der Stuttgarter Versammlung, wo Boos über »Sexualisierung der Anthroposophie« redete, gesprochen und nach Dornach geschrieben.[202]

Zunächst erhielt Rittelmeyer keine Antwort. Am 4. März schrieb Friedrich Rittelmeyer wegen der Schwierigkeiten im Vorstand der Deutschen Landesgesellschaft einen weiteren Brief an Albert Steffen. Aus diesem ist für unser Thema wichtig:

> ... Leinhas und Kolisko kann ich aus meiner Mitarbeit im Vorstandskollegium das Zeugnis ausstellen, dass sie sehr ernsthaft und sachlich zu arbeiten bemüht waren. »Parteimäßig« sind die Fragen nicht behandelt worden, da hätten sich sowohl Herr Stockmeyer und Herr Palmer wie ich dagegen gewendet. Ich bin nach meiner persönlichen Kenntnis der Ansicht, dass den

[202] ARB 120 vom 18.2.1931, S. 4f.; ZACG, IV.4.

beiden jetzt Unrecht geschieht, obwohl ich durchaus nicht in allem mit ihnen übereinstimmte und oft eine andere Meinung zu vertreten hatte ...[203]

Auf diesen Brief hin antwortete Albert Steffen am 7. März 1931:

Sehr verehrter Herr Dr. Rittelmeyer,
es ist schwer, auf ihre beiden Briefe zu antworten. Meine Auffassung müsste, trotz ihrer Eindeutigkeit, eingehend begründet werden, um nicht Missverständnisse hervorzurufen. Ich möchte Sie deshalb nur Ihnen und ganz im Vertrauen darlegen.
Herr Dr. König hat durch seinen Artikel im »Pfad« eine bedenkliche Situation geschaffen. Die Geburtsprobleme, in Beziehung zur Sixtinischen Madonna, sind von ihm auf eine Art behandelt worden, die für einen religiösen Menschen blasphemisch, für einen denkerischen unsinnig ist. Für einen Anthroposophen unerträglich.[204]

---

[203] Brief von Friedrich Rittelmeyer an Albert Steffen vom 4. März 1931, GoeA, A.01.001.010.

[204] Dieser Artikel von Dr. Karl König, »Geburtenregelung als Problem der Geburt«, erschien in »Der Pfad, Zeitschrift für die Gestalt der Zukunft«, VII. Jg., August/September 1930, S. 33-41. Er ist so lang, dass wir ihn nicht in den Text aufnehmen können, sondern als Anhang abdrucken. So kann jeder selber beurteilen, ob er ihn als blasphemisch, unsinnig und unerträglich empfindet. Jedenfalls zeigt dieser Aufsatz eindeutig, dass Karl König von einem geisteswissenschaftlichen Gesichtspunkt aus über das Thema (Vorgeburtlichkeit) geschrieben hat. Mir hat sich nicht erschlossen, inwiefern dieser Artikel und die Ankündigung der Tagung in Hannover ohne Albert Steffens Eingreifen für die Christengemeinschaft verhängnisvoll hätte wirken können. Albert Steffen und Marie Steiner, die beide kein positives Verhältnis zu einer Kirche hatten, urteilten offenbar »dogmatischer« als die Vertreter der »Kirche« Christengemeinschaft, Friedrich Rittelmeyer und Emil Bock.

Es folgte dann die verhängnisvolle Zusammenstellung der Themata in jenem Programm. Diese Veranstaltung, von Herrn Bock und Herrn König getragen, war in gewisser Beziehung intern gemeint, aber die Karten konnten doch in einer öffentlichen Buchhandlung gekauft werden. Ich bekam das Programm von einer fremden Seite, natürlich unoffiziell, wie immer in solchen Fällen, zugeschickt. Obschon die Veranstaltung ausdrücklich in Beziehung zur Anthroposophie gesetzt wurde, hat man keine Rücksicht auf Dornach genommen.[205] Das nächste war, dass ich mit Fragen und Vorwürfen bedrängt wurde. Es entstand eine unwillige Erregung. Die Menschen erinnerten sich nicht nur an jenen Aufsatz Dr. Königs, der inzwischen von der Redaktion des »Pfades« selber berichtigt worden war,[206] den aber der Verfasser immer noch im Einklang mit den Erkenntnissen Rudolf Steiners hielt, sondern auch an die Vorträge Königs, worin dieser physiologische und evangelische Anschauungen in Zusammenhang brachte.

Als Leiter des Nachrichtenblattes bekam ich über diese Dinge mehr zu hören als andere Menschen. (Leiter bin ich, wie Sie wissen, nicht in dem Sinne wie Redaktor des »Goetheanum«. Die

---

[205] Damit ist der Anspruch gemeint, dass öffentliche Veranstaltungen von tätigen Mitgliedern im Namen der Anthroposophischen Gesellschaft nur im Einvernehmen mit deren Vorstand abgehalten werden sollten, wie es Rudolf Steiner nach der Weihnachtstagung veranlagt hatte. Da es sich aber um eine Veranstaltung der Christengemeinschaft handelte, waren Karl König und Emil Bock an diese Regel nicht gebunden, die zu der Zeit wegen der damals schon offenkundigen Uneinigkeit des Vorstands in Dornach sowieso obsolet geworden war.

[206] Wann und wo das geschehen ist, ist nicht klar, weil eine entsprechende Erklärung in der Zeitschrift »Der Pfad«, dessen Erscheinen Ende 1931 eingestellt wurde, nicht zu finden ist.

Mitglieder des Vorstandes haben von vorneherein Anspruch, Aufsätze hinein zu schreiben. Ich habe seinerzeit erklärt, dass ich dafür nicht verantwortlich bin.) In dem vorliegenden Fall musste ich ein Eingreifen für richtig erachten. Ein Gehenlassen hätte unterirdisch viel verhängnisvoller gewirkt. Meiner Ansicht nach auch für die Christengemeinschaft. Hierauf wurde ich mit Artikeln überschwemmt, es wurden mir sehr bedenkliche Grobheiten an den Kopf geworfen. Ich wäre ungerecht usw. Dass der Sache Rudolf Steiners als solcher durch jenen fundamentalen Irrtum Königs ein Unrecht angetan worden war und dass dieses gut gemacht werden musste, bedachte niemand.[207] Am wenigsten Dr. König selber. Er verlangte eine Berichtigung in Nebensachen, ohne dass er die Hauptsache berichtigte. Er gab sich verletzt und sagte sich nicht, dass er selber Wunden geschlagen hatte, die jetzt noch weiter brennen. Er zeigt keine Selbsterkenntnis und keine Kenntnis von geistigen Gesetzmäßigkeiten, sieht nur Eingriffe in seine Freiheitssphäre.
Ich hoffe das Beste für ihn, aber ich fürchte, er gerät in eine Seelenkatastrophe, wenn er so weiter geht ...

In Bezug auf die Schwierigkeiten im Vorstand der Deutschen Landesgesellschaft schrieb er im gleichen Brief unter anderem:

... Mir kommt vor, der deutsche Vorstand lebt in einer Illusion. Und da ich im Vertrauen spreche, will ich geradeheraus sagen, dass Herr Dr. Kolisko von seinen abstrakten Vorurteilen, und Leinhas von der Sorge von ökonomischen Folgen verhindert

---

207 Wieso der Aufsatz von Karl König einen fundamentalen Irrtum darstellt und damit der Sache Rudolf Steiners ein Unrecht angetan worden war, begründet Albert Steffen nicht.

wird, die geistige Lage richtig zu sehen. Ich glaube nicht, dass Ihre Bedingungen, unter denen Sie im deutschen Vorstand mitarbeiten wollen, erfüllbar sind. Jeder Tag des jetzigen Zustandes baut ab. Nicht nur die Anthroposophische Gesellschaft, sondern auch die Christengemeinschaft. Wir können hier nichts tun, als warten. In großer Sorge ... Wir suchen, in innerlicher Konzentration die Kräfte zusammenzuhalten, damit wir wenigstens ein gutes Gewissen haben.
Es grüßt Sie herzlich und verehrungsvoll Ihr [Albert Steffen]
Dornach, den 7. März 1931[208]

Einen Tag später schrieb Albert Steffen in sein Tagebuch:

Leinhas und Kolisko sagen, sie halten zum Goetheanum, gleichgültig, wie sich dieses dazu stelle. Also sie glauben, den Impuls von Dornach besser zu verstehen. Dr. Rittelmeyer findet, dass sie treue Mitarbeiter sind.
Er ist eben doch ein gemütsstarker Denkschwächling.[209]

Hier wird zu der inneren Distanz zwischen Marie Steiner und Friedrich Rittelmeyer auch noch jene deutlich, die sich mittlerweile zwischen Albert Steffen und Friedrich Rittelmeyer entwickelt hatte.

Dieser gab mit Brief vom 20. März 1931 Albert Steffen seinen beabsichtigten Rücktritt aus dem Vorstand der Deutschen Landesgesellschaft bekannt und schrieb unter anderem:

---

208 Brief von Albert Steffen an Friedrich Rittelmeyer vom 7. März 1931, GoeA, A.01.001.010.

209 Tagebuch von Albert Steffen vom 8. März 1931, AStS.

Seit Weihnachten sah ich eigentlich die Sache als ganz hoffnungslos an. Aber ich muss auch urteilen – und ich habe aufgrund achtjähriger regelmäßiger Zusammenarbeit ein Recht, darüber zu urteilen – dass man den beiden angegriffenen Vorstandsmitgliedern [Leinhas und Kolisko] von Seiten der Gesellschaftsmitglieder Unrecht tut. Sie haben mit großem Wissen und aufrichtigen Wollen das Beste der Gesellschaft gesucht und haben nicht in parteimäßiger Art die Fragen entschieden. Das hätten sicher nicht nur ich, sondern auch Herr Dr. Palmer und Herr Stockmeyer, um nur den Rest des Vorstands zu nennen, uns nicht gefallen lassen ...
Wir unsrerseits müssen den Eindruck gewinnen, dass die drei Dornacher Vorstandsmitglieder, bei denen jetzt die Initiative liegt, unser weiteres Verbleiben in unserer Stellung nicht für wünschenswert halten. Eine Oppositionsgruppe aber wollten und wollen wir unter keinen Umständen sein. So bleibt nichts anderes übrig, als unser Amt, das wir bis zur letzten Möglichkeit versehen haben, niederzulegen ...
Noch ein Wort mögen Sie mir erlauben über die unheilvolle Rolle, die in dieser Entwicklung Dr. Boos gespielt hat. Ich habe ihn jetzt in Dornach und dann in Stuttgart erlebt. Es ist mir immer schwer, Negatives über einen Menschen zu sagen, und ich schätze das geistige Niveau, das Dr. Boos in seinen sachlichen Leistungen zeigt, hoch ein. Aber sein Wirken in Gesellschaftsangelegenheiten kann ich wegen seiner emotionellen Art, wegen seiner Einseitigkeit, Schärfe und Ungerechtigkeit nur als unheilvoll ansehen. Daraus wird nichts Gutes hervorgehen, auch nicht für die Mitglieder des Dornacher Vorstandes, die er jetzt unterstützt. Es ist nicht meine Aufgabe, einen öffentlichen Kampf dagegen zu führen. Aber ein persönliches Wort an die Stelle, die hier allein wirksam helfen könnte, darf ich um der

> Zukunft der Anthroposophischen Gesellschaft willen heute, wo ich zum letzten Mal als Mitglied des Deutschen Vorstandes rede, nicht unterlassen haben. –
> Diesen Brief schreibe ich vor der eigentlichen Rücktrittserklärung, damit Sie, wenn Sie es für wünschenswert halten, noch vorher etwas dazu sagen können.
> In herzlicher Verehrung
> Dr. Rittelmeyer[210]

Die Worte über Roman Boos haben fast prophetischen Charakter. Sein Wirken hat zur späteren Spaltung der Gesellschaft und des Vorstandes wesentlich beigetragen. Aber Rittelmeyers Warnungen blieben ohne Folgen, wie man an der zitierten Tagebucheintragung von Albert Steffen sehen kann.

Emil Bock selbst blickte auf die Tagung in Hannover im Rundbrief der Pfarrer mit folgenden Worten zurück:

> Aber ich muss sagen, dass es mir immer eine große Freude und Befriedigung gegeben hat, mit Dr. König zusammenzuarbeiten. Was die Themenformulierung in Hannover anlangt, so kann man ja in Zukunft selbst da, wo es sich um intimere Kurse ohne öffentliche Propaganda handelt, auf die Vermeidung von Fehlern bedacht sein. Aber inhaltlich kann ich doch mit gutem Gewissen sagen: war alles in Ordnung und auf gutem Niveau. Ich sage das vor allem auch in Bezug auf Dr. König.[211]

---

[210] Brief von Friedrich Rittelmeyer an Albert Steffen vom 20. März 1931, GoeA, A.01.001.010.

[211] ARB 121 vom 31.3.1931, S. 24; ZACG, IV.4.

Interessant ist die unmittelbare Reaktion von Frau Grete Bock, die am 24. Januar 1931 an ihren Mann schrieb:

> Was sagst Du zu der Veröffentlichung im Mitteilungsblatt? Ein anonymer Angriff, der dann so aussieht, als stünde die ganze Gesellschaft dahinter. Das liest sich so, als wenn da die unreifen Köpfe in der Christengemeinschaft in ihrem jugendlichen Leichtsinn Gedankenverdunkelung betreiben. Wenn auch zuerst König gemeint ist, es ist doch auch gern bei der Gelegenheit die Christengemeinschaft schlecht gemacht. Etwas geschmacklos ist [sind] bei dem Programm vielleicht die genauen Untertitel.
> Mir scheint aber, das ist doch damals ein ganz anderer Fall gewesen, als Dr. Steiner darüber sprach. Und dann war das vor 17 Jahren. Sicher dient dieser Fall auch zur Bereicherung der Generalversammlung. Ich kann mir schon denken, dass Du Dich nicht aus der Ruhe bringen lässt und höchstens sagst: ruhig quatschen lassen. Aber kann König so einfach der Sache ihren Lauf lassen? Das Mitteilungsblatt habt Ihr wohl gerade zum Schluss Eurer Tagung bekommen.[212]

Emil Bock antwortete seiner Frau darauf am 28. Januar 1931:

> Die Sache im Mitteilungsblatt hat mich in der Tat gar nicht berührt. Man gab uns das Blatt gerade nach dem letzten Vortrag des Hannoveraner Kurses, und wir haben uns noch, unterstützt durch den guten Abschluss der Arbeit – wenn's auch in Hannover schwerer war als in Hamburg –, gut darüber amüsiert.
> Wir haben tatsächlich über die heiklen Themen ganz im Sinne

212 Brief von Grete Bock an Emil Bock vom 24.1.1931, ZACG, I.1.2.3

> der abgedruckten Worte von Dr. Steiner gesprochen. Die Themen, als Inhaltsangaben eines speziellen Kursus für Fürsorger und Sozialbeamte, entsprechen, wenn man überhaupt den Vergleich mit der Kölner Generalversammlung machen will, der Fragestellung des Herrn X. Was und wie wir darüber sprachen, entsprach der Antwort Dr. Steiners. Die Sache ist übrigens, was aus dem Stil zu ersehen ist, von Boos eingesetzt. Ich habe nicht vor, auch nur das Allergeringste zu tun gegen die Geschichte. König und ich, wir bedauerten, nun nicht sogleich noch einmal einen solchen Kurs abhalten zu können. Dass das Programm im Mitteilungsblatt gestanden hat, ist doch eigentlich ganz nützlich. Man sieht, dass wenigstens einige Leute was tun.[213]

An diesem Text sieht man, wie sehr sich der Oberlenker Emil Bock als Mitglied der Leitung der Christengemeinschaft schon von der Leitung der Gesellschaft in Dornach distanziert hatte, während Friedrich Rittelmeyer immer noch versuchte, ein positives Verhältnis zum Vorstand in Dornach aufrechtzuerhalten, jedenfalls zu Albert Steffen.[214]

Aber auch in einem Brief an Marie Steiner vom 7. Mai 1931 versuchte er es, in dem er unter anderem berichtete:

> ... dass ich aus der Basler Studentenschaft die Aufforderung erhalten habe, dort einen Vortrag zu halten. Ich habe abgelehnt über ein Thema zu sprechen, das sich direkt auf die Christengemeinschaft bezieht, da ich durch Herrn Steffen weiß, dass man eine unmittelbare Tätigkeit der Christengemeinschaft in Basel nicht wünscht. Meine Vorschläge rein anthroposo-

---

[213] Brief von Emil Bock an Grete Bock vom 28.1.1931, ZACG, I.1.2.3.

[214] Zum Beispiel durch Briefe vom 25. April und 26. Mai 1931, AStS.

> phischer Themen wie etwa »Wiederverkörperungslehre und Christentum« wurden abgelehnt und mir das Thema »Christus in der Gegenwart« vorgeschlagen. Dies habe ich da angenommen, da ich für Benutzung jeder anständigen Gelegenheit bin, in die Öffentlichkeit zu kommen. Ich werde das Thema so zu behandeln suchen, dass es im Sinn der in Dornach gegebenen Orientierung ist. Wenn manche meinen, ich solle überhaupt nicht über Anthroposophie reden, so darf ich mich daran nicht halten …[215]

An diesem Brief sieht man, dass Rittelmeyer sogar in der Auswahl von Vortragsthemen bereit war, auf die Wünsche im Vorstand in Dornach Rücksicht zu nehmen.

---

[215] Brief von Friedrich Rittelmeyer an Marie Steiner vom 7. Mai 1931, RStA.

Ein erneuter Verständigungsversuch Friedrich Rittelmeyers

Am Ende des gleichen Jahres versuchte Friedrich Rittelmeyer in einem fünf Schreibmaschinenseiten langen Brief an Albert Steffen vom 30. Dezember 1931 das Verhältnis zu ihm dadurch zu verbessern, dass er ihm den sehr positiven Eindruck von dessen Vortrag in Stuttgart schilderte, dessen »Geistesklang« ihm in »edelster Erinnerung« stehe, und berichtete ihm davon, wie er von dessen neuestem Buch »stundenlang nicht losgekommen« sei und »mit immer stärkerem Interesse darin gelesen« habe. Dann aber schrieb er ihm von seiner Besorgnis in Bezug auf die beiden Bewegungen:

> Es handelt sich um den Bericht von Alexander Strakosch über die Michaelitagung in Dornach, im 2. Heft der Berichte aus der Zweigarbeit. Was in Dornach über das Verhältnis von Anthroposophischer Gesellschaft und Christengemeinschaft gesprochen worden ist, weiß ich nur durch Erzählungen. Aber dieser Bericht geht ja an alle Zweige und wird auf seine Weise wirken, ganz einerlei, ob er alles richtig wiedergibt. Es liegt mir nicht daran, über alles Einzelne zu sprechen, wo ich Schwierigkeiten habe. Nur zwei Punkte möchte ich erwähnen, weil sie mir für das Prinzipielle des Verhältnisses zwischen Anthroposophischer Gesellschaft und Christengemeinschaft von besonderer Bedeutung zu sein scheinen.
> Dr. Wachsmuth sagte (S. 11): »Wer einige Zeit richtig in der Christengemeinschaft gewesen ist, sollte dann Anthroposoph

werden und des Mittlers nicht mehr bedürfen; das wäre eine große Leistung der Christengemeinschaft.« Nun ist es ja Tatsache, dass durch die Christengemeinschaft viele Menschen zur Anthroposophischen Gesellschaft gekommen sind. Mehrmals habe ich von meinen Freunden gehört, dass der Zugang zur Anthroposophischen Gesellschaft in ihrer Stadt seit Jahren ganz oder fast ganz durch die Christengemeinschaft gegangen ist. Das wird, wie ich hoffe, auch weiterhin so bleiben und hoffentlich noch mehr werden. Aber wenn Dr. Steiner sagte, wir sollten mindestens fünf Mal so viele Menschen erreichen als die Anthroposophische Gesellschaft, dann sieht nach einem solchen Wort unsre Aufgabe doch anders aus. Wir werden viele unsrer Mitglieder, gerade wenn wir richtig im Sinn der Christengemeinschaft arbeiten, nicht zur Mitgliedschaft in der Anthroposophischen Gesellschaft bringen können. Und wir sollen gerade auch für diese Menschen da sein. In Bezug auf den »dumpfen religiösen Trieb« hat Dr. Steiner zu uns gesagt am 12. Juli 1923: »Wenn ich gesagt habe, die Anthroposophie könne nichts machen gegenüber den Menschen mit dumpfem religiösem Trieb, sondern nur die religiöse Bewegung, so ist das richtig. Aber das heißt nicht, dass die religiöse Bewegung besonders und allein[216] auf diese Art Menschen angewiesen sei. Sondern: Die Anthroposophie kann mit diesen Menschen nichts machen. An diese Menschen kommt man nur mit dem Kultus heran, nicht mit der Anthroposophie. Die Menschen mit dumpfem religiösem Trieb sind zu ergreifen durch den Kult und werden vielleicht in einem neuen Leben sehr denkerische Menschen.« Ich schreibe dies ausführlich, weil ich aus Erfahrung weiß, dass an diesem Punkt oft ganz konkret die Schwie-

---

[216] Unterstreichung durch Rittelmeyer.

> rigkeiten liegen in der Zusammenarbeit zwischen Anthroposophischer Gesellschaft und Christengemeinschaft. Ich füge noch das Wort hinzu, das Dr. Steiner im damaligen Vorstand in Stuttgart sprach: Die durch die Christengemeinschaft zur Anthroposophie kommen, sollen der Christengemeinschaft treu bleiben und in der Anthrop. Gesellschaft geachtet werden gerade wegen ihrer Treue zur Christengemeinschaft.[217]

Hier charakterisiert Friedrich Rittelmeyer den entscheidenden Punkt, weswegen es zwischen den beiden Bewegungen durch Jahrzehnte zu Schwierigkeiten gekommen ist: Es ist die Auffassung, die sich Marie Steiner aufgrund einer einseitigen Interpretation des Vortrages vom 30. Dezember 1922 gebildet hatte, dass die Christengemeinschaft lediglich eine Vorschule zur Anthroposophie für diejenigen Menschen sein sollte, die sich nicht direkt in sie einleben können. Sie hatte kein Verständnis dafür, dass in Gemeinschaft geübte Religion ein auf Dauer notwendiges Glied des Geisteslebens neben Wissenschaft und Kunst sein sollte. Und diese Anschauung haben sich Günter Wachsmuth und Albert Steffen allmählich zu eigen gemacht. Die den Vortrag vom 30. Dezember 1922 ergänzenden und relativierenden Äußerungen Rudolf Steiners, von denen Rittelmeyer hier nur eine anführt, haben diese Anschauung bei diesen drei Vorstandsmitgliedern und bei zahlreichen Anthroposophen durch Jahrzehnte nicht verändern können.

Friedrich Rittelmeyer fuhr in dem zitierten Brief an Albert Steffen fort:

---

[217] Brief von Friedrich Rittelmeyer an Albert Steffen vom 30. Dezember 1931, AStS.

Die andre Frage, die mir besonders am Herzen liegt, ist die Frage nach dem Vollzug des Kultus etwa bei Bestattungsfeiern. Gerade darüber fällt es mir besonders schwer, etwas zu sagen, weil jedes Wort so leicht den Verdacht erwecken kann, als ob man doch von kirchlichen Auffassungen und Anmaßungen vergangener Zeiten sich nicht völlig frei gemacht habe. Von diesem Verdacht könnte mich allerdings schon meine fünfundzwanzigjährige Tätigkeit in der evangelischen Kirche reinigen. Und gerade den Anthroposophen gegenüber fühle ich mich gänzlich frei von jedem Anspruch. Aber ich habe aus Dr. Steiners eigenem Mund gehört, wie er sich das Verhältnis der beiden Bewegungen dachte und bin verpflichtet dazu, das im gegebenen Fall einigen führenden Anthroposophen mitzuteilen. Dr. Steiner hat darüber in der schon erwähnten Aussprache vom 12. Juli 1923 – Sie besitzen den blauen Band ja, in dem die Worte Dr. Steiners stehen, die überhaupt für das Verhältnis der beiden Bewegungen wichtig sind – Folgendes gesagt. Vorausgegangen war eine Anfrage, wie wir zur rechten Zusammenarbeit mit der Anthroposophischen Gesellschaft kommen. Die Sache ist abhängig davon, dass das richtige Urteil herrscht. Es ist durch vieles möglich, dass das Urteil sich rektifiziert ... Ich werde nie wieder bei einer solchen Gelegenheit, wo die sozialen Verhältnisse durch den Kult geheiligt werden sollen, etwas vornehmen, ohne dass der Vertreter der religiösen Erneuerung mitwirkt. Bei Begräbnissen spreche ich nicht mehr allein, ohne den Priester. Der Kult muss verrichtet werden. So muss ein richtiges Urteil allmählich sich herausbilden. Beim Diskutieren missverstehen sich die Menschen, aber die Tatsachen sprechen selbst ...[218]

---

[218] GA 345, S. 43f.

So hat es Dr. Steiner auch persönlich gehalten, zum Beispiel bei der Bestattung von Miss Maryon und Admiral Grafton.[219] Darüber schreibt mir Dr. Doldinger: »Von Dr. Steiner besitze ich sogar ein persönliches Telegramm, die Bestattungsfeier für Miss Maryon zu halten. Auch für Grafton hielt ich das Ritual. Vom Basler Bahnhof hatte ich einmal ein Telefongespräch mit Dr. Steiner. Danach wollte er den Ablauf so geregelt haben, dass zuerst der Kultus stattfindet und er dann seinen Beitrag gibt aus der Anthroposophischen Gesellschaft heraus.«

Ich weiß natürlich gut, dass man daraus nicht ein Gesetz für Anthroposophen machen kann und soll. Aber wenn sich eine andere Übung direkt einbürgern will, so bin ich verpflichtet, wenigstens Ihnen darüber zu schreiben. Wenn also Herr Dr. Wachsmuth sagte, die Mitglieder möchten in ihrem letzten Willen schriftlich niederlegen, welche Art der Totenfeier sie wünschen, die allgemeine oder die individuelle, so ist hier der Anfang zu einer Praxis gemacht, die von dem Verfahren Dr. Steiners hinwegführt.

Ich muss fürchten, dass die beiden Bewegungen sich weiter auseinanderleben, als es Dr. Steiner wünschte, wenn zwei Bestattungsfeiern üblich werden, von denen dann vielleicht die eine sogar für die »eigentlich« anthroposophische gilt.

Wo ich konnte, habe ich verhindert, dass über diese Frage in

---

[219] siehe Rudolf Steiner, *Unsere Toten* (GA 261), Dornach 1963, S. 308ff. In Bezug auf Admiral Grafton irrte sich Rittelmeyer, denn Rudolf Steiner war bei dessen Bestattung nicht in Dornach anwesend, sondern auf Reisen in England, hielt aber später in Dornach eine Gedenkansprache, a.a.O., S. 317ff. Weitere Beispiele für das von Rittelmeyer genannte Verhalten Rudolf Steiners sind die Bestattungsansprachen für Elisabeth Maier und Hermann Linde, a.a.O., S. 259 und 263, denen das Bestattungsritual der Christengemeinschaft voranging.

einem größeren Kreis von Anthroposophen die Worte Dr. Steiners, die zu uns gesprochen waren, mitgeteilt wurden, damit keine bloße Handhabung aus Autoritätsglauben entsteht, und damit niemand meint, was Dr. Steiner wollte und konnte, das wollten wir nun als eine Art Recht in Anspruch nehmen. So kann es nie gemeint sein und so ist auch dieser Brief nicht gemeint. Da Sie aber diese Worte Dr. Steiners vielleicht nicht kennen, bin ich schuldig, sie Ihnen mitzuteilen.
Seinerzeit habe ich wohl einmal im alten Stuttgarter Vorstand diese Worte erzählt, als man fragte, wie sich Dr. Steiner eigentlich das Verhältnis der beiden Bewegungen gedacht habe. Schon das ist mir zum Übeln ausgelegt worden, nachdem es weiter erzählt worden war. Darum habe ich es damals gar nicht an Sie geschrieben. Aber nun schreibe ich es an Sie. Weiter werde ich nichts tun, soweit ich nicht etwa dazu genötigt werde. Und ich bitte Sie sehr herzlich, diesen Brief zu verstehen als ausschließlich aus meinem Wunsch heraus entstanden, das Vermächtnis Dr. Steiners, wo ich es zu verwalten habe, treu zu bewahren. Es würde mich freuen von Ihnen zu hören, dass der Brief die Aufnahme gefunden hat, die ich ihm von Herzen wünsche.
In aufrichtiger Verehrung
Dr. Rittelmeyer[220]

Diesen Brief hat entweder Friedrich Rittelmeyer im Durchschlag auch an Günther Wachsmuth geschickt, oder Albert Steffen hat ihn an diesen weitergeleitet. Jedenfalls schrieb Günther Wachsmuth am 5. Januar 1932 einen ausführlichen,

---

[220] Brief von Friedrich Rittelmeyer an Albert Steffen vom 30. Dezember 1931, AStS.

freundlichen und auf Verständigung zielenden Antwortbrief an Friedrich Rittelmeyer. Er erläuterte seine von Alexander Strakosch verkürzt wiedergegebenen Worte bei der Michaelitagung 1932 und betonte mehrfach, dass er damit keine neue Handhabung gemeint habe, wie Rittelmeyer befürchtete, sondern nur die Mitglieder der Gesellschaft auffordern wollte, ihren letzten Willen in Bezug auf ihre Bestattung vorher eindeutig schriftlich kundzutun. Er habe bei der Versammlung ausdrücklich erwähnt, »dass ich selbst persönlich mich habe durch den Kultus der Christengemeinschaft trauen lassen«, wodurch seine persönliche Einstellung zu der Frage klargemacht worden sei. Dann betonte er, dass er eine tiefe karmische Verbindung zur Christengemeinschaft empfinde durch die Art, wie ihn Dr. Steiner als seinen Abgesandten zur Feier der Erhebung Rittelmeyers zum Erzoberlenker der Christengemeinschaft im Februar 1925 geschickt habe.[221] Dann heißt es in dem Brief weiter:

> Neben dieser karmisch wichtigen Tatsache besteht, ebenfalls nicht von mir herbeigeführt die andere, dass Dr. Steiner öfters auf Reisen, wo ich ihn begleiten durfte, auf die Fragen der Christengemeinschaft sehr eingehend zu sprechen kam und dabei in ausführlicher Weise von sich aus manches Positive aber auch manches, was Ausdruck der Besorgnis für ihn war, sehr ausführlich darstellte. Ich kann ja all dies nur hinnehmen und als Richtlinien unseres Lehrers betrachten. In diesen Gesprächen berührte Rudolf Steiner eben auch die Frage des Mittlertums, und es ging daraus hervor, dass Dr. Steiner ei-

---

[221] Siehe: Günther Wachsmuth, *Rudolf Steiners Erdenleben und Wirken,* Dornach 1964, S. 623f.

nen wesentlichen Unterschied machte zwischen zum Beispiel dem Kultus der Taufe, der Trauung und der Totenfeier, die der Mensch nicht selbst vollziehen kann, einerseits und der Menschenweihehandlung andererseits, und dass der Anthroposoph, der den selbständigen geistigen Weg gehen soll, sich natürlich nicht selbst taufen, trauen und beerdigen kann, dass er aber dasjenige, was in der Menschenweihehandlung gegeben worden ist, als Anthroposoph selber vollziehen soll. Ich habe Ihnen ja von einem dieser Aussprüche Dr. Steiners schon einmal in einem gemeinsamen persönlichen Gespräch erzählt. Bei jenen Ausführungen Dr. Steiners kam eben auch zum Ausdruck, dass Dr. Steiner direkt betrübt darüber war, dass Menschen, welche Anthroposophen geworden waren, noch zur Menschenweihehandlung hingingen, die doch nur für jene Menschen gegeben war, die noch nicht den anthroposophischen Weg gehen können, und Dr. Steiner sagte: »Die Priester wollen eben nicht verstehen, dass der Anthroposoph dasjenige, was in der Menschenweihehandlung vorliegt, selber vollziehen soll aus eigener Kraft.« Da Ihr Brief sich in dankenswerter Weise auf Worte Rudolf Steiners bezieht, darf ich es wagen, hier ausdrücklich zu sagen, dass gerade die Worte »die Priester wollen eben nicht verstehen …« ganz wörtlich wiedergegeben sind. Sie werden verstehen, sehr verehrter, lieber Herr Dr. Rittelmeyer, dass der karmisch bedeutungsvolle Auftrag, der mir seinerzeit von Dr. Steiner gegeben wurde und jene anderen Gespräche und Worte Dr. Steiners mich veranlasst haben, mich gerade mit diesen Fragen im Sinne der Richtlinie Dr. Steiners so genau und intensiv als möglich zu beschäftigen und auseinanderzusetzen.

Dann wies er noch darauf hin, dass er bei der erwähnten Versammlung auch von seiner Hoffnung gesprochen habe, es möge einmal eine Vereinbarung zwischen Anthroposophischer Gesellschaft und Christengemeinschaft zustande kommen, für die es aber vielleicht noch nicht an der Zeit sei. Er schloss den Brief mit den Worten:

> Es ist schade, dass offenbar kein Priester der Christengemeinschaft an dieser Tagung teilgenommen hat, der Ihnen, über den sehr gekürzten schriftlichen Bericht hinausgehend hätte berichten können von all dem Anderen, was noch gesagt wurde und vor allem auch von dem »Wie« des Gesagten. Vielleicht oder gewiss haben aber diese wohl notwendigen Etappen der Klärung das Gute und Wertvolle, dass eben eines Tages eine wirklich umfassende Klärung dieser so wesentlichen Fragen kommen wird. Indem ich Sie bitte, auch diesen meinen Brief, von dem ich Herrn Steffen eine Kopie gebe, als den Ausdruck des Wunsches nach einer immer stärkeren gegenseitigen Klärung und Verständigung in diesen wichtigen gemeinsamen Fragen anzusehen bin ich
> mit herzlichem Gruß
> Ihr Dr. Günther Wachsmuth[222]

Auf diesen Brief antwortete Friedrich Rittelmeyer am 10. Januar 1932:

> Verehrter Herr Dr.,
> zunächst danke ich Ihnen, dass Sie mir so ausführlich geantwortet haben. Das gibt mir die Hoffnung, dass sich in weiterer Aussprache noch einiges klären wird. Sie wissen, dass ich mich

---

[222] Brief von Günther Wachsmuth an Friedrich Rittelmeyer vom 5. Januar 1932, GoeA, A.01.001.012.

bemüht habe, möglichst alles, was zwischen Anthroposophischer Gesellschaft und Christengemeinschaft als schwebende Frage lebt, in persönlicher Besprechung mit den Mitgliedern des Vorstands zur Klärung zu bringen. Auch im vergangenen Jahr bin ich zu diesem Zweck in Dornach gewesen und habe Herrn Steffen gefragt, was etwa zur Aussprache gebracht werden kann. Leider waren Sie zu dieser Zeit gerade nicht anwesend. Ich hätte mich gefreut, wenn dieser unser immer wieder bewiesener guter Wille, dass Unsrige zum rechten Verständnis zu tun, in der großen Dornacher Aussprache auch irgendwie erwähnt worden wäre, sodass nicht der Anschein entstehen kann, als ob jetzt erst solche Aussprachen eingeleitet werden müssten ...

Dann ging er noch einmal auf die Frage der Bestattung ein und schrieb:

Es ist zu erwarten, dass der Anthroposoph meint, sich auch dadurch als rechter Anthroposoph beweisen zu müssen, dass er für seine Bestattung nicht »die allgemeine«, sondern »die individuelle« Feier wünscht, weil er sie für die »eigentlich anthroposophische« hält. Meinen Sie nicht? Ich glaube nicht, so wie ich die Verhältnisse kenne, dass ich zu schwarz sehe. Meine Pflicht ist damit erfüllt, dass ich dies ausgesprochen habe, und ich sehe der weiteren Entwicklung nunmehr mit Ruhe entgegen.
Sie erwähnen das Wort Dr. Steiners »Die Priester wollen eben nicht verstehen.« Dies Wort kann ich jedenfalls nicht auf mich beziehen. Denn ich habe vor der Entstehung der Christengemeinschaft Dr. Steiner gefragt, ob man die Kommunion nicht rein geistig vollziehen könne. Das finden Sie auch in meinem

Lebensbegegnungsbuch, wo ich es eben erwähnte, um dem rechten Verständnis der beiden Bewegungen zu dienen. Auch sonst habe ich dies Gespräch und die Antwort Dr. Steiners in jedem möglichen Fall erwähnt. Diese persönliche Erkenntnis hat mich vor einem Missverständnis auf diesem Gebiet immer geschützt. Eine Frage ist mir allerdings, ob es viele Anthroposophen gibt, die diese Kommunion, d.h. das wirkliche Genießen von Leib und Blut Christi, in aller Realität bewusst vollziehen können. Aber ich erkenne auch die mehr oder weniger unbewusste Kommunion an. Dr. Steiner hat mir übrigens in dem einzigen kurzen Gespräch, dass ich mit ihm über den Dezembervortrag [30.12.1922] hatte, ausdrücklich von sich aus ausgesprochen, dass er eine prinzipielle Verschiedenheit zwischen seinem Standpunkt und dem meinigen nicht sehe. Dasselbe wird noch von manchen andern Priestern gelten. Der Meinung war ich allerdings, die rein innerliche Kommunion und die äußere stören einander nicht. Dies hat aber Dr. Steiner selbst bestätigt. Dasselbe sagt Michael Bauer, in dessen Haus wir auf seinen Wunsch manchmal die Menschenweihehandlung hielten, an der er kommunizierend teilnahm. Damit will ich natürlich nicht im allergeringsten an dem bestehenden Zustand des Fernbleibens der Anthroposophen etwas ändern. Wir haben seinerzeit die Bewegung der Christengemeinschaft begonnen in der Meinung, dass sie zwar für die Außenwelt ist, dass aber Anthroposophen, wenn sie wollen, daran teilnehmen können. Wir alle wollten damals gar nichts anderes als nur einfach Dr. Steiner nach Kräften in der Durchführung der anthroposophischen Bewegung unterstützen und machten alles genau so, wie er es anordnete, ohne eigene Wünsche einzumischen. Darum fügen wir uns auch der Anordnung, die Dr. Steiner in seinem Dezembervortrag 1922 gegeben hat. Ein Interesse als Kultusgemeinschaft, die nach Dr. Steiners eigenen Worten eine ecclesia catholica non romana werden soll und die es doch nicht werden kann, wenn nicht in den Kreisen der Anthroposophen mit Verständnis und Liebe an sie gedacht und mit ihr zusammengearbeitet wird, haben wir nur an einem Doppelten:

1. Dass den Menschen, die zu uns kommen, nicht ohne weiteres gesagt wird, sie seien jetzt in der »Vorschule« und müssten so bald wie möglich Anthroposophen werden, in die Anthroposophische Gesellschaft eintreten und die Christengemeinschaft verlassen. Man muss das der inneren Entwicklung und auch der seelsorgerlichen Beurteilung des einzelnen Falles überlassen. Was mich angeht, so habe ich im Priesterkreis immer die Auffassung ausgesprochen, dass man – trotz des im vorigen Brief an geführten Wortes Dr. Steiners vom »treu bleiben« – keinen Menschen weder äußerlich noch innerlich irgendwie halten soll, der um der Anthroposophischen Gesellschaft [willen] uns verlässt. Das ist wohl auch im Ganzen so gehalten worden. Aber es sollte auch andrerseits nicht möglich sein, wie mir meine Freunde gelegentlich berichten, dass für die Empfehlung in die 1. Klasse der Hochschule in einzelnen Fällen zur Bedingung gestellt wurde, man müsse zuvor aus der Christengemeinschaft austreten.

2. Unser Interesse ist weiter, dass den Anthroposophen, die aus ihrer Freiheit heraus bei uns auch mittun wollen, nicht vorgeredet wird, sie seien dadurch zu Anthroposophen zweiter Klasse herabgesunken oder gar der Anthroposophie untreu geworden. Dr. Steiner hat auch nach dem Dezembervortrag noch ausdrücklich gesagt – ich glaube, im deutschen Vorstand, aber in meiner Abwesenheit –: es gibt Anthroposophen, die zuerst Anthroposophen waren und dann auch zur Christengemeinschaft gingen, und bei denen das zu Recht geschieht, die volle

Anthroposophen sind. Wir haben darüber hinaus den Anthroposophen, die bei uns mittun wollten, obwohl Dr. Steiner ausdrücklich sagte, es sei selbstverständlich, dass wir sie einfach aufnehmen, oft gesagt: Wir könnten an ihrer Mitarbeit nur Freude haben, wenn sie dabei zugleich bessere Anthroposophen würden und insbesonders keine äußere und innere Pflicht gegen die Anthroposophische Gesellschaft zurücktreten lassen.
Ich bin mir wohl bewusst, verehrter Herr Dr., dass man diese Worte – und ähnliche – jetzt nicht alle in die anthroposophische Öffentlichkeit werfen darf. Denn das Interesse Dr. Steiners, dass die anthroposophische Bewegung und Gesellschaft als solche nicht geschwächt werden darf, weder äußerlich noch innerlich, ist unser eigenes Interesse. Und unser dringender Wunsch ist wie am Anfang, die anthroposophische Bewegung zu fördern, nicht in irgendeiner Weise zu zersplittern. Es liegt mir auch nicht daran, Verstöße von Mitgliedern der Anthroposophischen Gesellschaft, Zweigleitern und Generalsekretären zu wichtig zu nehmen. Aber ich habe eigentlich eher immer zu lang gewartet mit den Erzählungen von unserer Seite und fühle mich jedenfalls jetzt verpflichtet zu schreiben und mich zu weiterer Aussprache bereit zu erklären, damit man in Dornach – denn nur von dort aus kann es geschehen – alles Material zur Hand hat, was zur Orientierung der Mitglieder dienen kann.
Wegen einiger Einwände, die man immer wieder hört, möchte ich noch hinzufügen, dass Dr. Steiner auf meine Anfrage, ob nach seinem Dezembervortrag es nicht so aufzufassen sei, dass wir mehr für Menschen da seien, die noch die Vergangenheit in sich tragen, geantwortet hat: »Nein, Sie haben <u>den</u> Kultus der Gegenwart.« ... Auf meine Frage damals, was dann mit den Anthroposophen sei, sagte Dr. Steiner dem Sinn nach etwa: es müssten Menschen ausgesondert werden für die Zukunft.

Was den »Mittler« betrifft, so wollte ich das Gespräch darüber einer mündlichen Besprechung vorbehalten. Aber ich kann jetzt schon andeuten, woran es mir liegt. Einmal meine ich, dass auch der Anthroposoph nicht frei ist vom Mittler. Denn er wäre nicht ohne Dr. Steiner und bedient sich seiner dauernd als Mittler zur geistigen Welt. Wenn man aber sagen wollte: das ist etwas ganz anderes, denn es geht durch meine freie zustimmende Einsicht, so würde ich erwidern, dass wir unsere Gemeindeglieder genau auch in diesem Sinn zu führen suchen, dass sie aus freier Einsicht dem Kultus zustimmen wie der Anthroposoph den Geistesmitteilungen. Natürlich gibt es Gemeindeglieder, die auch noch mehr eines Führers bedürfen und sich noch anders seiner bedienen. Aber die wollen wir sachte und weise auf dem Pfad der Freiheit führen. Das ist die Orientierung, die uns Dr. Steiner im Apokalypse-Zyklus gegeben hat. Ich fürchte allerdings, solche kurze Ausführungen sind doch missverständlich, und behalte mir vor, sie bei einer persönlichen Besprechung zu begründen und zu ergänzen.

Mit herzlichem Gruß

Dr. Rittelmeyer[223]

Aufgrund dieses Briefwechsels zwischen Friedrich Rittelmeyer und Günther Wachsmuth könnte man meinen, dass eine Verständigung zwischen dem Vorstand in Dornach und der Leitung der Christengemeinschaft und vielleicht sogar eine Vereinbarung hätte zustande kommen können. Aber die ins Auge gefassten gemeinsamen Gespräche zwischen beiden Organen kamen nicht zustande, es blieb bei Einzelgesprächen.

---

[223] Brief von Friedrich Rittelmeyer an Günther Wachsmuth vom 10. Januar 1932, GoeA, A.01.001.012.

Die fünf Mitglieder des Vorstandes der Allgemeinen Anthroposophischen Gesellschaft in Dornach waren schon seit Jahren so mit ihren internen Schwierigkeiten beschäftigt, die 1935 in dem Ausschluss von Ita Wegman und Elisabeth Vreede aus dem Vorstand und der Gesellschaft gipfelten, dass für sie die Christengemeinschaft ein Randproblem war. Dem guten Willen zur Verständigung bei Ita Wegman, Albert Steffen, und Günther Wachsmuth stand die Auffassung und distanzierte Haltung Marie Steiners gegenüber. Und weil im Jahre 1932 keine schwerwiegenden Probleme auftraten, blieb es bei freundlicher Korrespondenz, ohne dass das grundsätzliche Problem gemeinsam bearbeitet wurde.

Dieses Problem scheint aus heutiger Sicht aus mehreren Schichten zu bestehen: Damals konnten alle Beteiligten noch nicht auf eine umfassende Dokumentation aller Äußerungen und Verhaltensweisen Rudolf Steiners zurückgreifen, sondern waren vielfach auf ihre persönlichen Erinnerungen angewiesen. Dadurch konnte eine Einordnung der manchmal scheinbar widersprüchlichen Aussagen Rudolf Steiners in die gegebenen Situationen, in denen sie geäußert wurden, nicht stattfinden. Dies gilt insbesondere für den Vortrag vom 30.12.1922. Außerdem scheuten sich die Priester, wie schon der obige Brief von Rittelmeyer zeigt, Äußerungen Rudolf Steiners zum Verhältnis der beiden Bewegungen öffentlich zu machen, die nur in den unveröffentlichten, sogenannten Priesterzyklen und in den internen Gesprächen mit Rudolf Steiner festgehalten worden waren. Ein weiterer Aspekt des Problems liegt darin, dass verschiedene emotionale Gestimmtheiten nicht nur unter den Mitgliedern des Vorstandes, sondern auch unter den Mitgliedern der Gesellschaft insgesamt gegenüber Kirche, Priestern und Kultus vorhanden waren, die nicht durch eine gründliche Erkenntnis von Wesen und Wirkung praktizierter Religion in Gemeinschaft geklärt waren. Und dahinter liegt die vielleicht tiefste Schicht des Problems, die mit der karmischen Vergangenheit der beteiligten Personen zusammenhängt.

Die äußeren Verhältnisse mit dem Zerfall der Anthroposophischen Gesellschaft in Deutschland und dem Aufkommen des Nationalsozialismus, dessen feindliche Haltung gegenüber beiden Bewegungen bekannt war und sich alsbald auch zeigte, waren einer ruhigen Klärung der genannten Probleme nicht förderlich.

Die erste Veröffentlichung eines Ritualtextes durch Marie Steiner

In der Pfingstausgabe des »Nachrichtenblattes« vom 4. Juni 1933 erschienen auf der ersten Seite unter der Überschrift »Aus Notizbüchern Rudolf Steiners vom Jahre 1922« Worte Rudolf Steiners, die bis dahin noch nie gedruckt worden waren. Es handelte sich aber nicht, wie es den Anschein hatte, um eine der zahlreichen Dichtungen, die Rudolf Steiner »Wahrspruchworte« genannt hatte, und die unter diesem Titel vielfältig herausgegeben worden sind, sondern es waren Ritualworte aus dem sogenannten Beicht-Sakrament (oder »Sakrament der Sinneswandlung«), die den Priestern der Christengemeinschaft von Rudolf Steiner in Gegenwart von Marie Steiner übergeben worden waren.[224] Rudolf Steiner hatte den Priestern über diese Texte gesagt, dass sie den Menschen nur von Mund zu Ohr gesprochen werden sollten wie alle anderen Ritualtexte auch. Deshalb wurden sie auch nicht gedruckt, sondern wurden und werden von den Priestern bis heute handschriftlich in ihre Ritualbücher abgeschrieben.

Nun hatten die beiden Vorstandsmitglieder, die im September 1922 auf Veranlassung Rudolf Steiners Zeugen der Gründung der Christengemeinschaft im »Weißen Saal« des ersten Goetheanum gewesen waren, dafür gesorgt, dass diese Worte erstmals gedruckt an die Öffentlichkeit kamen – Marie Steiner als diejenige, die diese Worte aus dem Nachlass Rudolf Steiners

---

[224] GA 344, S. 188.

freigegeben, und Albert Steffen, der sie als verantwortlicher Redakteur in das Nachrichtenblatt gesetzt hatte. Beiden war allerdings dabei nicht bewusst, dass es sich um einen Ritualtext handelte, den sie ja damals im September 1922 nur einmal gehört hatten.

Als Friedrich Doldinger, einer der ersten sieben Lenker der Christengemeinschaft, dieses Nachrichtenblatt am 2. Juni 1933 in Händen hielt, telefonierte er sofort mit Friedrich Rittelmeyer in Stuttgart[225] und besprach sich mit ihm darüber, was zu tun sei. In der zutreffenden Einschätzung, dass Marie Steiner von Friedrich Doldinger eher etwas annehmen würde als von Friedrich Rittelmeyer, entschieden sie gemeinsam, dass jener an sie schreiben und gegebenenfalls nach Dornach zu einem persönlichen Gespräch reisen sollte. Noch am selben Tag schrieb Rittelmeyer einen ausführlichen Brief an Doldinger. Darin heißt es:

> Wir haben eben über die bekannte Sache gesprochen – Husemann und ich, Bock ist nicht hier – und sind so ziemlich einer Meinung. Wir halten es für gut, wenn Sie einen Brief schreiben an Frau Dr. Steiner, vielleicht mit Durchschlag an Herrn Steffen. Was zunächst zu verhüten wäre, ist ja dies, dass es nun mit den Texten so weitergeht. Da man in Dornach über das Ritual der Christengemeinschaft sich in größter Unkenntnis befindet, könnte es leicht sein, dass man eines Tages das Zwischengebet der Osterzeit »entdeckt« und als unbekanntes schönes Ostergedicht von Dr. Steiner veröffentlicht … Die zweite Frage aber

[225] Durch Jahrzehnte erschien das »Goetheanum« mit dem »Nachrichtenblatt« unter dem Datum eines Sonntags, wurde aber schon vorher versendet.

ist: Was hat der jetzigen Veröffentlichung gegenüber zu geschehen? Husemann findet, man solle in Dornach ganz deutlich sagen, dass man eine Rückgängigmachung der Sache verlangen müsse. Ähnlich haben ja auch Sie sich ausgesprochen, als Sie vom Verbrennen sprachen. Husemann dachte mehr daran, den Antrag zu stellen, dass die Nummer von den Empfängern zurückverlangt und vernichtet wird. Ich glaube ja bestimmt nicht, dass man in Dornach das tun wird. Man wird es als eine Anmaßung von uns betrachten, dass wir so etwas überhaupt verlangen. Denn man betrachtet ja sich selbst als die Esoterik zu unserem exoterischen Priesterwirken. Auch werden die Mitglieder großenteils sicherlich die Nummer nicht zurückschicken; und wenn sie gar nicht wissen, warum sie sie zurückschicken sollen, dann werden sie erst recht großenteils gerade dies »Gedicht« sich abschreiben. Es ist aber trotzdem von Bedeutung und eine innere Notwendigkeit, dass etwas in dieser Richtung geschieht. Nur ist es meiner Meinung nach sehr schwer, die rechte Form zu finden ...

Deshalb müssen wir es anheimstellen in welcher Weise man die Mitglieder der Anthroposophischen Gesellschaft jetzt auf diesen Tatbestand aufmerksam macht und dem Kultusgut die Verwendung sichert, die ihm von Dr. Steiner zugedacht ist, damit es innerhalb des von Dr. Steiner gegebenen Kultus zu seiner vollen Wirksamkeit kommen kann .. Mein Brief will als Material für Sie betrachtet sein. Von Frau Dr. Steiner bekommen sie kaum Antwort und jedenfalls keine befriedigende. Aber soweit ich die Lage beurteilen kann, würde ich vorschlagen, Herrn Steffen gleich in einem Privatbrief, einen bevorstehenden Besuch in dieser Sache anzukündigen. Es ist Ihnen auch ganz überlassen, in welcher Weise sie sich auf unsere Einigkeit in der Sache berufen wollen ...

> Es wird hier gehen wie immer in solchen Fällen in Dornach. Was wir etwa unrichtig machen, in jeder Nuance des Tons, davon wird uns nichts geschenkt werden. Und was auf der anderen Seite verkehrt gemacht wird, das wird man gar nicht bemerken und bemerken wollen. Es ist die ganze Sache nur ein eklatantes Symptom davon, wie wenig man in Dornach von der Christengemeinschaft weiß und sich überhaupt um sie kümmert. Sonst wäre ja dies alles nicht möglich gewesen ...[226]

Aus diesen Zeilen spricht die tiefe Enttäuschung und Frustration Friedrich Rittelmeyers, der durch viele Jahre versucht hatte, sowohl in seinen Briefen an Albert Steffen und Marie Steiner wie auch durch persönliche Gespräche ein gutes Verhältnis zur Leitung der Gesellschaft zu pflegen, dessen wiederholte Bitten, bei Irritationen im Verhältnis der beiden Bewegungen direkt mit ihm in Kontakt zu treten, damit im persönlichen Gespräch Klärungen herbeigeführt werden könnten, aber nicht beachtet und berücksichtigt worden waren.

Friedrich Doldinger schrieb also an Marie Steiner:

> Freiburg i. Br. Pfingsten [4. Juni] 1933
> Sehr verehrte Frau Dr. Steiner!
> Die zu Beginn von »Was in der A. G. vorgeht« 4. Juni 1933 mitgeteilten Spruchworte Dr. Steiners sind übereinstimmend mit dem sakramental abschließenden Teil der »Beichte« der Christengemeinschaft.
> Nach der ganzen Art, wie Dr. Steiner den Priestern die kultischen Texte zur Sekretierung und ausschließlichen Verwen-

[226] Brief von Friedrich Rittelmeyer an Friedrich Doldinger vom 2. Juni 1933, ZACG, IV.11b.

dung zu sakramentalem Vollzug übergab, wäre es wider alles Erwarten und von prinzipiell wichtigster Bedeutung für die Priester, wenn der Beichte-Spruch-Text sonst noch als allgemeines Wahrspruchwort vorläge. Bei Notizbüchern aus der Zeit der Gründungsjahre der Christengemeinschaft ist es leicht möglich, dass Spruchworttexte oder Ähnliches Bestandteile der Weihehandlungen sind, deren Veröffentlichung Sie dann sicherlich nicht billigen. Auf jeden Fall möchte ich Ihnen, trotzdem es ganz außerordentlich unbescheiden vielleicht klingt, für den Fall eines Zweifels, wo Sie eine eventuelle Identität mit den Kultustexten feststellen wollten durch einen amtierenden Priester, mich ausdrücklich zur Verfügung stellen.
Sollte sich, was eigentlich erwartet werden muss, herausstellen, dass der abgedruckte Spruch einwandfrei nur Beichtespruchtext ist, so ist es Ihnen zur weiteren Handhabung der Angelegenheit wohl recht, wenn ich hiermit als eine Stimme aus dem Priesterkreis die Bitte vorbringe, es möchte das Mitteilungsblatt vom 4. Juni 1933 von den Mitgliedern zurückerbeten werden.
Man könnte zur Begründung vielleicht den Hinweis machen, dass es sich ergeben hat, dass der Spruch nur zu speziellem Gebrauche von Dr. Steiner gegeben wurde.
Ich bitte, gütigst zu verzeihen, wenn ich mich hiermit direkt an Sie wende. Ich weiß nicht, wer die Veröffentlichung der Notizbücher bearbeitet, und die Angelegenheit müsste ja doch vor Sie gebracht werden.
Diese Zeilen ergaben sich aus meinem eigenen Impuls. Ich habe aber Dr. Rittelmeyer mitgeteilt, dass ich Ihnen schreiben möchte wegen dieses Spruches und es war ihm dies recht.
Mit herzlicher Bitte, mir gütigst mitteilen lassen zu wollen, in

welcher Form ich Ihre Antwort empfangen darf (ich komme gerne nach Dornach, wenn Sie die Antwort vielleicht lieber mündlich geben wollen)
in Dankbarkeit und Verehrung
[Friedrich Doldinger][227]

An Albert Steffen schrieb Friedrich Doldinger am gleichen Tage:

Sehr verehrter Herr Steffen!
Beifolgend übersende ich Ihnen die Abschrift des Textes eines Briefes, den ich gleichzeitig an Frau Dr. Steiner absandte. Die Sache entspringt meinem persönlichen Impuls, ich habe aber mit Dr. Rittelmeyer noch eine kurze Verständigung gesucht, und auch von Gottfried Husemann eine zustimmende Äußerung erhalten. Dr. Rittelmeyer lässt Sie bitten, mir über die Angelegenheit eine Unterredung zu gewähren. Es ist vielleicht notwendig sich ausführlicher auszusprechen über die Angelegenheit.
Ihrer gef.[älligen] Antwort, indem ich auch meinerseits herzlich darum bitte, entgegensehend
Ihr Friedrich Doldinger[228]

Entgegen Friedrich Rittelmeyers Erwartung, erhielt Friedrich Doldinger schon nach wenigen Tagen eine Antwort von Marie Steiner. Sie konnte mit ihm von Künstler zu Künstler kom-

[227] Brief von Friedrich Doldinger an Marie Steiner vom 4.6.1933, GoeA, A.01.001.013; ZACG, I.1.7.3

[228] Brief von Friedrich Doldinger an Albert Steffen vom 4.6.1933, GoeA, A.01.001.013; ZACG, I.1.7.3

munizieren und sah in ihm nicht den »Kirchenmann« wie bei Rittelmeyer als ihr Gegenüber. Außerdem war er bei ihr und in Dornach beliebt, weil er alle Anfragen von Anthroposophen nach Taufen, Trauungen und Bestattungen bereitwillig erfüllte, ohne zu erwarten, dass ein Zusammenhang mit einer Gemeinde vorhanden war oder auch nur gesucht wurde.

Sie schrieb:

7. Juni 1933

Sehr geehrter Herr Dr. Doldinger,

es tut mir leid, dass es sich so getroffen hat, aber was Sie vorschlagen, würde ja nicht im Geringsten seinen Zweck erfüllen, und würde nur umso mehr darauf aufmerksam machen und viele würden es abschreiben.

Gerne würde ich in zweifelhaften Fällen mich erkundigen. Die Meditationen der Priester waren alle beieinander und leicht als solche zu erkennen. Dies kam mir als Einzelblatt in die Hand. Ich hatte sogar den Gedanken, im Theologenkurs nachzuschlagen, hatte aber vor der Abreise mit all ihren Abhaltungen keine Möglichkeit mehr es zu tun. Und hätte es also wohl auch dort nicht gefunden. Aber hört man nicht auch beim Sakrament der Taufe die Worte so oft, dass man sie schon weiß. –

Ich will es also nicht unter die Wahrspruchworte aufnehmen[229], es klingt ja auch mehr wie ein Gebet. Aber manche meditativen Gebete der Anthroposophen werde ich mit der Zeit der Allgemeinheit übergeben. Es geht auch gar nicht anders bei dem Feldzug, den man gegen Dr. Steiner macht.

Könnten Sie nicht einen versöhnenden Gedanken darin finden, dass in einer Zeit, wo dergleichen vorgebracht wird, wie

---

[229] Diese erschienen dann 1935 ohne diesen Text im Druck.

es jetzt geschieht, – solch ein Spruch wie ein Gegenbeweis dasteht, ein Beweis für die sittliche Größe dessen, der ihn gemacht hat.
Es hätte mich interessiert von Ihnen zu hören, was aus Priesterkreisen geschehen ist, um für Dr. Steiner in dieser Zeit Zeugnis abzulegen. Wenn nichts Kräftiges geschehen ist von der Priesterschaft als solcher, so versuchen Sie doch das Bekanntwerden dieser heiligen Worte in diesem Sinne zu sehen, die ja jeden Menschen nur besser machen können und dadurch auch nichts von ihrer Kraft einbüßen werden. Was wir in dieser Zeit für ihn tun, wird einen Strahl seiner Kraft auf sich ziehen.
Mit dem Ausdruck meines Bedauerns und herzlichem Gruß
M. Steiner[230]

Zwar bedauert Marie Steiner mit ihrem letzten Satz, was geschehen ist. Aber sie übernimmt letztlich nicht die Verantwortung dafür, dass sie mit der Veröffentlichung eines Kultustextes gegen die Bestimmungen Rudolf Steiners verstoßen hat, sondern es tut ihr lediglich leid, »dass es sich so getroffen hat«. Damit entpersonalisiert sie den Vorgang und schiebt ihn von sich. Natürlich hat sie recht damit, dass eine »Rückrufaktion« die Angelegenheit nicht besser machen würde, sondern die Aufmerksamkeit erst recht auf diesen Text gelenkt hätte. Auch hatte sie recht, dass sie den Text in der Ausgabe des Theologenkurses, die ihr damals zur Verfügung stand, nicht gefunden hätte. Denn er war darin gemäß der Angabe Rudolf Steiners nicht abgedruckt. Wenn sie aber schon den Gedanken gehabt hatte, der Text könne aus den Theologenkursen stammen, hät-

[230] Brief von Marie Steiner an Friedrich Doldinger vom 7. Juni 1933, GoeA, A.01.001.013.

te sie unschwer bei Dr. Doldinger anrufen können, wie es im Falle von Bestattungen auch immer wieder geschehen ist.

Auch der entschuldigende und relativierende Hinweis auf die Tatsache, dass man bei manchen kurzen Ritualen durch wiederholtes Hören die Texte auswendig lernen kann, zeigt, dass sie trotz ihrer tiefen Verbundenheit mit dem lebendigen Wort den wesentlichen Unterschied zum gedruckten Wort nicht berücksichtigt – und damit ihr grundlegendes Unverständnis für das kultische Wort bekundet.

Dies geht auch aus ihrem Vorschlag hervor, die Veröffentlichung des kultischen Textes als einen Beweis für Rudolf Steiners sittliche Größe anzusehen, wobei es jedem Leser überlassen bleibt zu verstehen, inwieweit ein gutes Gedicht Rudolf Steiners für dessen Gegner oder für die, die deren Texte lesen, ein Beweis für die sittliche Größe seines Autors sein kann.

Ihr Unverständnis für religiöse Wortlaute zeigt sich auch darin, dass ihr der von ihr veröffentlichte Text wie ein Gebet vorkam. Wer diese Worte kennt, weiß genau, dass sie eher das Gegenteil sind von einem Gebet, weil sie keine Zuwendung zur geistigen Welt oder zu einem göttlichen Wesen enthalten, sondern im Gegenteil eher einen Zuspruch aus der geistigen Welt darstellen.

Der letzte Abschnitt ihres Briefes kann einem den Atem verschlagen angesichts der in ihm zum Ausdruck kommenden Ignoranz gegenüber dem, was Priester der Christengemeinschaft nicht nur im persönlichen Gespräch, in der Seelsorge, in Predigten und Vorträgen und besonders schriftlich in Aufsätzen und Büchern an Zeugnis abgelegt haben dafür, dass sie nicht nur den Kultus, sondern auch wesentliche Anregungen für ihre Verkündigung Rudolf Steiner zu verdanken haben. Es könnte eine ganze Bibliografie als Beweis erstellt werden. Stellvertretend seien hier nur Friedrich Rittelmeyers Bücher genannt: *Meine Lebensbegegnung mit Rudolf Steiner, Meditation, Theologie und Anthroposophie, Rudolf Steiner und das Deutschtum*; und viele Bände verschiedener Priester aus der Reihe »Christus aller Erde«, sowie zahlreiche Aufsätze und Gedenkworte in der Zeitschrift »Die Christengemeinschaft«, die alle bis 1933 erschienen waren.

Friedrich Doldinger antwortete auf den Brief Marie Steiners sehr freundlich und ausführlich am 13. Juni 1933. Er bedankte sich, dass sie die veröffentlichten Ritualworte nicht unter die »Wahrspruchworte« aufnehmen werde, und nahm Marie Steiners Frage nach dem Zeugnis von Priestern für Rudolf Steiner positiv:

> Aber auch Ihre Anfrage, was gegen die Verunglimpfungen getan worden ist, wird gewiss impulsierend wirken; zunächst könnte diese Anfrage wie ein Angriff empfunden werden. Bei näherem Zusehen drücken sie Ihre positiven Erwartungen an den Priesterkreis aus, die denselben ja nur ehren können.
> Ein Zurückerbeten des Mitteilungsblattes hielt ich selbst nicht für unbedingt erfolgreich. Ein Verbrennen schiene mir besser. Zunächst wollte ich nur eine Bitte an Sie in dieser Richtung vorbringen, weil bei eventuellen Erwägungen nach dieser Richtung Ihnen das Vorliegen einer solchen Bitte vielleicht wichtig sein konnte ...
> Das objektive Herausgebrochensein aus dem sakramentalen Zusammenhang ist für den Beichtspruch vorhanden. Für mich ist es ein erschütterndes Ereignis. Was dazu geführt hat, ist mir nicht eindeutig überschaubar. Ich muss die Denkmöglichkeit offen lassen, dass ein Verschulden des Priesterkreises nicht die Ursache ist ...

Der Spruch wird durch seine Veröffentlichung einen Teil der Kraft verloren haben. Denn es sollen ihn ja nur Priester handhaben. Aber durch erhöhte Geisteskraft des das Sakrament Spendenden, wozu der Schock über den Verlust vielleicht anregt, kann wahrscheinlich manches ausgeglichen werden …
Mit dem Gedanken, die Veröffentlichung als einen Ausgleich zu betrachten für Unterlassungen der Christengemeinschaft, sich zu Dr. Steiner zu bekennen, habe ich Schwierigkeiten. Ich sagte schon, dass mir das rechte Verhalten in der entstandenen Lage für die Priester dies scheint, dass die Priester über eigene Versäumnisse intensiv nachdenken. Sie deuten dieses auch deutlich an. Durch den ganz konkreten Inhalt, den sie Ihrer Andeutung geben, bin ich aber verblüfft und bewegt. Durch Lenkerschaftsbeschlüsse ist jedenfalls nichts geschehen, um Verleumdungen gegen Dr. Steiner entgegenzutreten. Trotzdem, und trotzdem ich vieles in der Christengemeinschaft kritisch sehe, hatte ich nicht den Eindruck, dass bei der Priesterschaft da allzu viel in Unordnung ist. Zum Beispiel sind ja schon allein die dauernd stattfindenden öffentlichen Tagungen der Christengemeinschaft, durch den Gesamtinhalt der Vorträge wie einzelne Hinweise eindrucksvolle Kundgebungen für Dr. Steiner. Und im Übrigen glaube ich, dass nur wenige Menschen den richtigen Stil finden in der Bekämpfung des Bösen. Positive unerschrockene Arbeit ist doch die beste Gegnerbekämpfung. Nicht immer, selten sogar, ist mit dem Bekenntnis zu Dr. Steiner etwas Wirkungsvolles geschehen …
Vielleicht kenne ich zu viele positive Einzelheiten aus dem Eintreten der Priester für Rudolf Steiner, als dass die Tatsache, dass die Lenkerschaft nichts Offizielles gegen den Verleumdungsfeldzug getan hat, mich zu dem Eindruck nötigen müsste: es liege Lauheit vor und diese Lauheit müsste durch die gesche-

hene Aussendung des Beichtspruches ein Äquivalent finden. Das Kennen solcher positiven Einzelheiten darf aber selbstverständlich nicht davon entbinden, sich Ihre Frage nach den gemeinsamen Aktionen der Priester zur fruchtbaren Beunruhigung werden zu lassen. Eine Sammelbroschüre zum Beispiel über die Bedeutung Rudolf Steiners für die Fortentwicklung des Christentums von Seiten der Priesterschaft ist wohl nächstens fällig. Es ist aber sicher nur gut, wenn inzwischen noch mehrere bedeutsame Einzelleistungen auf einigen Gebieten getätigt werden und die Gesamtarbeit der Christengemeinschaft noch mehr Fuß fasst. Umso wirkungsvoller wird dann eine offizielle Unternehmung für Rudolf Steiner sein. Vielleicht sehen und erwarten Sie, verehrte Frau Dr., etwas, was im Augenblick schon nötig wäre und getan werden könnte; dann bitte ich hiermit herzlich darum, Ihre näheren Anregungen uns zukommen lassen zu wollen.
Nochmals herzlich dankend für Ihre eingehende und impulsierende Antwort
Ihr Friedrich Doldinger[231]

Kann man seine Kritik an den Äußerungen einer verehrten Person freundlicher und positiver vorbringen? Bevor Doldinger diesen Brief schrieb sind in der Zeitschrift »Die Christengemeinschaft«, 10. Jg., Heft 3, Juni 1933 anlässlich der Einweihung des neugebauten Priesterseminars in Stuttgart eindrucksvolle Zeugnisse und dankbare Erwähnungen Rudolf Steiners durch Priester der Christengemeinschaft veröffentlicht worden.

---

[231] Brief von Friedrich Doldinger an Marie Steiner vom 13. Juni 1933, ZACG, I.1.7.3

Marie Steiner antwortete Friedrich Doldinger mit einem ebenfalls sehr freundlichen und ausführlichen Brief vom 27. Juni 1933. In Bezug auf den Verlust der geistigen Kraft der Ritualworte war sie überzeugt, dass »die reale ätherische Kraft, die durch Dr. Steiners Hingang in seine Worte noch hinzugeflossen ist als Stärkung des Gegebenen«, ein tröstlicher Gedanke sei. Dann legte sie ein Bekenntnis ab:

> Ich selbst habe kein lebendiges Verhältnis zur Beichte. Das ist wahrscheinlich zu bedauern, aber mir hat zu tief gegraut vor dem Missbrauch, der damit getrieben worden ist in der katholischen Kirche, und vor der Freiheitsberaubung, ja Seelenknechtung, die damit verbunden ist. Wenn ich denke, wie junge Kinder durch die Fragen der Beichtiger zur Kenntnis gelangen von Sünden, die sie vorher nicht ahnten und einen Schock fürs Leben dadurch erhalten, so verschließt mir schon dieser Umstand das innere Herzenstor. – Die allgemeine Beichte ist natürlich etwas anderes. Aber vielleicht hat mein für die Beichte nicht geweckter Sinn mich verhindert, in diesem Spruch einen Zusammenhang damit auch nur zu ahnen. Es ist mir so durchaus ein unmittelbares Zwiegespräch mit dem höheren Selbst.[232]

Es ist bewegend, in diesen Zeilen die menschliche Offenheit und Selbsterkenntnis zu erleben. Gleichzeitig liegt eine Tragik darin, zu sehen, dass Marie Steiner nicht in der Lage war, das gänzlich Neue und Andere, das mit diesem Sakrament in der Christengemeinschaft gegeben ist, auch nur ansatzweise zu verstehen. Wahrscheinlich hat sie auch nicht in dem entsprechenden Zyklus für die Priester den Zusammenhang aufge-

---

[232] Brief von Marie Steiner an Friedrich Doldinger vom 27. Juni 1933, RStA.

sucht, in den die von ihr veröffentlichten Ritualworte eingefügt waren, denn sonst hätte sie bestimmt anders geschrieben. So blieb ein wesentlicher Teil der erneuerten Sakramente ihren Gedanken und ihrem Herzen fremd.

Im weiteren Verlauf erläutert sie noch ihren vorherigen Brief, mildert einige Formulierungen ab und erklärt den Druck, der durch gegnerische Schriften auf ihr lastete. Zum Schluss schrieb sie:

> Die Pfingstnummer des Blattes der Christengemeinschaft habe ich erst bei meiner Rückkehr hier gelesen. Vielleicht ließe sich doch das Verschiedene, das die Priester aussagen, zu einer Broschüre zusammenstellen, die ein eindrucksvolles, sogar großartiges Dokument wäre. In anderen Zeiten käme ich ja nicht auf solche Ideen, denn ich liebe nicht Reklame. Aber jetzt frägt man sich, auf welchen Scheiterhaufen man wohl steigen könnte um Zeugnis abzulegen!
> Mit bestem Dank für Ihren ausführlichen Brief ...[233]

Auch an Rittelmeyer schrieb sie am folgenden Tag noch einen Antwortbrief, der ihr auch selber noch in der Sache der Veröffentlichung der Ritualworte geschrieben hatte (dieser Brief hat sich nicht erhalten), und legte ihm ihren Brief an Doldinger in Kopie bei. Darin heißt es unter anderem:

> Obwohl ich ja weiß, dass Sie niemals mit Ihrer Zeugenschaft für Rudolf Steiner zurückgehalten haben, stand mir das Bekenntnis einer Priesterschaft als Korporation, als Gemeinschaft unter anderem vor Augen. Aber ich verhehle mir nicht

---

[233] Brief von Marie Steiner an Friedrich Doldinger vom 27. Juni 1933, RStA.

> die eventuellen unerwünschten Rückwirkungen; und maße mir keineswegs zu, eine Unterlassung dabei zu verurteilen ...

Und sie schließt den Brief mit den Worten:

> Herzlichen Dank für Ihre private Mitteilung. Über Ihre Anregung will ich mit Herrn Steffen sprechen. Es tut mir leid, dass ich den Schmerz verursacht habe – und dass ich jetzt, wo es nicht zu ändern ist, in einer Ecke meines sündigen Herzens trotzdem die Empfindung habe: dies ist eine Opfergabe wert auf den Altar gelegt zu werden. Sie wird entgegengenommen werden und kann rückwirkend vielleicht viel Gutes zeitigen.
> Mit besten Grüßen und Wünschen für ihre Arbeit
> gez. Marie Steiner[234]

Man kann an diesem Brief empfinden, dass Marie Steiner offensichtlich um Versöhnung bemüht war. Und dennoch wird an ihm ebenfalls deutlich, dass ihr religiöse Kategorien recht fremd waren: Wie kann eine aus selbstverschuldeter Unkenntnis geschehene Veröffentlichung eines Ritualtextes eine Opfergabe sein? Ein echtes, wirkliches Opfer kann nur freiwillig und bewusst dargebracht werden, es kann einem nicht »passieren« wie ein Fehler oder ein Unglück. Beides aber *war* ihre Tat der Veröffentlichung eines Textes, von dem sie prinzipiell wusste, dass Rudolf Steiner seine Veröffentlichung nicht wollte. Sie hatte ihn nicht als Ritualtext erkannt, und deswegen war ihre Tat nicht eine Handlung aus Erkenntnis. Ihre Rede von der »Opfergabe« war ein nachträglicher Euphemismus.

---

[234] Brief von Marie Steiner an Friedrich Rittelmeyer vom 28. Juni 1933, RStA.

Mit diesem versöhnlichen Brief aber war die Angelegenheit der Veröffentlichung der Ritualworte so weit wie möglich geklärt und hatte nur noch zwei Jahre später ein kleines Nachspiel, wie aus einem Brief von Friedrich Rittelmeyer an Marie Steiner vom 16. Juli 1935 hervorgeht:

> Hochverehrte Frau Dr.,
> wir erfuhren neulich zufällig, dass Fräulein Karin Haupt und Fräulein Klink den Spruch Dr. Steiners, der seinerzeit im »Goetheanum« veröffentlicht und als Beichtspruch aus dem sakramentalen Organismus der Christengemeinschaft erkannt wurde, eurythmisch zum Vortrag bringen wollten. Ich habe damals Fräulein Haupt darauf aufmerksam gemacht, sie gebeten, wenigstens die Entscheidung von Dornach abzuwarten, aber bei ihr das Entgegenkommen gefunden, dass der Spruch nicht zur Aufführung gelangte. Wir müssen aber annehmen, dass er wohl schon anderwärts in solcher Weise Verwendung fand, und bitten Sie zu erwägen, was dagegen etwa geschehen könnte. Es wird ja auch die Menschenweihehandlung und der Kultus der Waldorfschule selbstverständlich immer von der eurythmischen Darstellung ausgenommen.
> In herzlicher Verehrung Dr. Rittelmeyer.[235]

Ob Marie Steiner in dieser Hinsicht etwas unternommen hat, ist nicht bekannt. Friedrich Rittelmeyer fasste im Rundbrief für die Priester das Ereignis der Veröffentlichung dieses Ritualtextes folgendermaßen zusammen:

---

[235] Brief von Friedrich Rittelmeyer an Marie Steiner vom 16. Juli 1935, RStA.

> Mehrere Priester haben an mich geschrieben wegen der Veröffentlichung unseres Beichtspruches im Mitteilungsblatt. Wir sind hier auch darüber sehr erschrocken. Vielleicht hängt das Geschick, das diesen Beichtspruch getroffen hat, geistig damit zusammen, dass wir selbst ihn nicht genug hochgehalten haben. Unmittelbar nachdem ich das Blatt gelesen, läutete mich Doldinger an und teilte mir mit, dass er beabsichtige, in dieser Sache einen Brief nach Dornach zu schreiben. Was ich sonst meinerseits getan hätte, überließ ich ihm gern, zumal er leichter das Gespräch persönlich fortsetzen kann. Frau Dr. Steiners Antwort war entgegenkommend. Sie bedauert das Vorkommnis, lehnt aber ab, in der Sache noch etwas zu tun. Da aus dem Briefe von Frau Dr. hervorgeht, dass man in Dornach gar nicht weiß, was von unserer Seite in dieser weltgeschichtlichen Stunde für die Sache Dr. Steiners geschieht, habe ich die betr. Literatur mit einem persönlichen Brief noch einmal hingeschickt. Dabei habe ich noch einmal angefragt, ob man nicht doch im Mitteilungsblatt mitteilen könne, dass dieser Spruch von Dr. Steiner einem bestimmten Kreis zu einem bestimmten Zweck gegeben sei, und dass es nicht im Sinne Dr. Steiners sei, ihn anders zu verwenden.[236]

Das ist natürlich nicht geschehen. Aber man sieht, dass Rittelmeyer sich immer wieder bemüht hat, das Verhältnis zu Marie Steiner zu verbessern, ohne die Interessen und Bedürfnisse der Christengemeinschaft dabei zu vergessen.

---

236 ARB 145, Juni 1933, S. 2, ZACG, IV.4.

Die Zeit von 1933–1945

Das Problem des Verhältnisses zwischen Anthroposophischer Gesellschaft und Christengemeinschaft trat nach 1933 vor allen Dingen aus zwei Gründen in den Hintergrund: Dem Zerfall der Landesgesellschaft in Deutschland folgte das Verbot der Anthroposophischen Gesellschaft in Deutschland durch die Nationalsozialisten im Herbst 1935, und die Allgemeine Anthroposophische Gesellschaft mit Sitz in Dornach schwächte und spaltete sich selbst durch den Beschluss der Generalversammlung im April 1935, die zwei Vorstandsmitglieder Ita Wegman und Elisabeth Vreede sowie die englischen und holländischen Landesgesellschaft auszuschließen. Dieser Beschluss ist erst bei der Generalversammlung 2018 in Dornach in aller Form aufgehoben und die beteiligten Personen postum rehabilitiert worden.

Anthroposophen in Deutschland konnten keine öffentlichen Veranstaltungen mehr durchführen, anthroposophische Bücher waren verboten, und die Christengemeinschaft hatte über Jahre mit drohenden Verboten ihrer Arbeit zu kämpfen.[237]

Umso größer ist die Leistung des Goetheanum und insbesondere Marie Steiners einzuschätzen, 1938 den ungekürzten *Faust* von Goethe zum ersten Mal aufgeführt zu haben, da aus Deutschland kaum noch Mittel dafür zur Verfügung gestellt werden konnten.

---

[237] Siehe Uwe Werner, *Anthroposophen in der Zeit des Nationalsozialismus*, München 1999.

Obwohl Marie Steiner durch viele Jahre mit ihrer Bühnengruppe die Dramen Albert Steffens im Goetheanum aufgeführt hatte, kam es zwischen diesen beiden auch zum Konflikt, der sich darin äußerte, dass Marie Steiner ihre Autorenrechte am Werk Rudolf Steines einem von ihr gegründeten und vom Goetheanum rechtlich unabhängigen Verein übertrug.[238] Ihre Verständigungsappelle im Dezember 1942, 1943 und im September 1945 konnten das Zerwürfnis mit Albert Steffen und Günther Wachsmuth nicht überbrücken.[239] Das lag unter anderem daran, dass Marie Steiner das unheilvolle Wirken von Roman Boos durch ihre Haltung weiterhin unterstützte.[240]

Wenn man den sogenannten Verständigungsappell Marie Steiners liest, den sie am 12. Dezember 1942 im »Mitteilungsblatt« veröffentlichen ließ,[241] so kann man ihren ehrlichen Willen zur Versöhnung deutlich spüren. Gleichzeitig ist aber auch die ungeheure Tragik darin zu empfinden, dass dieser Appell nicht den von ihr gewünschten Erfolg haben konnte. Schon aus äußeren Gründen: Es konnten ihn mitten im Kriege nur die gegenüber der Weltgesellschaft wenigen Mitglieder der Gesellschaft in der Schweiz lesen.

Vor allem aber waren es innere Gründe. Zunächst zitiert sie Goethe: »In diesem innern Sturm und äußern Streite vernimmt der Geist ein schwer verstanden Wort: von der Gewalt, die alle Wesen bindet, befreit der Mensch sich, der sich überwindet.«

---

[238] Einen kurz gefassten Überblick über diesen sogenannten zweiten Vorstandskonflikt bietet Bodo von Plato in: *Zur Entwicklung der Anthroposophischen Gesellschaft, ein historischer Überblick,* Stuttgart 1986, S. 89ff.

[239] Ebenda, S. 96ff. und *Marie Steiner, Briefe und Dokumente,* S. 147-172.

[240] Ebenda, S. 95f.; Brief von Rudolf Meyer an Albert Steffen vom 29. Oktober 1942, AStS.

[241] *Marie Steiner, Briefe und Dokumente,* S. 147ff.

Aber es wird zunächst nicht klar, was sie damit meint, denn in Bezug auf die Konflikte in der Gesellschaft schreibt sie: »Wer nicht von Anfang an wissend alles mitgemacht hat, wird bald in ein undurchsichtiges Gewebe verstrickt und sieht Gespenster, nicht Wirklichkeiten. Er tappt im Dunkeln, die Wahrheit entzieht sich ihm.« Damit spricht sie den meisten Mitgliedern ihre Urteilsfähigkeit ab. Dann charakterisiert sie einige Ursachen für die Konflikte wie Selbsttäuschung, Verblendung, Leidenschaft, Selbstgerechtigkeit, Eitelkeit und Ehrgeiz und schreibt: »Es ist sehr lehrreich zu erleben, wie naiv oder sogar töricht übergescheite Menschen sein können, und wie unweise glänzend begabte Naturen!« Und weiter: »Nie darf die Sachlichkeit getrübt werden durch leidenschaftlich erregte Meinung, durch Sympathie, nie durch sich herandrängendes, emotionell aufpeitschendes Gerede. Das alles führt zu Trugschlüssen.« Aber durch kein Wort wird deutlich, ob sie sich und ihre Anhänger von all diesen Problemen frei fühlte oder nicht. Man braucht nur die Denkschrift von 1935 zu lesen, die von ihren Anhängern geschrieben worden ist, um zu bemerken, dass diese von den von ihr genannten Eigenschaften nicht frei waren.

> Wir stehen als Gesellschaft vor der Frage von Sein oder Nichtssein. Die durch den Weltkrieg über uns hereingebrochenen Katastrophen, die Absperrung der Länder, die Verarmung usw. lassen es kaum möglich erscheinen, dass wir uns als äußere Körperschaft hinüberretten. Doch es geschehen noch Wunder. Sie geschehen, wenn die moralische Substanz eine so starke ist, dass sie das Wunder rechtfertigt. Was können wir tun um unsere moralische Substanz zu retten?
> Wir können verzeihen! Jeder kann dasjenige verzeihen, was ihm zu verzeihen obliegt. Wir können das Vergessenswerte ver-

> gessen, nicht im alten, uns zugefügten Unrecht kramen. Wir können einen Strich machen unter all die alten Geschichten, die uns zermürben und denen wir, sofern wir jung sind oder abseits leben, nicht mehr in der Lage sind, auf den Grund zu blicken. Wir können uns an das Wort halten: Was fruchtbar ist, allein ist wahr. – Wir müssen wieder zusammenarbeiten können, in Eintracht und ohne Ausschluss der uns antipathischen Menschen, – keinem, welcher der Sache und Rudolf Steiner treu ist, die Mitarbeit verwehrend; nicht uns abschließen und verrammeln vor denen, die geistige Erkenntnis suchen, wie nur Rudolf Steiner sie geben kann ...
> Retten wir sein Werk und die Menschheitskultur, indem wir uns überwinden und versöhnen, indem wir unsere Tore den Suchenden weit öffnen.[242]

Wen hatte sie konkret vor Augen, als sie schrieb? Wen stellte sie sich bei diesem Aufruf vor, was erwartete und erhoffte sie an Antworten? Kann man einfach alles erlittene Unrecht vergessen und verzeihen, ohne dass der, der es zugefügt hat, es als solches erkennt, bereut und sich entschuldigt? Kann man pauschal verzeihen? Wo und wie hat sie selber konkret und individuell verziehen, zum Beispiel Walter Johannes Stein, Eugen Kolisko und Ita Wegman, die ihr nach ihrem Empfinden Unrecht getan hatten? Hat sie der Christengemeinschaft verziehen für deren Anfangsfehler in der »Werbung« von Mitgliedern, ihren »Verrat« an Rudolf Steiner?

In der Zeit des Krieges gab es in der Schweiz nur einen Gründungspriester der Christengemeinschaft, Rudolf Meyer, der in regelmäßigem Briefverkehr mit Albert Steffen und auch mit

---

242 Ebenda, S. 150f.

Ita Wegman stand. Von und an Marie Steiner sind bisher aus dieser Zeit keine Briefe aufgetaucht.

Das vertrauensvolle Verhältnis, das Ita Wegman mit Rudolf Meyer verband, kommt besonders zum Ausdruck in einem Brief, den sie nach dem Versöhnungsappell Marie Steiners an Rudolf Meyer schrieb:

> Ascona, den 26. Januar 1943
> Sehr geehrter Herr Meyer!
> Ich danke Ihnen noch sehr für die freundlichen Wünsche zum neuen Jahr und erwidere diese aufs Herzlichste. Hoffentlich geht es Ihnen allen gut! ...
> Nun möchte ich Sie aber noch über etwas anderes fragen und Ihr Urteil hören. Sie haben wohl wie alle Mitglieder den Artikel von Frau Dr. Steiner im Mitteilungsblatt des Goetheanum gelesen, in dem sie schreibt wie in einer Art Versöhnungsstimmung – könnte man es nennen – das Goetheanum wieder zu öffnen für alle diejenigen, für die einmal das Betreten des Goetheanum unmöglich gemacht wurde. Die Urteile über diesen Artikel sind sehr verschieden. Einige sagen, es sei das gar nicht so allgemein gemeint, es sei mehr Boos, Steffen und Eymann gemeint und dass das, was einmal geschehen ist mit der Gruppe der Menschen, die zu mir gehören, gar nicht in Frage käme, weil diese Gruppe als Luft behandelt wird. Andere sagen wieder: Es sind alle Menschen damit gemeint und Frau Dr. Steiner will nun einmal eine Versöhnung in die Wege leiten, bevor sie, wie sie sagt, vor der Geistgestalt Rudolf Steiners stehen wird. Nun, sie haben diesen Artikel ganz sicher auch gelesen.
> Auf mich hat dieser Artikel einen merkwürdigen Eindruck gemacht. Ich beurteile Frau Dr. Steiner immer so, dass sie manche Dinge tut, ohne ganz irdisch dabei zu sein. Ohne Verantwor-

tung ist sie gegen etwas und ebenso ohne Verantwortung kann sie auch für etwas sein. Es fehlt ihr da die irdische Beurteilung der Dinge. So habe ich ihr Verhalten uns gegenüber damals betrachtet, als nicht mit Verantwortung durchgeführt, auch nicht einmal wissend, was für eine Verantwortung sie eigentlich trägt durch die Stellung, die sie hat, und viele ihrer anderen Artikel waren auch immer so, dass man nicht eine verantwortungsvolle Persönlichkeit, die dahinter steht, daraus ersehen konnte; wie jemand, der in der Kunst schwelgt und einmal gut und auch einmal nicht gut sein kann. Dieses Urteil hat nichts zu tun mit ihrer eigenen wahren Wesenheit.
Nun habe ich lange darüber nachgedacht: Wie soll man darauf reagieren? Es widerstrebt mir, nicht ganz ehrlich sein zu können, und ich kann es eigentlich auch nicht, weil ich diese Verantwortungsfähigkeit nicht darin fühle. Und doch denke ich auch wieder: Wäre es nicht vielleicht doch gut, ohne viel Worte zu verlieren, einmal diesen Artikel zu bejahen, nicht in der Erwartung, dass große Dinge daraus entstehen, sondern um auch einmal zu zeigen, wie wenig man erfüllt ist von nachtragenden Gefühlen.
So wäre es mir doch ein Bedürfnis, ihr Urteil zu hören. Sie waren immer derjenige, der neutral alles das, was vorgegangen ist, beurteilt hat, das habe ich immer sehr geschätzt und [so] ist Ihr Urteil für mich momentan dadurch wertvoll. Verzeihen Sie, dass ich mit so etwas an Sie herankomme. In Dornach scheinen die Wogen sehr hoch zu gehen. Ich bin froh, dass ich nicht da bin und hier in Ascona geistig arbeiten kann. Ich würde auch dieses Geistig-Arbeiten-Können hier auf keinen Fall mehr aufgeben; ich kann von hier aus ebenso gut mit Arlesheim mich verbinden, als wenn ich mich in Arlesheim selber befinde.
Ich hoffe sehr, dass die Arbeit in Zürich sich weiter gut gestaltet, hoffe auch bald wieder einmal dorthin zu kommen. Das

letzte Mal habe ich es sehr wohltuend empfunden, viele Freunde, die ich schon lange nicht gesprochen hatte, sehen und sprechen zu können.

Seien Sie, sehr geehrter Herr Meyer, mit ihrer Frau recht herzlich gegrüßt

Ihre I. Wegman

Dr. med.[243]

Dieser bisher nicht veröffentlichte Brief ist in mehrerer Hinsicht bemerkenswert: Er zeigt einerseits, dass Ita Wegman ein positives Verhältnis zur Christengemeinschaft hatte, indem sie sich mit einer für sie existenziellen Frage an einen Priester wandte, schon vorher den Kontakt gepflegt hatte und gute Wünsche für die Arbeit dieser Bewegung aussprach. Sie hat den »herrlichen Kult« der Christengemeinschaft sehr geschätzt und auch dafür gesorgt, dass die Menschenweihehandlung in Ascona regelmäßig stattfinden konnte.[244] Auf der anderen Seite zeigt dieser Brief, wie streng sie über Marie Steiner urteilte, nämlich dass dieser bei manchen ihrer Taten die Verantwortlichkeit abgesprochen werden müsse. Noch deutlicher hat sie das gegenüber ihrem Mitarbeiter Werner Pache kurze Zeit vorher in einem Brief vom 13. Januar 1943 zu dem gleichen Thema zum Ausdruck gebracht:

Der Artikel von Frau Dr. Steiner kommt mir vor, als ob sie das nicht mit Erdenbewusstsein geschrieben hat, so wie sie immer

---

[243] Brief von Ita Wegman an Rudolf Meyer vom 26. Januar 1943, ZACG, I.1.46.3

[244] Peter Selg, *Die letzten drei Jahre,* Dornach 2004, Anm. 265, S. 181; E. Zeylmans van Emmichoven, *Wer war Ita Wegman,* Bd. 2, Heidelberg 1992, S. 237.

> die Dinge macht, ohne eine Verantwortung, wie die Wirkung sein wird und ohne eine Verantwortung für das, was sie selber in früheren Zeiten hervorgerufen hat; das ist alles nicht da. Merkwürdig bin ich davon berührt. Eigentlich kann man das, was sie tut, nicht ernst nehmen. Und ich erinnere mich, dass Dr. Steiner sie auch immer in diesem Sinne beurteilt hat, obgleich durch sie natürlich manches geschehen musste. Nun, man könnte viel darüber reden, was man nicht in einem Brief schreiben kann.[245]

Mit diesem Urteil praktizierte Ita Wegman etwas, was Rudolf Steiner den Ärzten und Priestern als Aufgabe gestellt hatte: die Freiheits- und Verantwortungsfähigkeit eines Menschen beurteilen zu lernen.[246]

Der Brief zeigt auch, wie Ita Wegman schwankte, wie sie sich gegenüber dem Versöhnungsappell Marie Steiners verhalten sollte. Denn einerseits meinte sie, dass man »das, was sie tut, nicht ernstnehmen« könne. Andererseits wies sie die Warnungen ihrer Mitarbeiterinnen, auf den Appell einzugehen mit den Worten zurück:

> Ihr mit eurer Skepsis verderbt mir alles. Es ist unwichtig, was Frau Dr. Steiner in ihrem Oberbewusstsein meint. Es streckt sich mir aber aus ihren Worten eine Hand entgegen, und wenn ich diese nicht ergreife, mache ich mich schuldig.[247]

---

245 *Die letzten drei Jahre,* a.a.O., S. 126.

246 Rudolf Steiner, *Pastoral-medizinischer Kurs* (GA 318), Dornach 1973, S. 45ff. und 62ff.

247 E. Zeylmans van Emmichoven, *Wer war Ita Wegman,* Bd. 2, Heidelberg 1992, S. 233

So wird verständlich, dass sie sich an einen Menschen wandte, »der neutral alles das, was vorgegangen ist, beurteilt hat«. Diesen fand sie in Rudolf Meyer, der ihr schrieb:

> Hochverehrte Frau Dr. Wegman!
> Für Ihren Brief, den ich erst einige Tage in mir herumtragen musste, ehe ich ihn beantworten konnte, möchte ich Ihnen herzlich danken. Ich fühle ganz wie Sie die unermessliche Tragik der Situation, die ja der anthroposophischen Bewegung ein Amfortas-Schicksal fast auferlegt hat: eine Situation des Nicht-voll-Handeln-Könnens im Sinne der Weihnachtstagung, im Sinne der esoterischen Schülerschaft, weil die Gemeinschaft im tiefsten gesprengt und keine Führung da ist, die einen wahrhaften Ausdruck dessen darstellt, was in der anthroposophischen Bewegung als ganzer lebt.
> Nun kam vor Weihnachten Frau Dr. Steiners Artikel im Mitteilungsblatt. Sie können sich kaum vorstellen, welches Glück durch die Seele meiner Frau und von mir wallte, als wir diesen Brief lasen und uns zunächst sagten: Er ist so offen und bedingungslos in seiner Haltung und in seinem Appell an alle geschrieben, dass man nicht etwas dahinter argwöhnen darf. Wir sagten: Warum erst jetzt? – nachdem so viel zerbrochen ist … Aber dann stellten sich gegen einzelne Wendungen Bedenken ein: Sollte man sich zu früh gefreut haben? – Wir sagten: Es ist die größte Weihnachtsfreude, die man sich überhaupt noch vorstellen kann; auch wenn es erst ein leiser Anfang ist. Danach aber kamen nun Freunde mannigfacher Art, die alles auf die Boos (Eymann)-Steffen-Kontroverse bezogen. Steffen hat ja in den Dingen auch keinen leichten Stand jetzt, geschweige denn Dr. Wachsmuth. Es ist ja ganz gesetzmäßig, dass sich nun im Innern dieser Kreise schmerzvoll auswirken muss, was vorher

sie gegen andere gewendet haben. Nur dass die Selbstzerstörung der Anthroposophischen Gesellschaft damit immer weiter schreitet. Man könnte ja meinen, dass Frau Dr. Steiner dieses sähe, erschüttert in den Konsequenzen einsähe und deshalb nun einen radikalen, großmenschlichen Schritt täte.

Ich wollte ihr längst schreiben. Bekam es aber einfach nicht über mich. Ich weiß heute noch nicht, ob ich es tun soll. – Denn sie ist mir ein unfassliches Rätsel. Dabei hatte ich (wie früher oft) wieder in den heiligen Nächten von ihr die wunderbarsten Träume, wo ihre Wesenheit mir so erscheint, dass ich immer entwaffnet bin. Wenn Sie mich fragen, so kann ich nur sagen: Ich glaube, sie meint irgendwo den Brief im tiefsten ernst; aber ich glaube trotzdem, dass sie nicht überschaut, was er in der tiefsten Konsequenz bedeuten würde, wenn man (und auch sie) ihn ganz realisieren würde. Es könnte jedoch eine bedeutsame Wirkung haben, wenn Sie auf diesen Brief eine Antwort fänden – eine Antwort, die das voll ernst nimmt, was darin gesagt war. Selbst wenn es im Augenblick nicht zu einer »Versöhnung« führen würde, es müsste doch wenigstens eine Wirkung haben, die über diese Inkarnation hinausstrahlt. Man kann ja manches wirklich nur »sub specie reincarnationis« tun.

Man braucht sich nichts zu vergeben; man braucht auch keinen geheimen Stachel den Worten einzufügen. Man braucht nur den Brief von ihr freudig und ganz bejahen, ohne Argwohn und Nebengedanken. Ich glaube, wenn sie einmal wirklich empfände, dass bei »Anderen« auch die Treue und verantwortlich-heilige Hingabe an Rudolf Steiners Werk, das ständige Ringen um das Würdigsein gegenüber diesem Werke, das uns anvertraut ist, lebt und durch kein menschliches Missverstehen beirrt werden kann: das würde der Punkt sein, an dem sie zuerst zu einer Wandlung ihres Urteils und ihrer Haltung kommen könnte.

Deshalb bräuchte man ja nicht von heute auf morgen zusammen zu arbeiten. Das könnte man der Zukunft überlassen. Aber was soll geschehen, wenn der Krieg einmal »zuende« geht und die Seelen aus verschiedenen Ländern zum Geistestore drängen und das Werk Rudolf Steiners empfangen, es von den Schülern der Anthroposophie vermittelt haben wollen –: und dann die anthroposophische Gemeinschaft so zertrümmert, zersplittert, geschändet vor den Augen der Welt dasteht?
Falls Sie fänden, dass es einen Sinn hätte, wenn ich einmal mit Frau Dr. Steiner sprechen würde, so würde ich es ja tun; wenn man zu ihr hinkommen kann.
Ich würde ja nicht mich durch den Gedanken hemmen lassen, dass hinter dem Briefe und hinter dem Handeln von Frau Dr. Steiner keine »Verantwortungsfähigkeit« stehe. Es lebt ja in ihr und ihrem Einsatz für das Werk des Lehrers (nicht nur für die Künste) schon ein großer Ernst. Irgendwo fehlt das Organ des Erlebens der andren Menschen, des Sie-liebend-umfassen-Könnens in ihrem Ringen und Streben. Vor allem ein Tolerieren der Seelen, die karmisch auf andren Wegen und von andren Geistesorten aus an das gleiche hohe Gut der Anthroposophie heranstreben.
Es ist mir ein großer Trost, dass Sie auch mit diesem »Brief« vom Mitteilungsblatt sich so intensiv abgegeben haben. Wir dachten dabei täglich gerade an Sie und Ihre Situation. Sie werden gewiss die Worte finden, die – weil gut gewollt – auch Gutes wirken.

In herzlichem Verbundensein grüßt Sie
Ihr Rudolf Meyer[248]

---

[248] Brief von Rudolf Meyer an Ita Wegman vom 2. Februar 1943, IWA; E. Zeylmans van Emmichoven, *Wer war Ita Wegman,* Bd. 2, a.a.O., S. 233ff.

Wir haben diesen Brief hier so vollständig wiedergegeben, weil Rudolf Meyer in seiner ausgewogenen Beurteilung – er schreibt auch von den positiven Seiten Marie Steiners und distanziert sich auch von Ita Wegmans Diagnose der teilweise fehlenden Verantwortungsfähigkeit – die Schwierigkeiten und Defizite in Marie Steiners Charakter, die sich auch in ihrem Verhältnis zur Christengemeinschaft ausgewirkt haben, mit seltener Klarheit zum Ausdruck bringt. Er ermutigte Ita Wegman mit diesem Brief, ihrerseits an Marie Steiner zu schreiben, was diese mit Brief vom 15. Februar 1943 auch getan hat.[249]

Dieser Brief beeindruckte Marie Steiner sehr[250], doch bevor sie antworten konnte, verstarb Ita Wegman ganz plötzlich nach kurzer Krankheit am 4. März 1943 in Arlesheim. Noch auf dem Krankenlager hatte die Kollegin Dr. Madeleine van Deventer Ita Wegman gefragt, ob sie den Wunsch hätte, Frau Dr. Steiner nochmals zu sehen. Die Antwort war: »Warum denn? Die Tragik ist mit diesem Leben beendet. Es steht nichts mehr zwischen uns, was einem zukünftigen gemeinsamen Arbeiten für Rudolf Steiner im Wege stehen würde.[251]

In diese Richtung hatte Rudolf Meyer in seinem Brief auch gewiesen.

---

[249] siehe: *Marie Steiner, Briefe und Dokumente,* S. 151; E. Zeylmans van Emmichoven, *Wer war Ita Wegman,* Bd. 2, a.a.O., S. 236.

[250] *Marie Steiner, Briefe und Dokumente,* S. 147.

[251] E. Zeylmans van Emmichoven, *Wer war Ita Wegman,* Bd. 2, a.a.O., S. 236.

Am Lebensende Marie Steiners

Im Sommer 1947, als Marie Steiner in Beatenberg weilte und selber nicht mehr lesen und schreiben konnte, erhielt sie einen Brief von Richard Dürich, einem Lehrer und langjährigen Zweigleiter aus Braunschweig, in dem er auch Fragen nach der Christengemeinschaft formulierte. Sie diktierte am 3. September einen ausführlichen Antwortbrief:

> Zum Beispiel bei Frage 1 »Die Christengemeinschaft sei nicht die religiöse Seite der Anthroposophie« wäre zu sagen:
> Die Anthroposophie ist keine Religion, sondern ein Erkenntnisweg. Die Christengemeinschaft ist äußerlich herausgewachsen aus den Bedürfnissen junger Theologen, die bei Dr. Steiner Hilfe suchten, um ihre religiöse Überzeugung zu retten, die sie im Begriffe waren zu verlieren. Was die Kirchen gaben, konnte ihnen nicht genügen. Deshalb wandten sie sich mit der Bitte an Dr. Steiner, aus seinem Wissen der Mysterieninhalte heraus, ihnen Erkenntnismöglichkeiten zu eröffnen, die ihren Glauben wieder lebendig machen würden. Also: äußerlich [ist sie erwachsen], aus dem Ansuchen einer Gruppe von jungen Theologen; innerlich ist sie erwachsen aus den okkulten Grundlagen, die auch jene der Anthroposophie sind; aber ihre religiöse Seite ist sie nicht. Jedenfalls kann also die Antwort verschieden ausfallen, ohne unwahr zu sein.[252]

---

[252] *Marie Steiner, Briefe und Dokumente,* Dornach 1981, S. 335.

20 Jahre nach ihrem Vorwort zur Buchausgabe der Vorträge Rudolf Steiners über das Johannesevangelium in Hamburg schilderte Marie Steiner Richard Dürich das Entstehungsmoment der Christengemeinschaft im Wesentlichen unverändert. Sie meinte immer noch, dass es das persönliche religiöse Bedürfnis junger Theologen gewesen sei, die Bitte an Rudolf Steiner, »ihnen Erkenntnismöglichkeiten zu eröffnen, die ihren Glauben wieder lebendig machen würden«. Wie wir gesehen haben, ging es gerade nicht um ihre persönlichen religiösen Bedürfnisse oder ihren religiösen Glauben, sondern um die Frage, ob neben der Anthroposophie auch eine christliche Kirche in Zukunft eine Berechtigung habe. Es ist tragisch zu sehen, dass trotz allen Wohlwollens gegenüber der Christengemeinschaft, das aus dem Briefe an Richard Dürich auch spürbar wird, Marie Steiner den Ursprung der Christengemeinschaft zeitlebens nicht verstanden hat.

Ihrem Herzen stand sie nie nahe, wie es Rudolf Meyer in seinem Brief an sie vom 28.7.1927 gewünscht und erhofft hatte. Das geht auch aus einer anderen Stelle aus dem Brief an Richard Dürich hervor:

> Frage 7 »Die Handlung bei der Kremation Dr. Steiners 1925 sei auf Wunsch von Frau Dr. Steiner erfolgt«:
> Das stimmt. Die Handlung ist von Dr. Steiner selbst aus der geistigen Welt heruntergeholt. Das ist für mich das Entscheidende, was auch mich wünschen lässt, mit seinen Worten über die Schwelle geführt zu werden, vorausgesetzt, dass der amtierende Priester seines Amtes im Sinne Dr. Steiners gewaltet hat.[253]

---

[253] a.a.O., S. 336f.

Auch die Worte der letzten Ölung, der Sterbeweihe, sind wie alle Sakramente von Rudolf Steiner »aus der geistigen Welt heruntergeholt« worden, und sie hat sie trotzdem nicht für sich gewünscht.[254] Das war natürlich ihre eigene freie Entscheidung, zeigt aber, dass sie keine wirkliche innere Beziehung zur Christengemeinschaft finden konnte. Auch erkannte sie den objektiven Charakter eines Ritualvollzuges offensichtlich nicht, wenn sie die Bestattung durch die Christengemeinschaft davon abhängig macht, ob der »Priester seines Amtes im Sinne Dr. Steiners gewaltet hat«. Wer sollte das beurteilen und nach welchen Kriterien?

Noch im gleichen Jahr, 1947, gab Marie Steiner im Selbstverlag Texte Rudolf Steiners in einem Heft im Umfang von etwa 50 Seiten heraus unter dem Titel »Aus den Inhalten der esoterischen Schule«. Damit war nicht etwa die Freie Hochschule für Geisteswissenschaft gemeint, die Rudolf Steiner nach der Weihnachtstag 1923 gegründet hatte, sondern die esoterische Schule innerhalb der Theosophischen und Anthroposophischen Gesellschaft, die er vor dem Ersten Weltkrieg geführt hatte.

Dabei veröffentlichte sie auch eine Meditation, die gar nicht aus dem Zusammenhang dieser esoterischen Schule stammte, von ihr aber irrtümlich in diesen Zusammenhang eingeordnet wurde. Es handelte sich um eine Meditation speziell und aus-

---

[254] An der Menschenweihehandlung hat sie zweimal teilgenommen, weil Rudolf Steiner es veranlasst hatte: zur Gründung der Christengemeinschaft am 16. September 1922 in Dornach und zur Erhebung Friedrich Rittelmeyers zum Erzoberlenker am 24. Februar 1925 in Berlin. Weitere Gelegenheiten sind nicht bekannt geworden.

schließlich für die Priesterinnen der Christengemeinschaft, die Rudolf Steiner am 9. Dezember 1922 an Gertrud Spörri unter strengsten Kautelen übermittelt hat.[255] Sie wurde mit Brief vom 21.3.1948 von einer englischen Priesterin, Evelyn Francis, auf diesen Tatbestand aufmerksam gemacht und gebeten, dafür zu sorgen, dass bei der in Arbeit befindlichen Übersetzung dieses Heftes ins Englische diese Meditation bei der Veröffentlichung ausgelassen werde.[256] Evelyn Francis erhielt einen Monat lang keine Antwort und erneuerte dringend ihre Bitte, »dass in der englischen Übersetzung dieser Spruch ausgelassen werde. Nun ist die Übersetzung schon im Gange, und es wird jetzt notwendig, sich mit dem Übersetzer zu verständigen«.[257]
Inzwischen hatte auch der Oberlenker Gottfried Husemann in der Sache an Marie Steiner geschrieben, und Marie Steiner hat ihm mit einem diktierten Brief vom 30. März 1948 aus Beatenberg geantwortet:

> Sehr geehrter Herr Husemann,
> es tut mir herzlich leid, dass in diesem Büchlein »Aus den Inhalten der esoterischen Schule«, das von so Vielen dringend notwendig empfunden wurde, weil von der Zeit gefordert, eine Meditation hereingekommen ist, die nur Wenigen zu einem besonderen Zwecke gegeben war. Ich habe diesen Spruch tatsächlich nicht gekannt und freute mich etwas zu finden, was für die Bedürfnisse Vieler so zweckentsprechend war und durch gar

---

[255] Außer den Priesterinnen sollte sie nur von den Oberlenkern gekannt werden. Von allen anderen Priestern sollten nur die Lenker von ihrer Existenz wissen! Das wurde auch jahrzehntelang so eingehalten.
[256] Brief von Evelyn Francis an Marie Steiner vom 21.3.1948, RStA.
[257] Brief von Evelyn Francis an Marie Steiner vom 21.4.1948, RStA.

keinen Vermerk zeigte, dass er für die Priester gegeben worden ist. Wenn Sie aber nach Wegen suchen, um ihn der Allgemeinheit zu entziehen, so könnten sie keinen schlechteren wählen als den: zu bitten, dass man ihn nicht benütze. Sie können sicher sein, dass er dann erst recht benutzt wird, während, wenn man ihn ruhig an seinem Platze stehen lässt, ohne mit dem Finger auf ihn hinzuweisen, er mit viel größerer Wahrscheinlichkeit, da es jetzt so viele Meditationssprüche gibt, nur von wenigen benützt wird. Umso kräftiger dürften ihn dann die Priesterinnen, deren es ja noch nicht so viele gibt, in ihr Bewusstsein nehmen können und dadurch für ihr Willensleben umso wirksamer machen ...[258]

Wieder, wie schon 1933, benutzt sie eine distanzierende unpersönliche Form: »die Meditation ist in das Büchlein hereingekommen«. Der Vorschlag Gottfried Husemanns, öffentlich zu bitten, diese Meditation nicht zu benutzen, ist die Abwandlung einer Handhabung, die die Priester auf Anraten Rudolf Steiners im Jahre 1924 befolgt haben: Die von Rudolf Steiner den Priestern im Herbst 1921 gegebenen Meditationen, das sogenannte Brevier, war in den Händen von etwa 60 Menschen, die dann nicht Priester geworden waren. Rudolf Steiner empfahl, von diesen Menschen die Texte zurückzuerbitten. Das wurde auch versucht, führte aber verständlicherweise nicht vollständig zu dem erwünschten Ziel.

Gottfried Husemann hat in seinem Brief an Marie Steiner wohl scharf geurteilt, denn Marie Steiner bemerkte in ihrem Brief weiter:

---

[258] Brief von Marie Steiner an Gottfried Husemann vom 30. März 1948, RStA.

> Im Übrigen möchte ich Sie sehr bitten, doch auf solche Nuancen zu achten: Dr. Steiner hat wohl gesagt, dass die Meditationen ihre Wirkungen verlieren, wenn sie in unbefugte Hände kommen, und hat zur Vorsicht gemahnt, aber er hat nicht das Wort gebraucht, das Sie dafür brauchen, er hat nicht gesagt, dass sie dann schädigend wirken, und das ist doch ein großer Unterschied. Dr. Steiner würde nie eine Meditation geben, die an sich schädigend sein kann, selbst wenn Luzifer und Ahriman sie ergreifen. Und wenn Sie durch ein dogmatisches Vertreten dieser Ansicht diesen Gedanken weiter verbreiten würden, so läge hier das Schädigende. Wenn Sie aber so weitherzig werden könnten, Freude darüber zu empfinden, dass etwas, was drei Jahrzehnte lang Einigen zu ihrer Wesenserweiterung diente, nun auch in anderen Seelen Kräftigendes bewirken kann, so wäre den retardierenden Mächten wiederum ein Stachel entzogen ...[259]

Zum Schluss des Briefes wiederholte sie ihr Bedauern darüber, dass ihr das Missgeschick mit der Veröffentlichung passiert war, und sorgte dann auch dafür, dass bei der 2. Auflage dieses Heftes, die nach ihrem Tode 1949 erschien, diese spezielle Meditation nicht wieder abgedruckt wurde.

So sehr man den bedauerlichen Irrtum Marie Steiners menschlich verstehen und entschuldigen kann, weil sie selber nicht mehr lesen konnte und auf dem Notizzettel Rudolf Steiners kein Hinweis und kein Datum stand, so bleibt doch ihre moralisch-erzieherische Attitüde nicht nur menschlich sondern auch sachlich fragwürdig: denn wenn sie schon mit Recht Husemanns Meinung problematisch findet, dass eine Medita-

---

[259] Brief von Marie Steiner an Gottfried Husemann vom 30. März 1948, RStA.

tion, die für ganz bestimmte Personen und Ziele gegeben war, schädlich wirken würde, wenn sie ein anderer benutzt, so ist auf der anderen Seite ihre Sicherheit zumindest erstaunlich, mit der sie behauptet, dass sie für »andere Seelen Kräftigendes bewirken kann«.

Ebenso fragwürdig ist ihre moralische Aufforderung zur Weitherzigkeit: Wie kann man über die Folgen eines Irrtums, der ein anvertrautes esoterisches Gut betrifft, Freude empfinden, besonders wenn einem diese Aufforderung von derjenigen Person zukommt, die diesen Irrtum zu verantworten hat?

Aus der allerletzten Lebenszeit Marie Steiners gibt es noch ein für unser Thema wichtiges Zeugnis. Einer der Gründerpriester der Christengemeinschaft, Wilhelm Salewski, war in eine innere Krise geraten und ging mit dem Gedanken um, sich vom Priesteramt beurlauben zu lassen. Er hatte im Pfarrerrundbrief einen Artikel veröffentlicht, in dem er die Ansicht vertrat, dass die religiöse Arbeit der Christengemeinschaft die Vorschule für die Erkenntnisarbeit der Anthroposophischen Gesellschaft sei und deshalb der Kultus für ihre Mitglieder nicht mehr angemessen sei, wenn sie den Weg zur Anthroposophie gefunden hätten.[260] Dieser Artikel fand in den beiden folgenden Rundbriefen heftigen Widerspruch durch zwei Kollegen. Er selber aber schickte diesen Artikel in einem längeren Brief vom 31.10.1948 auch an Marie Steiner und bat sie darin um ihr Urteil: »Da es mir aber in diesen spirituellen Dingen um höchste Korrektheit zu tun ist, wäre ich Ihnen für Ihr Urteil und Ihren Rat ganz besonders dankbar.«[261]

---

[260] RB 20, vom September 1948, S. 29ff., ZACG, IV.4.

[261] Brief von Wilhelm Salewski an Marie Steiner vom 31.10.1948, RStA.

Bereits am 5. November antwortete Marie Steiner ihm aus Beatenberg mit einem ausführlichen Brief. Darin heißt es zum Verhältnis der beiden Bewegungen:

> Das ist auch der tiefste Grund, weshalb in unserer Geisteswissenschaft die zwei Bewegungen versuchen mussten, nebeneinander zu bestehen und miteinander auszukommen. Das Sakramentale musste seine lebenspendende Wirkung ausüben, aber doch mit Schleiern umhüllt bleiben. Die Anthroposophie musste die Denkerwaffen weiter schärfen, aber in ihrem Wirkungskreise auf die unmittelbare Lebensquelle bis zu einem hohen Grade verzichten. Das wird sich auf die Dauer nicht durchführen lassen, die beiden Bewegungen werden einander wieder finden müssen. Das ist die Antwort, die ich mir geben muss, wenn ich mich mühe, in den Geist Dr. Steiners einzudringen.
>
> Denn er hat nicht das Dogma gewollt, sondern das Leben. Aber ein Leben, das herausgeboren wird aus Schmerz und Erkenntnis.[262]

Diese Zeilen klingen – wie der ganze Brief – sehr versöhnlich. Das hängt auch damit zusammen, dass sie inhaltlich gar nicht auf die von Salewski angeführte Idee der »Vorschule« einging, die sie bis dahin immer vertreten hatte, sondern erstmals von der »lebenspendenden Wirkung der Sakramente« und davon sprach, dass »die beiden Bewegungen einander wieder finden müssen«. Was aber meinte sie damit, dass das Sakramentale »doch mit Schleiern verhüllt bleiben musste«? Meinte sie den

---

[262] Brief von Wilhelm Salewski an Marie Steiner vom 5. November 1948, *Briefe und Dokumente,* S. 340ff.

Schleier, der ihr selbst das Verständnis für das Sakramentale verhüllte?

Dann aber endet dieser Absatz des Briefes folgendermaßen:

> Ich kann mir nicht denken, dass es sich noch darum handelt, welche unserer Bewegungen über die andere siegt, und wie wir unsere Arbeitsgebiete voneinander abgrenzen sollen. Ich denke, wir müssen die Wege der Verschmelzung suchen: per spiritum sanktum reviviscimus.[263]

Das ist, acht Wochen vor ihrem Tode, fast das letzte Wort über das Verhältnis zwischen der Christengemeinschaft und der Anthroposophischen Gesellschaft. Es zeigt, dass sie dieses Verhältnis bis dahin als ein Konkurrenzverhältnis empfunden hat, als ob es jemals darum gegangen wäre, welche Bewegung über die andere »siegt«. Sie hat offenbar nicht denken und empfinden können, dass die beiden Bewegungen einander helfen und ergänzen können.

Wir haben gesehen, dass Rudolf Steiner schon beim ersten Theologenkurs, bei dem Marie Steiner anwesend war, davon gesprochen hat, dass auch in die anthroposophische Bewegung etwas Bedeutsames durch eine neue religiöse Bewegung kommen könnte. Wir können uns dabei zum Beispiel vorstellen, dass die Kräfte der Verehrung, der Devotion, die in der Geschichte der anthroposophischen Bewegung allzu viel und allzu stark auf Personen gerichtet war – was weder für die eine noch für die anderen heilsam gewesen ist, sondern viel zu der Problematik und den Schwierigkeiten in dieser Bewe-

---

[263] Ebenda, S. 345.

gung beigetragen haben – in die richtige Richtung, nämlich zur göttlichen Welt gelenkt worden wären, wenn nicht so viele Anthroposophen die Christengemeinschaft gemieden hätten als etwas ihrer Unwürdiges.

Auch Rudolf Steiner hat sich dagegen gewehrt, von seinen Anhängern verehrt zu werden. Zum Beispiel sagte er in dem oben zitierten Vortrag auf der Generalversammlung der Anthroposophischen Gesellschaft am 20. Januar 1914: »Ich möchte das, was ich immer möchte: dass man nicht auf Autorität hin mich verehrt, sondern ich möchte, dass man mich versteht!«[264]

Dass auf der anderen Seite die Christengemeinschaft auf die anthroposophische Bewegung angewiesen ist, weil es sie ohne die Anthroposophie nicht geben würde, und weil sie fortwährend ihre eigene Erneuerung aus der Anthroposophie empfangen kann, ist von niemandem und von keiner Seite aus jemals bezweifelt worden. Selbst Johannes Werner Klein hat sich zunächst nur von der real existierenden Anthroposophischen Gesellschaft getrennt und nicht von der Anthroposophie selber, wie wir oben gesehen haben. Das geschah erst einige Zeit später.

Mindestens ebenso problematisch wie die Rede vom »Siegen« der einen Bewegung über die andere, ist nach der anderen Seite der Satz: »Wir müssen die Wege der Verschmelzung suchen.« Wie soll man sich das vorstellen? Soll bei jeder Tagung im Goetheanum am Morgen eine Menschenweihehandlung gehalten werden? Sollen die Zweigveranstaltungen ausschließlich in

---

[264] »Mitteilungen für die Mitglieder der Anthroposophischen Gesellschaft Nr. VII, Juni 1914«, S. 24.

Kirchen der Christengemeinschaft stattfinden? Was schwebte Marie Steiners Seele vor, als sie diesen Satz diktierte?

In den Statuten der Allgemeinen Anthroposophischen Gesellschaft, die 1923 bei der Weihnachtstagung verabschiedet wurden, heißt es unter Punkt 3:

> Die im Goetheanum gepflegte Anthroposophie führt zu Ergebnissen, die jedem Menschen ohne Unterschied der Nation, des Standes, der Religion als Anregung für das geistige Leben dienen können.[265]

Auch eine praktizierende Muslimin oder ein buddhistischer Mönch muss in der Anthroposophischen Gesellschaft ihre/seine geistige Heimat finden können. Deshalb dürfen die beiden Bewegungen nicht »verschmolzen« werden.

Man kann die beiden Worte »siegen« und »verschmelzen« als weitere Beispiele der oft übertreibenden, radikalen und gewaltsamen Sprache Marie Steiners verstehen, die wir schon in den Briefen an Albert Steffen aus dem Jahre 1925 und auch später vorgefunden haben.

Diese Sprache wurde Marie Steiner in ihrem letzten Lebensjahr von einem Menschen gespiegelt, der sie in ihrer Aufgabe, das Werk Rudolf Steiners öffentlich zu machen, durch einen detaillierten Vorschlag für eine Gesamtausgabe unterstützte: Ein Jahr lang korrespondierte Ehrenfried Pfeiffer aus den USA mit Marie Steiner über diesen Plan.[266] In seinem Brief vom 8. März 1948 schrieb er unter anderem:

---

[265] Rudolf Steiner, *Die Konstitution der Allgemeinen Anthroposophischen Gesellschaft...* (GA 260a), Dornach 1966, S. 30.

[266] *Marie Steiner, Briefe und Dokumente*, S. 225–317.

Nun noch eine methodische Frage in der Behandlung von Menschen. Sie führen eine klare, nicht misszuverstehende Sprache, manchmal – wenn ich mich des Ausdruckes bedienen darf – eine recht saftige Sprache, auf der mancher ausgleitet. Dies liegt in Ihrem Wesen, und – ich kann das anerkennen – freut mich. Andererseits besteht aber auch eine pädagogische Aufgabe. Dr. Steiner sagte zu mir einmal: man könnte einem Menschen nur so viel sagen, als er vertragen und verkraften kann. Oder man müsste es so sagen, dass er es verkraften kann.
Manches, was Sie über Wachsmuth und Steffen sagen, würde diese – und Erfahrung zeigt: haben diese – nicht verkraften können ...[267]

Marie Steiner ist auf diese Charakterisierung ihrer Sprache in ihren Antwortbriefen offenbar nicht eingegangen, sodass wir nicht wissen, ob und wie sie davon berührt war. Es scheint so, als hätte es niemanden gegeben, der ihr trotz allen Respekts vor ihrer Lebensleistung und ihrer Person in dieser Hinsicht so hätte gegenübertreten können, dass sie es hätte annehmen können.

An der künstlerischen Seite ihrer Sprache hat sie zeitlebens gearbeitet und Großartiges geleistet, nicht so an der Art ihrer sozialen Wirksamkeit. Dass mancher an dieser »saftigen« Sprache »ausgeglitten« ist, liegt nicht nur an ihm.

Denn Sprache ist nun einmal nicht nur der Vermittler von Gedanken und Gefühlen, sondern auch Ausdruck des Charakters, des Temperaments, der Seele und des Geistes eines Menschen. Und ihre Sprache hat im Falle Marie Steiners viel zu den Schwierigkeiten beigetragen, die in der anthroposophischen

---

[267] Ebenda, S. 269f.

Bewegung und Gesellschaft und im Verhältnis zur Christengemeinschaft aufgetreten sind.

Die letzte Äußerung Marie Steiners zur Christengemeinschaft stammt aus ihren letzten Lebenstagen. Johannes Simon Streicher hatte ihr am 7. Dezember 1948 geschrieben:

> Es wird mir aus Deutschland berichtet, dass ein großer Teil der Priester noch gar nicht hinreichend in ihr Bewusstsein die Tatsache aufgenommen haben, dass ihnen »die geistige Substanz von Doktor Steiner aus der geistigen Welt gereicht worden ist und aus dem Erleben im Christentum«, dass aber ein anderes ist das Erleben in und mit der Anthroposophie. Nur einige wenige Priester sollen sich dieses Unterschiedes bewusst sein. Bei einer Mehrzahl mache sich heute die Tendenz geltend, den Vortrag vom Dezember 1922 in seiner eindeutigen Präzision zu entkräften.[268]

Es ist schon sehr erstaunlich, wie da vom Hörensagen das Bewusstsein in der Priesterschaft der Christengemeinschaft nach Mehrheit und Minderheit beurteilt wird. Man muss die zahlreichen Belege aus den Veröffentlichungen der Priesterschaft in den ersten 25 Jahren, dass Rudolf Steiner die geistige Substanz aus der geistigen Welt gereicht hat, vollständig missachten, um zu einem solchen Urteil zu kommen. Und wie will man das Verhältnis zwischen einer vermeintlichen Mehrheit und Minderheit feststellen, wenn es nie auf einer Synode zu einer Abstimmung über diese Frage gekommen ist? Der letzte Satz dieses Zitates bezieht sich wahrscheinlich auf die Bemühungen

---

[268] *Marie Steiner, Briefe und Dokumente,* a.a.O. S. 344.

von Emil Bock und Gottfried Husemann, nach dem Zweiten Weltkrieg im Zusammenhang mit dem Neuaufbau der deutschen Landesgesellschaft bei den führenden Anthroposophen ein Bewusstsein dafür zu erwecken, dass der Vortrag vom 30.12.1922 nicht die einzige Urteilsgrundlage sein könne, um zu einem wirklichen Verständnis des richtigen Verhältnisses der beiden Bewegungen zu kommen. Dem diente eine Zusammenstellung von vielen Zitaten aus dem Werk Rudolf Steiners, die als private Vervielfältigung zahlreichen Anthroposophen zur Verfügung gestellt wurde.

Marie Steiner antwortete Doktor Streicher aus Beatenberg am 17. Dezember 1948 unter anderem:

> Und was Sie von den Priestern sagen, ist eine Realität. Sie haben den größten Zuspruch und alle Chancen, sich an die Stelle der Anthroposophischen Gesellschaft zu setzen. Sie versuchen auch entschieden, das zu erreichen, was sie erwähnen: nämlich jenen Vortrag vom Dezember 1922 zu entkräften. Darauf würde ich nie eingehen, überhaupt nicht darüber diskutieren. Aber soweit die sehr erfolgreiche Tätigkeit der Priester sich auf positive Arbeit stützt, muss ich sie gelten lassen. Bei dem Wägen und Abwägen dieser Probleme ist mir aufgegangen, dass einmal der Moment kommen könnte, wo beide Bewegungen nicht Konkurrenten zu sein brauchen werden, sondern die Erkenntnisse der Anthroposophie sich mit einem zur Erkenntnis gewordenen Kultus in natürlicher Weise vielleicht werden verbinden können. Ein Zukunftsideal natürlich.[269]

---

[269] *Marie Steiner, Briefe und Dokumente,* a.a.O., S.344f.

Diese Äußerung Marie Steiners aus einem ihrer letzten Briefe, zehn Tage vor ihrem Tode, macht noch einmal das ganze Problem deutlich: Sie beharrte auf ihrer einseitigen Interpretation des Vortrages vom 30.12.1922, übersah dabei die Relativierungen[270] der zum Teil einseitigen Äußerungen innerhalb dieses Vortrages selber und verweigerte grundsätzlich einen Dialog mit den Priestern über diese Frage.

Auch ihre Vorstellung von der Konkurrenz zwischen beiden Bewegungen tritt wieder hervor – bis hin zu dem Gedanken, die Christengemeinschaft könne sich »an die Stelle der Anthroposophischen Gesellschaft setzen«.

Ob sie sich eine klare Vorstellung davon gebildet hat, wie dies geschehen könne? Bei der umfassenden Aufgabe der Anthroposophie, alle Lebensgebiete durch geistgemäße Ideen zu befruchten, und der speziellen Aufgabe der Christengemeinschaft, religiöse Erneuerung zu pflegen, erscheint diese Vorstellung nicht gerade wirklichkeitsgemäß.

Die Formulierung »soweit die sehr erfolgreiche Tätigkeit der Priester sich auf positive Arbeit stützt, muss ich sie gelten lassen« zeigt auch noch einmal, dass die Christengemeinschaft und ihre Tätigkeit dem Herzen Marie Steiners nicht nahelagen. Aber immerhin muss sie sie gelten lassen. Woran erkannte sie im fernen Berner Oberland die »sehr erfolgreiche Tätigkeit der Priester« bei den damals sehr eingeschränkten Kommunikationsmöglichkeiten, und wie könnte man beurteilen, ob erfolgreiche Tätigkeit sich auf positive Arbeit stützt? An solchen Fragen kann man sehen, dass es guten Grund und tiefe Notwendigkeit für einen weiteren Dialog gegeben hätte, für

---

[270] Etwa das Motiv von Blut und Nerv oder der Teilnahme von Anthroposophen am Kultus als Berater und Helfer.

den es aber trotz Marie Steiners versöhnlicher Stimmung keine reale Gelegenheit mehr gegeben hat.

Wir wollen aber auch nicht übersehen, dass Marie Steiner in ihren letzten Lebensjahren nicht nur gegenüber der Christengemeinschaft versöhnlicher dachte und empfand, sondern auch in Bezug auf die »Denkschrift« und den Ausschluss von 1935 anders urteilte. So schrieb sie in einem Brief an Marie Groddeck vom 23. Februar 1948 davon, sie könne sich »natürlich nicht davon freisprechen, einen großen Fehler begangen zu haben«.[271] Und in einem Brief an Johann Simon Streicher vom 27.2.1948 schrieb sie: »Das Ergebnis meines Studiums der Denkschrift war, dass mich der Ekel überfiel und ich mir sagte: lieber unsere eigenen Fehler eingestehen, als jetzt die Lektüre dieses Schriftstücks anempfehlen«.[272] Und sie unterstützte einen Antrag von Emil Leinhas zur Generalversammlung am 28. März 1948, die Beschlüsse von 1935 aufzuheben, da sie »den Ausschluss von damals als einen Fehler« ansah.[273]

---

271 Brief an Marie Groddeck vom 23. Februar 1948, RStA.

272 Brief von Johann Simon Streicher vom 27. Februar 1948, RStA.

273 Emil Leinhas, *Einige Gesichtspunkte zum Verständnis ...*, Privatdruck. Stuttgart Januar 1964, S. 85.

Das Rätsel der Beziehung Marie Steiners zur Christengemeinschaft

Wenn man all diese Ereignisse, Äußerungen und Handlungsweisen überblickt, die sich auf das Verhältnis Marie Steiners zur Christengemeinschaft beziehen, so kann sich die ganze Angelegenheit zu einigen Kernfragen verdichten:

- Wie ist das alles möglich gewesen?
- Wieso hat Marie Steiner kein inneres Verhältnis zur Bewegung für religiöse Erneuerung gewinnen können?
- Warum hat diese großartige und starke Frau, die so unendlich viel für die anthroposophische Bewegung geleistet hat, den Impuls der religiösen Erneuerung, von dem sie wusste, dass er aus derselben Quelle wie die Anthroposophie stammte, nicht wirklich würdigen und lieben können?

Eine Annäherung an Antworten zu diesen Fragen ist sicher nur möglich, wenn wir im Sinne Rudolf Steiners »Schichtenurteile«[274] zu gewinnen suchen.

Eine erste Schicht betrifft ihr Verhältnis zu Religion an sich. Ihr Abscheu vor den ihr bekannten Formen des Christentums, zum Beispiel der Beichte, sind zwar nach den von ihr geschilderte persönlichen Erfahrungen nachvollziehbar, hinderten sie aber daran, das gänzlich Neue an der Christengemeinschaft

---

[274] Ernst Lehrs, *Gelebte Erwartung*, Stuttgart 1979, S. 10f., da auf die Person Edouard Schurés bezogen.

wirklich wahrzunehmen und als notwendig anzuerkennen. Praktizierte Religion in Gemeinschaft stand ihrem Herzen nicht nahe.

Eine weitere Schicht zeigt sich in ihrer Neigung, in der Kategorie von »Entweder – Oder« zu denken: Wir sind nicht herrschsüchtig – aber die anderen. Dabei erscheinen die Begriffe »wahr« und »Wahrheit« wie Schlüsselworte, die immer wieder in Polarität zu den Aussagen und Handlungsweisen anderer Personen auftreten. Was sie als Wahrheit empfand, konnte sie kaum relativieren durch das, was ihr von außen entgegenkam. Diese Polarisierungstendenz drückt sich auch darin aus, wie sie den Vortrag vom 30. Dezember 1922 interpretierte: Entweder Christengemeinschaft oder Anthroposophische Gesellschaft; entweder religiöser oder kosmischer Kultus. Ihr Denken nahm auf diese Weise leicht einen dogmatischen Charakter an, obwohl ihr alles Dogmatische zuwider war, wenn es ihr von außen entgegentrat. Ihr fehlte im Denken bei diesem Thema »das Übergängliche, das Milde«.[275]

Eine dritte Ebene liegt in ihren Vorstellungen und Vermutungen, z.B. dass die Priester zu ihrer Synode nach Dornach kommen, »empfindet sie als Politik, als Unehrlichkeit, als List, um die Menschen zum Glauben zu bringen, es herrsche das beste Einverständnis«. Das Vermuten konnte sich auch zum Misstrauen steigern, wie gegenüber der Tagung von Emil Bock und Karl König, bei der diese wohl »unanthroposophisch« über Probleme der Sexualität sprechen würden. Dass sie diese beiden tüchtigen Anthroposophen öffentlich an den Pranger stellte, bevor sie Berichte oder gar diese selbst gehört hatte, zeigt ihren Mangel an Unbefangenheit und Positivität. Rudolf

---

[275] Vgl. J.W.v. Goethes Gedicht »Wohl zu merken«.

Meyer hat in seinen beiden von uns zitierten Briefen diesen Mangel deutlich gesehen und zum Ausdruck gebracht.

Eine weitere Ebene liegt in ihren ausgeprägten Sympathien und Antipathien. Sie hielt trotz seiner psychischen Labilität und trotz seines polarisierenden Wirkens 16 Jahre lang (von 1926–1942) an Roman Boos fest, dem Rudolf Steiner das Betreten des Goetheanum 1921 verboten hatte,[276] fühlte sich aber von den »stößigen Holländerinnen« und dem »eingeseiften Wachsmuth«, die ihr Rudolf Steiner als Mitarbeiter und Kolleginnen und Kollegen an die Seite gestellt hatte, abgestoßen. Friedrich Doldinger genoss als Künstler ihre Sympathien, zu Friedrich Rittelmeyer fand sie nie einen wirklichen Kontakt.

Eine wesentliche und wirksame Schicht liegt auch in einer gewissen Kampfmentalität ihrer Seele. Das zeigt sich nicht nur in ihrer schon öfter erwähnten harten, radikalen Sprache, wenn sie von »Kampf«, »Sieg«, »Rückzug«, »Untergang«, »Scheiterhaufen« und »Opfer« sprach oder schrieb, obwohl sie die martialische Sprache der jüngeren Anthroposophen kritisierte,[277] sondern auch in ihrer Auffassung vom Verhältnis zwischen Christengemeinschaft und anthroposophischer Bewegung, das sie als Konkurrenzverhältnis sah, »welche Bewegung über die andere siegt«.

Gleichzeitig war sie in ihrer künstlerischen Natur leicht verletzlich und konnte mit Kritik von außen offensichtlich nicht gut umgehen, was sich zum Beispiel darin zeigte, dass sie auf den Brief Friedrich Rittelmeyers zu ihrer Herausgabe von *Mein Lebensgang* im Sommer 1925 und auf Rudolf Meyers Brief vom

[276] Von Rudolf Meyer an Rudolf Gädeke mündlich überliefert.

[277] Im Aufsatz »Unsere Katharsis« im Nachrichtenblatt vom 28. März 1926.

Juli 1927 nicht eingegangen ist; und darin, dass sie Walter Johannes Steins Erklärung, sie habe wohl etwas vergessen, zum Vorwurf der Lüge uminterpretierte.

Merkwürdig hin und her gerissen war sie in ihrer Haltung zu ihrer Position als Mitglied des Vorstandes der Allgemeinen Anthroposophischen Gesellschaft. Einerseits zeigte sie immer wieder Neigung zum Rückzug aus dieser Verantwortung (*der Vorstand ist ein Nichts, ich muss mich auslöschen, ich will mich auf meine Sektionsarbeit beschränken, ich will nicht mehr unmittelbar leitend tätig sein, meine Gesundheit und mein Alter erfordern meinen Rückzug*), andererseits ließ sie sich immer wieder bitten, doch auf ihrem Posten zu bleiben. Sie konnte und wollte an vielen Sitzungen des Vorstandes nicht teilnehmen, verlangte aber, in alle Entscheidungen einbezogen zu werden. Man kann sich vorstellen, was das für die Arbeitsfähigkeit des Vorstandes einer Weltgesellschaft bedeutet hat.

Ein eindrucksvolles Bild für diese schwankende, ambivalente Haltung ist ihr Verhalten bei der Generalversammlung der Gesellschaft am 14. April 1935, in deren Verlauf der erwähnte Ausschluss von Ita Wegman, Elisabeth Vreede und anderen Mitgliedern aus der Gesellschaft beschlossen wurde, der besonders auf ihr Betreiben hin geschah: Marie Steiner saß nicht im Saal des Goetheanum bei den anderen Vorstandsmitgliedern, sondern »mit ihrer Gruppe von Schauspielern in der Tiefe der Bühne – also vom großen Saal aus nicht zu sehen – jedoch gut von meinem Bühnenplatz« und ließ zweimal einen Zettel herausreichen, durch dessen Verlesung sie in die Verhandlung eingriff.[278]

---

[278] Brief von Dr. med. Beate Rust-Gottheil an Margarethe Kübel vom 10.1.2004,

Man stelle sich das bildhaft vor Augen: Im großen Saal des Goetheanum ist der Bühnenvorhang geöffnet, damit die große Zahl der Teilnehmer (über 1800)[279] auch auf der Bühne Platz findet, und seitlich in einer Gasse zwischen den Schals der Soffitten, unsichtbar für die Teilnehmer im großen Saal, sitzt Marie Steiner inmitten ihrer Schülerinnen und Schüler, die ihre Reaktionen aufmerksam registrieren und die von ihr beschriebenen Zettel weiterreichen, letztlich an den Versammlungsleiter Günther Wachsmuth. Ein Bild von Rückzug und verdeckter Einmischung zugleich.

In dem Verständigungsappell vom Dezember 1942 rief sie zum Verzeihen auf. Vielleicht war es ja auch ein Selbstaufruf und beruhte auf der Einsicht, dass sie es damit selber schwer hatte: in Bezug auf den Kirchenbau in Stuttgart hatte sie geäußert, »was gefehlt worden sei, ließe sich nicht mehr gut machen«.

Und eine Spende Emil Bocks für den Bau des Goetheanum nahm sie nicht an. Und noch zehn Jahre nach dem Tode Rudolf Steiners ließ sie die Verfasser der Denkschrift ihren Vorwurf gegen Ita Wegman öffentlich machen, sie habe sie 1925 nicht rechtzeitig von der Verschlechterung im Zustand Rudolf Steiners benachrichtigt, und sie sei deshalb erst nach dem Tode ihres Mannes in Dornach eingetroffen. Sie glaubte nicht, dass Ita Wegman ihr die Wahrheit gesagt hatte mit ihrer Schilderung der Umstände in den Stunden vor dem Tode. Zehn Jahre später unterstellte sie Ita Wegman immer noch, sie absichtlich fern-

IWA; und E. Zeylmans v. Emmichoven, *Wer war Ita Wegman, Bd. 3,* a.a.O., S. 159 und 435.

[279] Ebenda, S. 347.

gehalten zu haben. Vielleicht steht hinter ihrem Aufruf zum Verzeihen auch ihre eigene Bemühung darum, die sie nur nicht als persönliche Geste Ita Wegman gegenüber zum Ausdruck bringen konnte.

Aber es gibt noch eine grundsätzlich andere Schicht im Rätsel ihres Schicksals, die ich nur in aller Vorsicht berühren möchte. Wilfried Hammacher hat sie ausführlich in seinem Buch über Marie Steiner entwickelt.[280] Diese Schicht hängt mit den Mysteriendramen Rudolf Steiners zusammen. Man kann und darf zwar nicht sagen, dass die Gestalten dieser Dramen mit historischen Persönlichkeiten identisch seien. Aber Rudolf Steiner hat selber deutlich gemacht, dass bestimmte historische Personen Vorbilder für die Gestalten dieser Dramen für ihn waren. Und für den, der sie auf der Bühne erlebt, wird unmittelbar evident, dass in den Gestaltern des Benediktus und der Maria vieles von dem erscheint, was zwischen Rudolf und Marie Steiner Wirklichkeit war. Das hat Wilfried Hammacher, der Jahrzehnte in diesen Dramen selber mitgespielt und sich intensiv mit ihnen auseinandergesetzt hat, in seinem Buche deutlich herausgearbeitet.

Schon im ersten Drama *Die Pforte der Einweihung* im dritten Bild sagt Maria zu Benediktus:

»Ich bin mir immer mehr ein dunkles Rätsel.
Du kannst mir wehren nicht die bange Lebensfrage:
Warum verderb' ich Freund und Kind,
Wenn liebend ich das Werk versuch'

---

[280] Wilfried Hammacher, *Marie Steiner, Lebensspuren einer Individualität*, Stuttgart 1998.

An ihnen zu verüben,
Das mich die Geistesweisung
Als gut erkennen lässt im Herzen?«

In seiner nun folgenden Antwort weist Benediktus in einer langen Rede Maria darauf hin, dass sie durch ihr Schicksal ausersehen ist,

»Zum Mittler für den Geist,
Der Wirkenskraft erlangen sollte
Durch unsre Menschenwelt.
Und nun begreife, dass dein Wesen
Sich wandeln muss zum Gegenbild,
Ergießt aus dir es sich in andre Wesen.
Der Geist in dir, er wirkt in allem,
Was für das Reich der Ewigkeit
An Früchten reifen kann im Menschenwesen.
Ertöten muss er darum vieles,
Was nur dem Reich des Zeitenseins gehören soll.«[281]

Kurz darauf verfällt Maria in eine kalte Starre und »ihr Selbst entschwebt in Geistersphären«. Es folgt die sogenannte Fluchsszene, in der ein Widersacherwesen durch sie spricht. Und Benediktus erläutert seinem Schüler Johannes, der diese Szene miterlebt hat:

»Weil Geister dir so oft
Aus ihrem Mund gesprochen,
Ersparte dir das Weltenkarma nicht,

---

[281] Rudolf Steiner, *Vier Mysteriendramen* (GA 14), Dornach 1962, S. 58ff.

Den Höllenfürsten auch
Durch sie zu hören.«[282]

Wie durch Maria göttliche Weisheit sprechen kann,[283] so auch in besonderen Zuständen das Gegenteil. Aber das hindert nicht, dass Maria am Ende des Dramas bewusst im Geisterlande, im Sonnentempel weilen kann.

Nun wäre es zu billig und zu platt, wenn man sagen würde, Marie Steiner sei wie die Maria im Mysteriendrama. Und dennoch trägt sie eindeutig Züge dieser Zwiespältigkeit in sich: Einerseits ist unbestreitbar, dass ganz wesentlich durch sie Anthroposophie auf Erden Fuß fassen konnte; andererseits kann man nicht übersehen, dass durch ihre irdische Persönlichkeit manches geschehen ist, vor allem im Bereich des sozialen Miteinander, was der Entfaltung der Anthroposophie in der Welt hinderlich war.

Mit dem Hinweis auf das Mysteriendrama haben wir uns schon angenähert an die tiefste Schicht, die durch die Anthroposophie wenigstens anfänglich erschlossen worden ist: der Gedanke der wiederholten Erdenleben und des Schicksalsgesetzes. Wenn man annimmt, dass es eine wesentliche Aufgabe der anthroposophischen Bewegung ist, Menschen unterschiedlichster geistiger Herkunft zusammenzuführen zur gemeinsamen Arbeit an der Menschheitsentwicklung – und nichts Geringeres hat Rudolf Steiner als ein Ideal hingestellt –, dann kann auf manches Schicksalsrätsel ein Licht fallen. Rudolf Steiner hat

---

282 Ebenda, S. 64.

283 Hierhin gehört auch die überlieferte Bemerkung Rudolf Steiners, Marie Steiner sei »ein kosmisches Wesen«, siehe Hammacher, a.a.O., S. 138f.

selber solche Menschengruppen beschrieben, die sich in der Anthroposophie finden sollen: Aristoteliker und Platoniker; Individualitäten, die schon viele oder erst wenige Inkarnationen durchgemacht haben; Menschen mit oder ohne eine wesentliche Inkarnation in der Zeit des Christentums usw. Marie Steiner war sich bewusst, dass die Zusammenführung dieser »Strömungen« eine wesentliche Aufgabe war, die sie in ihrem bereits erwähnten Brief an Richard Dürich vom 3. September 1947 folgendermaßen formulierte:

> Der esoterische Vorstand hätte eine bedeutsame Aufgabe dadurch erfüllen können, dass er die verschiedenen Geistesströmungen, deren Repräsentant er unzweifelhaft karmisch war, in schönen Zusammenklang gebracht hätte.[284]

Was die fünf Persönlichkeiten des Vorstandes nach Rudolf Steiners Tod nicht geschafft haben, das ist auch trotz vieler Bemühungen in der Mitgliedschaft der Gesellschaft nicht erreicht worden. Einzig Rudolf Steiner hat in seinem letzten Lebensjahr seit der Weihnachtstagung 1923/24 die divergierenden Persönlichkeiten und Gruppen zusammenführen können.

Stellen wir uns vor, ein mittelalterlicher Kaiser, ein Bettelmönch, ein arabischer Gelehrter aus dem maurischen Spanien, ein griechischer Bildhauer der klassischen Zeit, ein Gralssucher des neunten Jahrhunderts, ein Kirchenlehrer des frühen Christentums, ein römischer Caesar, ein Führer aus dem Bauernkrieg, ein Lehrer aus der Schule von Chartres, ein Humanist aus der Zeit der Renaissance, ein feuriger Reformator oder eine heidnische Priesterin, eine römische Sibylle, eine gebildete griechische

---

[284] *Marie Steiner, Briefe und Dokumente,* S. 334.

Hetäre, eine stigmatisierte Nonne, eine gebildete Äbtissin, eine neuplatonische Philosophin, eine als Hexe verbrannte heilkundige Frau, ein Großmeister des Templerordens, ein spanischer Großinquisitor und seine Opfer, die alle auf ihre Weise hohe Ideale hatten und Geistsuchende waren, sollten sich im 20. Jahrhundert zu gemeinsamen Taten zusammen finden! Es ist doch ganz einleuchtend, dass die Verwirklichung dieser ungeheuren Aufgabe nicht gleich beim ersten Versuch gelingen konnte!

Kann man nicht nachempfinden, wenn Täter und Opfer in Glaubenskriegen und Ketzerprozessen in einem folgenden Leben nichts mehr mit Kirche zu tun haben wollen? Woher sonst sollte die tiefe Abneigung gegen organisierte Religion stammen, die im 20. Jahrhundert so deutlich hervortritt?

Kommen wir zu Marie Steiner zurück: Wenn man als Hypothese annimmt, was Wilfried Hammacher als Inkarnationen dieser Individualität seinem Buche zugrunde legte, dann ist es sehr plausibel und zutiefst verständlich, dass eine hochgebildete und geachtete Philosophin der Spätantike, die auf Betreiben eines fanatischen und machtbesessenen christlichen Erzbischofs vom Pöbel einer Großstadt in einer christlichen Kirche buchstäblich mit Händen leiblich zerrissen worden ist, in einem späteren Leben zu Kirche, Priestern und Kultus keine tiefere, innere Beziehung finden konnte. Und von diesem Gesichtspunkt aus wird auch verständlich, warum es in der Anthroposophischen Gesellschaft so viele bedeutende und tüchtige Mitglieder geben kann und muss, die keine Beziehung zur Christengemeinschaft eingehen können oder wollen.

All diese Elemente einer Antwort erheben nicht den Anspruch, das Schicksalsrätsel, das im Verhältnis Marie Steiners zur

Christengemeinschaft waltet, vollständig klären zu können. Wir können aber sicher davon ausgehen, dass dieses Schicksal wesentlich bestimmend war für das Verhältnis zwischen der Anthroposophischen Gesellschaft und der Christengemeinschaft im Ganzen. Dieses Verhältnis hat sich in den 70 Jahren seit dem Tod Marie Steiners, besonders seit den 80er Jahren des 20. Jahrhunderts in positiver Weise verwandelt.

Ausblick

Diese Entwicklung liegt nicht mehr im thematischen Rahmen dieser Schrift, verdient es aber durchaus, einmal in einer besonderen Arbeit anhand der Dokumente dargestellt zu werden. Sie soll hier nur kurz auf ganz persönliche Weise skizziert werden, da ich sie selber zu großen Teilen miterlebt habe.

Schon in meiner Kindheit und Jugend, die ich in einem Pfarrhaus der Christengemeinschaft und in der Waldorfschule erlebt habe, fühlte ich – auch bei Menschen aus meiner Verwandtschaft – die Distanz, die manche Anthroposophen zur Christengemeinschaft einhielten. Als ich dann vom 18. Lebensjahr an begann, mich mit Rudolf Steiners Schriften zu beschäftigen, und besonders, als ich mit 21 Jahren zum ersten Mal als Bühnenhelfer nach Dornach kam, wurde mir immer klarer, dass das Verhältnis zwischen den beiden Bewegungen voller Fragen und durchaus problematisch war. Da meine Eltern in beiden Bewegungen aktiv darinnen standen, konnte ich das zunächst nicht verstehen.

Damals waren die beiden letzten Vertreter des Ur-Vorstandes der Gesellschaft, Albert Steffen und Günter Wachsmuth, zwar schon verstorben, aber ich konnte noch viele Anthroposophen der ersten Generation dort erleben. Vor allem überraschte mich die erstaunliche Tatsache, dass die Bücher und Vorträge Rudolf Steiners, die als Teile der Gesamtausgabe damals schon erschienen waren, in der Buchhandlung im Goetheanum nicht zu erhalten waren, sondern nur 100 Meter weiter in dem Gebäude, in dem sich damals der Nachlassverein befand. Außerdem fiel mir auf, dass im sogenannten Urnenraum zwar die Urne Rudolf Steiners stand, diejenigen von Marie Steiner, Ita Wegman, Albert Steffen und Elisabeth Vreede jedoch fehlten. Die distanzierende Dreiheit der Institutionen Goetheanum (Albert Steffen), Nachlassverein (Marie Steiner) und Klinik in Arlesheim (Ita Wegman) trat mir deutlich vor Augen.

Als ich dann meinen Vater nach den Hintergründen fragte, der zu Weihnachten 1930 die Generalversammlung in Dornach selber miterlebt hatte, bei der das Zerwürfnis innerhalb des Vorstandes öffentlich deutlich zutage trat, erzählte er mir so ausgewogen und unparteiisch von der Geschichte der Gesellschaft, dass mir die Tragik dieser Angelegenheit zum deutlichen Erlebnis wurde. An eines erinnere ich mich ganz konkret: Er sagte, Marie Steiner habe nach dem Tode Rudolf Steiners in einer Karfreitagsstimmung gelebt, Ita Wegman aber in einer Osterstimmung, und beide hätten sich entsprechend verhalten. So konnte ich beide Haltungen verstehen und in ihrer relativen Berechtigung empfinden.

Als junger Pfarrer, Mitglied der Gesellschaft und der Hochschule habe ich dann schmerzlich die Differenzen wahrgenommen, die zwischen den beiden Bewegungen bestanden. Ich begann dann in den siebziger Jahren intensiv mit dem Studium der Quellen, die sich auf dieses Problem beziehen und der Schriften und Veröffentlichungen, die bis dahin zu dem Thema Anthroposophie und Christengemeinschaft erschienen waren. Ich sah deutlich deren Unzulänglichkeit, die nicht nur in einseitigen Gesichtspunkten, sondern auch in einer zu schmalen Quellenbasis bestand. In zwei Gesprächen, die mein Bruder Rudolf und ich Ende der 70er, Anfang der 80er Jahre in Dornach mit Manfred Schmidt-Brabant geführt haben, erfuhren wir, dass auch er eine gediegene Aufarbeitung des Problems für wünschenswert hielt. Doch damals dachte ich als im Beruf stehender Pfarrer mitten in der Familienphase nicht daran, dass ich selbst diese Arbeit leisten könnte.

Im Sommer 1981 mussten wir wegen Erkrankung der Kinder auf eine Urlaubsreise verzichten, und da kam ich auf die Idee, die geschenkte freie Zeit zu nutzen und einfach einmal anzufangen. Ich konnte meine Brüder Wilhelm und Rudolf zur Mitarbeit gewinnen, und so entstand die Studie »Anthroposophie und die Fortbildung der Religion«, die wir etwa 40 Anthroposophen zur Prüfung vorlegten, und in die deren Anmerkungen eingearbeitet werden konnten. Nach langen, vergeblichen Bemühungen, diese Arbeit in einem der renommierten anthroposophischen Verlage, die sie wie eine heiße Kartoffel behandelten, erscheinen zu lassen, hatte schließlich Wolfgang Weirauch vom Flensburger Hefte Verlag den Mut, sie 1990 herauszugeben. Obwohl diese Studie selbstverständlich Mängel hat (zum Beispiel konnten damals die Zitate aus den Theologenzyklen Rudolf Steiners noch nicht wörtlich wiedergegeben werden, und viele Bände der Gesamtausgabe waren damals noch nicht erschienen), so hat sie doch durch eine umfassende Dokumentation der Quellen dazu beigetragen, die damals noch weit verbreiteten einseitigen Interpretationen des Vortrages vom 30. Dezember 1922, die wesentlich zu den Spannungen und Problemen zwischen den beiden Bewegungen beitrugen und die Marie Steiner dezidiert vertreten hatte, zu relativieren und zu korrigieren.

Ebenfalls in den 80er Jahren begannen auch regelmäßige jährliche Treffen und Gespräche zwischen den Leitungen der Allgemeinen Anthroposophischen Gesellschaft und der Christengemeinschaft, dem Vorstand und dem Siebenerkreis, die im Laufe der Jahre und des unvermeidlichen Generationenwechsels zu einem gegenseitigen Verständnis und zu einer Entspannung des Verhältnisses führten. Das zeigt sich unter anderem darin, dass heute in örtlichen und regionalen Mitteilungsblättern und Kulturkalendern der anthroposophischen Bewegung die Veranstaltungen der Christengemeinschaft selbstverständlich aufgenommen sind, was früher undenkbar war.

So überwiegt heute nach meiner Wahrnehmung ein wohlwollendes, bisweilen freundschaftliches Nebeneinander und Miteinander im Bewusstsein einer gemeinsamen Verantwortung für das Geistesleben der Menschheit.

Diese friedliche Gemeinsamkeit bei unterschiedlicher Aufgabenstellung ist ganz gewiss im Sinne Rudolf Steiners und Ita Wegmans und inzwischen sicher auch im Sinne von Marie Steiner, deren Impulse der Versöhnung in ihren letzten Lebensjahren in der Sphäre des Nachtodlichen und künftiger Erdenleben ihre Erfüllung finden werden.

Anhang

Aufsatz von Dr. med. Karl König in der Zeitschrift
»Der Pfad Zeitschrift für die Gestalt der Zukunft«, VII. Jg.,
August/September 1930

Geburtenregelung als Problem der Geburt

Die folgenden Zeilen erheben nicht den mindesten Anspruch darauf, für eine heutige soziale Gesamteinstellung und Allgemeinaufgabe richtungsweisend zu sein. Die Einstellung der Einzelpersönlichkeiten zur Sozietät und der Volksbeauftragten (seien sie es geistig oder wirtschaftlich) zu ihrer Arbeit für das Gesamtwohl, sind in eine so schiefe und abstrakte Situation geraten, dass Praxis und Theorie in ununterbrochener Folge verwechselt werden. Was heute auf dem Gebiet der sozialen Fürsorge zum Beispiel geleistet wird, ist so durchaus theoretisch, dass es die schwerwiegendsten praktischen Folgerungen nach sich zieht. Andererseits ist so vollkommen eine gesunde Lebenspraxis verloren gegangen, dass nur in langer intensiver Arbeit, aus einer reinen Erkenntnis der Wahrheit, nicht aus einer Kombination des Scheines heraus, wie es die heutige Wissenschaft tut, eine neue wahrhafte Praxis erworben werden kann. Nicht mehr Gesetze und Verordnungen können menschliche Verhältnisse bestimmen, wenn diese Menschen im Zeitalter der inneren Freiheit leben. Deshalb können auch soziale Maßnahmen erst dann ihre praktische Wirkung erreichen, wenn jeder einzelne im langen Erkenntnisweg die Wahrheit gefunden hat und den Willen bezeigt, dieser Wahrheit gemäß zu handeln. So sind also die folgenden, skizzenhaften Ausführungen nichts anderes, als der Versuch, das Problem der Geburtenregelung einmal nicht von irgendeinem Standpunkt aus anzusehen, sei er nun national oder international, militaristisch oder sozialistisch oder paneuropäisch, sondern das Problem der Geburtenregelung einmal von dort aus zu betrachten, woher es allein betrachtenswert erscheint. Dort wo die Geburt selbst als Problem erscheint, darf auch Geburtenregelung sich zeigen. Nirgend anders. Deshalb sind die folgenden Zeilen nicht theoretisierende Praxis, sondern praktische Theorie. Wer sich nach ihr richten will, kann es nur aus innerer Freiheit, aus Bekenntnis Mut tun.

1

Das Problem der Geburtenregelung ist nicht eines, das aus der heutigen Zeit geboren wurde. Es ist so alt, so alt die Bevölkerungspolitik ist. Diese aber hat ihren Ursprung und ihre ersten praktischen Durchführungen in der Zeit erfahren, in welcher die europäische Menschheit beginnt, sich über sich selbst hinaus zu erweitern. Die Zeit der Entdeckungen und Erfindungen, in welcher das Bewusstseinsseelen-Zeitalter, wie Rudolf Steiner uns lehrte, seinen Anfang nahm. Die Geburtswehen dieser Zeit spiegeln sich in Seuchen, Kriegen und Hungersnöten, in Kämpfen, welche die einzelnen Städte, Landschaften, Stände, Staaten, Völker, Religionsgemeinschaften führen. Reformation und Gegenreformation, Erwachen des Merkantilismus, Geburt des Parlamentes, naturwissenschaftliche Erkenntnisse, die Entdeckung Amerikas, das kopernikanische Planetensystem, sind ihre aufbrechenden Symptome.

In dieser Zeit aber geht alles alte Wissen, das bis dahin, wenigstens noch in Nachzüglern vorhanden war, verloren. Der Mensch beginnt sich als Eigenwesen zu ergreifen und versucht daher nicht mehr in sich, sondern in der Sinneswelt seine neuen Erkenntnisse. Dabei ging vor allem das Wissen verloren für das, was das Wesen des Menschen ist. Geburt und Tod werden zu unlösbaren Rätseln, so groß und undurchdringlich, dass Leonardo da Vinci zum Beispiel, trotz der darauf ausgesetzten Todesstrafe, die Leichen schwangerer Frauen aus den Friedhöfen gräbt, um das Geheimnis der Menschwerdung zu verstehen. Aber dieses Geheimnis ist unrettbar verloren und nur Mutmaßungen und Spekulationen können darüber etwas aussagen.

Was noch wenige Jahrhunderte vorher Dante und Brunetto Latini darüber wussten, es ist versunken in den Schoß der zur Bewusstheit erwachten Sinnenwelt.

In der Zeit also, wo die Geburt als Vorgang der Menschwerdung zum undurchschaubaren Problem wird, tritt die Bevölkerungspolitik in erste Erscheinung und mit ihr sofort die Geburtenregelung, als Problem der einzelnen sozialen Verbände.

In England und Frankreich stehen um diese Zeit hohe Strafen auf Tötung der menschlichen Leibesfrucht. Nach dem Wüten der Pest und den Verheerungen des 30-jährigen Krieges beginnt auch in Mitteleuropa der Kampf des Staates für eine möglichst reichliche Geburtenzunahme. Hohe Strafen stehen auf Abtreibung, hohe Prämien auf großer Kinderzahl. Den Eltern wird Steuerfreiheit gewährt, die Erbrechte werden geregelt, Orden verliehen, Erziehung auf Staatskosten eingeräumt.

Vermehrung des Volkes ist das einzige Ziel, das sich jeder Staat setzt. Er wird von den Kirchen unterstützt, trotzdem diese das ganze Problem anders bewerten als die Politiker. Aber die letzteren machen sich das zu Nutze, was die Kirche aus starrer Dogmatik heraus dekretiert. Sie erhält im Tridentiner Konzil (1562) die Ehe zum Sakrament. Die Fruchtabtreibung ist eine der schwersten Sünden. Das ist den Staatsmännern eine willkommene Art, ihre eigenen Wünsche mit dem Mäntelchen des Dogmatismus zu umkleiden.

Etwa im 18. Jahrhundert wird dann die Bevölkerungspolitik, welche die Vermehrung der Staatsbürger erreichen will, von der Schwangerschaftsunterbrechung abgelenkt und richtet ihr Hauptaugenmerk mehr und mehr auf die Kindersterblichkeit in den ersten beiden Lebensjahren. Auch sonst beginnt sie allmählich in der gesamten sozialen Struktur ihres Volkes für eine erhöhte Volksziffer Vorsorge zu treffen. Es beginnt eine Wohnbaupolitik, eine Auswanderergesetzgebung, Krankenfürsorge usw.

All dies steigert sich, besonders immer nach größeren Kriegen. So erreicht zum Beispiel die Gesetzgebung Frankreichs nach dem Krieg 1870/71, die eine erhöhte Bevölkerung garantieren soll, eine besonders hohe Zahl von Verordnungen, Verboten und Prämien.

Was die Geburtenregelung als Teilfaktor selbst betrifft, steht aber die heutige Menschheit, seit Beendigung des Weltkrieges, besser gesagt, seit dem Anfang der bolschewistischen Revolution, vor einer besonderen Aufgabe.

2

Wir haben anzudeuten versucht, dass in dem Zeitalter, in welchem das Wissen vom Wesen der Geburt verloren geht, die Bevölkerungszunahme als politischer Faktor angesehen wird. In ihm bildet die Geburtenregelung, d.h. der von Staats wegen gesetzlich bestimmte Gebärzwang, eine entscheidende Rolle. Die Dogmatik der römischen Kirche soll dafür die ethische Grundlage liefern. Kaum ein Widerspruch erhebt sich dagegen. Nur die Not und das Bedürfnis des Einzelnen wehrt sich immer und immer wieder gegen alle dekretierten Gesetze. Eine einzige Strömung, die der Malthusianer, versucht, sich dagegen zu stellen, gewinnt aber wenig an Ausbreitung. Erst als im bolschewistischen Russland der Versuch unternommen wird, alles, was Schwangerschaft und Geburt betrifft, von gesetzlichen Maßnahmen zu befreien, den Gebärzwang aufzuheben, die antikonzeptionellen Mittel zu verbreiten, den Abort zu gestatten, tritt eine neue Wendung im ganzen Fragenkreis ein. Die Geburtenzahl in allen europäischen Ländern sinkt seit Beendigung des Weltkrieges ganz rapid. Kamen in Frankreich zum Beispiel 1920 noch auf 1000 Einwohner 21,3 Lebendgeburten, so sind es 1928 nur noch 18,2. In Deutschland sinkt in den gleichen Jahren die Geburtenzahl von 25,9 auf 18,6. In England von 25,5 auf 16,7.[285] Was soll und kann geschehen, um dieser rapiden Abnahme Einhalt zu tun?

Auf der einen Seite stehen die Dogmen der verschiedensten Kirchen, auf der anderen Seite die Versuche der bolschewistischen Regierungen. Dazwischen pendeln so viele Meinungen, so viele Köpfe sich mit diesem Problem abgeben. Die einen predigen dies, die anderen jenes. Gesetze bestehen, mit denen man sich auseinanderzusetzen hat als Arzt, als Fürsorger, als Rechtsanwalt und Richter, als Krankenschwester und Parlamentarier.

Die Schwangerschaft und deren Unterbrechung oder Verhütung steht im Mittelpunkt der Diskussion. Soziale und medizinische Momente werden ausfindig gemacht, die eine Unterbrechung gestatten sollen. Beratungsstellen zur Empfäng-

---

[285] Zitiert nach Peller: »Bevölkerungsproblem und Bevölkerungspolitik in Mittel- und Westeuropa im Wandel der Neuzeit« (Hippokrates III. Jahrgang Heft 1,1930).

nisverhütung werden errichtet. Die Wissenschaft sucht nach antikonzeptionellen Mitteln.

Andererseits aber stehen starre Gesetze da, an welchen die Liga für Mutterschutz und Geburtenregelung auch nicht viel verändern und regeln kann.

In allen Meinungen und Ansichten aber, die sich heute um die Geburtenregelung bemühen, lassen sich zwei Hauptgegner unterscheiden, um die sich die einzelnen Gruppen und Grüppchen derer, die Teilansichten verfechten, und Mittelwege einzuschlagen versuchen, gruppieren. Der eine Pol ist der von Russland nach Europa herübergreifenden Leninismus, für welchen die Frage der Geburtenregelung als gelöst erscheint, wenn allen Frauen alle Mittel zur Verfügung stehen, nicht nur die Konzeption verhindern zu können, sondern auch die eventuell eingetretene Befruchtung unterbrechen zu dürfen. Volksaufklärung wird gepredigt. Und alles geht darauf hinaus, in die »Freiheit« des Einzelnen zu stellen, ob er gebären will oder nicht.

Der Gegenpol ist der, den die römische Kirche vertritt und an welchem die starren Gesetze der einzelnen Staaten partizipieren. Empfängnisverhütung jeglicher Art ist Sünde, Schwangerschaftsunterbrechung ist Sünde. Die zwangsmäßige Geburt die einzige, überhaupt mögliche Zielsetzung der Frau.

Der im Herbst 1925 in Rom abgehaltene Kongress der Internationalen katholischen Frauenliga hat zum Beispiel unter anderem beschlossen: »Die katholischen Frauen lehnen vollständig jegliches antikonzeptionelle Mittel zur Beschränkung der Geburtenzahl ab. Wenn aus Gesundheitsrücksichten eine solche Beschränkung wünschenswert erscheint, darf dies nur in der von der Kirche gebilligten Art, nämlich durch freiwillige Enthaltsamkeit und gegenseitiges Einverständnis geschehen. Die allgemein verbreiteten prophylaktischen Schutzmittel bedeuten, unter dem Schein der Immunität gegen Ansteckung die Unmoral.«

Staaten, in welchen die Kirche von starkem Einfluss ist, wie zum Beispiel Italien und Österreich, haben in all diesen Punkten strengere Gesetzgebungen als solche, die mehr unter protestantischem Einfluss stehen.

Zusammenfassend aber kann nur gesagt werden: In ganz Europa sinkt die Geburtenzahl rapide. Die Geburtenregelung will dagegen auftreten, aber sie vermag im Grunde genommen nur eines: die vorhandenen Verhältnisse durch die verschiedensten Maßnahmen bis ins Chaos hinein zu verwirren. Was sie an Maßnahmen ergreift, geht aus zwei Lagern hervor, welche sich weltpolitisch scharf gegenüberstehen: die katholische Kirche und der russische Bolschewismus. Die eine dekretiert aus Dogmen Zwangsmaßnahmen. Der andere fordert Freiheit von Menschen, die noch nicht frei sind.

3

Von Menschen, die noch nicht frei sind? Es ist doch allen, die unter der Herrschaft der vereinigten Sowjet-Republiken stehen, erlaubt, in der Frage des Gebärens und Empfangens nach ihren eigensten Impulsen zu handeln? Das aber ist nicht Freiheit, sondern so lange nur Freibeuterei, solange nicht ein Wissen da ist von dem, was die Geburt und die Schwangerschaft in Wahrheit sind und bedeuten. Nicht die verschiedensten antikonzeptionellen Mittel, nicht die verschiedensten Wege der Fruchtabtreibung sollten von den Geburtenreglern verkündet werden, sondern einzig und allein das Wissen von der Wahrheit der Geburt, der Schwangerschaft und der Empfängnis müsste den einzelnen menschlichen Individuen dargelegt werden, damit diese wissen, was sie tun, wenn sie verhindern, was sonst naturgegebenermaßen eintritt.

Die Dogmatik widerspricht dem Zeitalter der Menschenfreiheit.

Die Freiheit ohne Wissen aber ist nichts als Freibeuterei.

So bleibt nur eines: Dass jeder sich das notwendige Wissen vom Wesen der Geburt erwirbt. Denn nur der aus »Wissen Handelnde« ist frei.

Das Wissen von der Geburt kann aber nur da erkannt werden, wo die Erkenntnis waltet über das wahre Wesen des Menschen. Wo gewusst wird, dass das Menschenwesen besteht aus Leib, Seele *und* Geist. Und dass dieser Geist eine ewige Individualität ist, die wandert von Leben zu Leben und jedes Mal, wenn eine Verkörperung eintritt, dieses Geschehen sich vollzieht, das als Inkarnation sich kennzeichnen lässt. Von dem Geschehen der Inkarnation aber zu wissen, ist die Geistesverpflichtung der heutigen Menschheit. Rudolf Steiner hat die Wege zu dieser Erkenntnis gewiesen und auch die Ergebnisse dieses Erkenntnisweges, den jeder gehen kann, dargestellt. Wer von Geburtenregelung spricht, ohne von der Geburt zu wissen, ist heute ein Blinder, der die Farben beschreiben will. Es bleibt im Grunde genommen leeres Geschwätz, und wenn es aus noch so viel Mitleid, aus noch so viel Liebe, aus noch so viel Helferwillen heraus gesagt.

4

Goethe hat es ausgesprochen, dass die Kunst die Offenbarerin verborgener Naturgesetze ist. Im wahren Kunstwerk ist zu erschauen, was im Naturvorgang sich verhüllt uns darbietet.

Wer sich immer und immer wieder in das ewige Geheimnis der Menschwerdung im mütterlichen Organismus vertieft, wer genau und exakt, aber nicht kalt betrachtend, sondern liebevoll hingebend die einzelnen Etappen der Embryonalbildung verfolgt, der wird in seiner Seele in allmählicher Erscheinung ein Bild aufleuchten sehen, das offenbar ist in dem Gemälde Raffaels, welches die Sixtinische Madonna darstellt.

Da schwebt im Himmelsraum die »Mater gloriosa«. In ihren Armen ruht das Kind, das mit klaren Augen in die Welt blickt. Der blaue Mantel umhüllt die ganze Gestalt der Mutter mit dem Kinde. Der Himmel aber, der die Mutter umgibt, die Wolkengebilde, sie sind nicht leer, sondern durchwogt von Angesichtern und Antlitzen vieler Engelwesen. Sie alle blicken, wie die seligen Knaben, hinunter auf das Wunder des Kindes, das in den Armen der Mutter ruht, geschützt von dem blauen Mantel. Dieses Wunder des mit strahlend offenen Augen in die Umwelt blickenden jungen Menschen, umgeben von den vielen Engelwesen, die in den Wolkengebilden webend es anblicken, es ist das ewige Wunder der täglichen Menschwerdung.

Dieses Bild erwacht in der Seele dessen, der sich intim mit der Gestaltwertung des Menschen beschäftigt. Wer nun dem inneren Bild, das im Kunstwerk sich offenbart, ebenso vielen Wahrheitsgehalt zutrauen kann wie dem äußeren Erkennen des sinnlich Tatsächlichen (zu diesem Vertrauen hat uns Rudolf Steiner wieder den Mut gegeben), der wird nun versuchen, das äußere und innere Bild in Einklang zu bringen.

Das Geheimnis des Raffael'schen Gebildes ist diese Schar der seligen Knaben, welche das Kind auf der Mutter Armen umgibt. Es sind die Ungeborenen, die noch im Kreise der höheren Welt weilenden Wesen, die staunend auf das Kind sehen, das durch der Mutter Leib hindurch zur Erde gefunden hat.

Zum heiligen Gefäß wird der mütterliche Organismus in jeder Schwangerschaftszeit. Da trägt er den werdenden Leib des zur Inkarnation heruntersteigenden Menschenwesens. Dieser Leib aber ist nochmals eingetaucht in eine Hülle, die im Innern der Gebärmutter getragen wird.

Dies ist eigentlich die große Frage, die als offenbares Geheimnis vor uns steht: Da ruht in der Mitte der mütterlichen Organisationen, nochmals eingehüllt in das Fruchtwasser und die Keimeshüllen, der sich bildende Embryo.

Im flutenden Dunkel des Fruchtwassers schwebend, angehängt an die spiralig gestaltete Nabelschnur, umgeben von den Keimhüllen bildet sich der Leib.

In zweifacher Umhüllung bildet sich der menschliche Embryo. Der mütterliche Organismus ist die eine Hülle und die Keimeshüllen im Mutterleib sind die zweite Hülle. Diese zweite Hülle aber, innerhalb welcher der Embryo liegt und schwebt, wächst und Gestalt annimmt, sie ist die Offenbarerin der Wahrheit über das Werden der menschlichen Wesenheit.

Diese Hülle ist die wahre Mutter des entstehenden Kindes. In dieser Hülle weben und walten die Kräfte der ganzen Welt, der Sterne und Planeten, der Erdenwelt. Diese Hülle, sie ist der blaue Mantel, in welchen hinein die Weltenmutter sich verhüllt, um das Kind, den Embryo, zu tragen. Die Erdenmutter hält in sich verschlossen das Gefäß, in das die Weltenmutter all ihre Kräfte ergießen kann. Diese Kräfte aber führen auf ihren Wogen herein die menschliche Wesenheit, die zur Inkarnation heruntersteigt. Gleich einem Antlitz kann diese Individualität empfunden werden, ein Angesicht, das die Hüllen umschwebt und mithilft an der Gestaltwertung des eigenen Leibes.

Wenn früher den Kindern erzählt wurde, dass der Storch sie bringt, und Bilder gezeigt wurden, die das Kind auf dem Rücken des Storches sitzend darstellten, so waren diese Bilder die letzten Reste eines alten Wissens, das heute verloren ist.

Denn dieser Storch, er ist eine übersinnliche Geistgestalt, das Vogelwesen, auf dessen Schwingen die ewige Menschen-Individualität herniederfährt in den Erdenkreis. Die Kräfte und Gestalten der Weltenmutter, sie sind verdichtet in die Storchgestalt, und auf ihren Flügeln bricht sich der geistig-seelische Mensch die Bahn, um die Erde zu erreichen. Durch die Keimeshüllen hindurch ergreift er den sich bildenden Embryonalleib.

So kann empfunden werden die neue Wahrheit über die Menschwerdung, die Rudolf Steiner uns geoffenbart hat.

Die Hüllen im mütterlichen Leib sind der Mantel der Sixtinischen Madonna. Der Embryo ist das Kind, das sie in den Armen hält. Die Wolkenangesichter, die das Paar umgeben, es sind die ungeborenen Seelen, die wartend ihrer Mutter harren, der Keimeshülle, die auch ihnen die Möglichkeit geben soll, die Stoffeswelt zu ergreifen. So steht das Bild der »Sixtina« vor uns, verkündigend das Geheimnis der Schwangerschaft.

5

Aber ein anderes Kunstwerk, das etwa um die gleiche Zeit (die Wende des 16. Jahrhunderts) entstand, gibt uns noch weiteren Aufschluss. Es ist die Pietà des Michelangelo.

Hat uns die Sixtinischen Madonna das Geheimnis der Schwangerschaft offenbart, was spricht das Bild der Pietà aus? Nicht in den geheimnisvollen Farben erglänzt es, wie das Bild Raffaels, sondern eingehauen ist es in den harten Stein. Nicht schwebend hält die Weltenmutter ihr Kind in den Armen, sondern trauernd hält sie den Leib des Dahingegangenen in ihrem Schoß. Das Haupt ist gesenkt, die Arme wie fragend leicht ausgebreitet. Ist auch in diesem Kunstwerk die Offenbarung geheimer Naturgesetze da?

Das Geheimnis der Geburt spricht diese Pietà aus! Denn das geborene Kindlein, das in den Tod der Erdenwelt tritt, das umfangen wird von den Kräften, die es zum Sterben hinführen, es ist der Tote im Schoß der Weltenmutter. Entlassen aus den Kräften der himmlischen Unschuld liegt es da. Die Keimeshüllen sind abgestreift, die ihm im Leib der Mutter noch ein Leben des Paradieses ermöglichten. Nackt und bloß, gleich dem Leichnam Christi im Schoß der Pietà, liegt das geborene Kind in den Armen der Mutter.

Es ist gestorben für die Kräfte der Weltenmutter, weil es die Todeskräfte der Erde im ersten Atemzug in sich aufgenommen hat. Jetzt hat es erst seine wahre Erdenmutter gefunden. Jetzt tritt es ein in die Erdentodeswelt aus dem Schoß der Mutter.

In seinem Todesleib aber trägt das neugeborene Kind die Kräfte seiner Geist-Persönlichkeit. Mit dieser wird es seinen Leib so gestalten müssen, dass es, dem Schicksal gerecht, über die Erdenwelt wandert.

Die Geburt ist das Geschehen, das die Wandlung bedeutet vom Bild der Sixtina zum Stein der Pietà. Von der flutenden Farbenwelt zur Starre des Marmors. Von dem Kindlein in den Armen der Weltenmutter, vom blauen Mantel geschützt, noch umgeben von den seligen Knaben, zu der der Todeswelt verfallenen nackten Gestalt, die hüllenlos liegt im Schoß der Pietà.

Dieser Schritt vom Paradies der Sixtina zur Trauer der Pietà ist die Geburt. Entlassen wird ein ewiges Himmelswesen hinein in die Erdenwelt. Dass während der Geburt die Keimeshüllen abfallen, die Nabelschnur durchreißt, das Fruchtwasser abläuft, sind Real-Symbole, die nur in Hingabe erkannt werden können. Dieser Schritt von der Sixtina zur Pietà ist die Austreibung aus dem Paradies. *Das aber ist die Geburt.*

6

Was hier in Bildern versucht wurde auszusprechen, kann allein den Hintergrund bilden für eine Neuerfassung des ganzen Problems der Geburtenregelung. Als diese beiden Kunstwerke geschaffen wurden, ging das Wissen über die Wahrheit der Geburt verloren. Wie zwei Marksteine wurden diese Werke an das Ende einer Menschheitszeit gesetzt, die noch versucht hat, aus den Gesetzen des Geistes die Geburt zu regeln.

Dann zog die Zeit herauf, die vermeinte, durch Gesetze und Dekrete die Inkarnation regeln zu können. Das heutige Chaos ist daraus hervorgegangen. Das Chaos, in welchem zwei Welten um die Macht ringen. Das veraltete Dogma der römischen Kirche und die verfrühte Freibeuterei der bolschewistischen Revolution.

Beide sind heute Dilettantismen des Weltgeschehens. Einzig die Geist-Erkenntnis allein kann das Chaos allmählich zur Gestaltung hinführen.

Jeder einzelne Mensch, aber auch nur dieser, der die Sixtina und die Pietà in seiner Seele trägt und an ihnen versucht, das Geheimnis der Geburt zu enträtseln, wird den Weg finden, den er zu gehen hat.

Es klingt wie Weltflucht und Wolkenkuckucksheimerei, wenn solches ausgesprochen wird. Und dennoch ist Erkenntnis des Geistes allein der Weg, der zur Schlichtung des sozialen Chaos führen kann. Nur der einzelne Mensch, in innerer Freiheit, kann diesen Weg gehen. Aber auch nur dieser Weg allein führt zur Erlösung aus dem Chaos der sozialen Not.

Welches Menschenwesen findet noch den Weg in die Erdenwelt, wenn dieser Weg mit papierenen Gesetzen gepflastert ist? Wenn dieser Weg besetzt ist mit Wachtposten, die nur mit aller Anstrengung überwunden und entwaffnet werden können. Da steht am Anfang der Erdenbahn eines Menschen nichts anderes mehr als Gesetze und Gesetzes-Übertretungen. Dogma und Freibeuterei. Welches Geistwesen kann da hindurchfinden? Muss nicht die Geburtenzahl sinken, der Wille zur Inkarnation allmählich ersterben?

Auf 750.000 Lebendgeburten jährlich in Frankreich kommen 500.000 Aborte. Ist es in anderen Ländern anders? Was aber geschieht im Abortus? Da wird der endlich nach langer Geistesbahn gefundene Leib dem Menschenwesen, das sich zur Erde senkt, wieder entrissen. Zurückgestoßen von Erde und Eltern irrt es suchend, ängstlich, entmutigt im Bereich des Übersinnlichen umher. Wohin jetzt?

Unten aber stehen Mütter, ausgehungert, überarbeitet, Kinder um sich herum, für die es nicht die notwendigsten Lebensmöglichkeiten gibt. Da aber helfen auch alle Sozialgesetze nur wenig. Nicht nur auf Erden wirkt das Elend, sondern auch um die Erde, im Raum der übersinnlichen Welten.

Die seligen Knaben, sie sind heute zu unseligen Wesen geworden, die wartend und suchend die Erde umschweben. Gelingt die Inkarnation, erwartet sie Not und Elend. Sie würden es gerne tragen, gelänge nur eins, der Schritt der Geburt, und könnte der sie erwartende Mensch dieses Geschehen begreifen.

So aber beschließen die Konzile der verantwortungsvollen Menschen:

»Die im ersten Ärztekurs für Geburtenregelung versammelten Ärzte bitten die Spitzenverbände der Krankenkassen, Präventivmittel zur Verhütung ungewollter Schwangerschaften den Kassenmitgliedern und deren Angehörigen auf ärztliche Verordnung kostenlos zu gewähren und Organisationen, die eine Sexualberatung ausüben, in jeder Weise zu unterstützen. Die hier versammelten Ärzte erblicken in dieser Maßnahme das beste Mittel zur Bekämpfung der ›Abtreibungsseuche‹, aus der den Krankenkassen ungeheure Mehrkosten erwachsen und bleibende Schäden an der Gesundheit vieler Arbeiterfrauen zurückgelassen.«[286]

Was soll ein zur Inkarnation drängendes Geistwesen mit derartigen Proklamationen? Es soll seine Erdenbahn nicht beginnen, damit den Krankenkassen nicht ungeheure Mehrkosten erwachsen! Wer treibt hier ein Spiel mit Menschengedanken, die alle Wahrheit und Klarheit verloren haben?

Wer aber empfindet heute noch diese Schande? Wem steigt noch die Schamröte bei solchen Entschließungen in das Gesicht?

Fremdworte, wie »soziale Indikation«, »medizinische Indikation«, »Prävention«, »Sexualberatung« wollen die Geburt, das tragischste, aber geisterfüllteste Geschehen der Menschheit regeln. Hören die Menschen noch immer nicht das Lachen der Dämonen?

S. Peller schreibt am Ende seines Artikels:[287]

»Das Geburtenproblem als wesentlicher Teil des Bevölkerungsproblems ist innig mit staatlichen Erwägungen, mit der Wirtschafts-, Sozial- und Klassenpolitik, mit den ökonomischen, Gesundheits- und Sterblichkeitsverhältnissen, mit religiösen Vorstellungen mit nationalen Aspirationen, mit der philosophischen Betrachtungsweise, den Moral- und Sittlichkeitsbegriffen usw. verknüpft. *Eine voraussetzungslose Stellungnahme zum Natalitätsproblem gibt es nicht*; denn wesentlich ist die Unterordnung unter einen Zweck.«[288]

---

[286] Ärztekurs über Geburtenregelung, Berlin 28.–30.12.1928.

[287] Zitiert nach Peller, a.a.O.

[288] Kursive Passage im Original von K. König gesperrt gesetzt.

Das ist der Weisheit letzter Schluss. Worte, Worte, Worte und zum Abschluss: »Eine voraussetzungslose Stellungnahme gibt es nicht.« Die gibt es so lange nicht, solange die Geburtenregelung als Sache der Geborenen und nicht der Ungeborenen betrachtet wird. Solange nicht Einsicht waltet über die reale Wirksamkeit der Geistwelt, in der die Ungeborenen auf die Geburt, die Verstorbenen auf die Verwandlung zuschreiten, wieder Ungeborene zu werden, so lange werden Parteien und Meinungen, Dogmen und Willkürakte die Geburten regeln wollen. Nationalisten und Kommunisten, Pietisten und Demokraten, alle sprechen die gleichen Phrasen in verschiedener Verbrämung. Die Geistwelt schweigt. Sie beginnt erst zu sprechen, wenn die Einzelpersönlichkeit in aller Freiheit sich an sie wendet.

Dann beginnen aber auch die Ungeborenen zu sprechen und erzählen von ihren unnennbaren Leiden. Leid aber wird immer zur Tat. Wir wollen nicht warten, bis die Ungeborenen tätig werden aus tiefster Verzweiflung heraus. Können wir nicht, und wenn wir auch wenige sind, die ihre Stimme hören wollen, ihnen den Weg in die Erde weisen?

Nicht nur die Verstorbenen, die Ungeborenen wachsen heute zu Heeren heran. Wer wird ihren Einbruch in die Erdenwelt hindern, wenn er geistgewollt sein wird?

Die Problematik der Geburtenregelung ist nur da zu lösen, wo die Geburt in ihrer Wahrheit erfasst wird. Dies aber heißt:

Erkennt das Geheimnis der Geburt!
Hört endlich die Rufe der Ungeborenen.

Marie Steiner, »Unsere Katharsis«

Erschienen im Nachrichtenblatt »Was in der Anthroposophischen Gesellschaft vorgeht«, 28. März 1926.

Was in der Anthroposophischen Gesellschaft vorgeht

3. Jahrgang, No. 14 — *Nachrichten für deren Mitglieder* — 28. März 1926

Herausgeber: Allgemeine Anthroposophische Gesellschaft, Dornach (Schweiz)

Das Abonnement des *„Goetheanum"* wird durch das Mitteilungsblatt erhöht auf jährlich 19 Fr., 1/2 jährl. 10.50 Fr., 1/4 jährl. 5.75 Fr. Die gleiche Betragserhöhung kommt zu dem Abonnements-Preis für das Ausland hinzu.

Das Abonnement für *„Was in der Anthroposophischen Gesellschaft vorgeht"* ohne *„Das Goetheanum"* beträgt jährlich 11 Fr., 1/2 jährl. 6 Fr., 1/4 jährl. 3.25 Fr. wobei für das Ausland entsprechend der Postgebühr eine Erhöhung eintritt

Unsere Katharsis

Gedanken an der Bahre Rudolf Steiners

Marie Steiner

Wie verbinden wir uns am besten mit allen Mitgliedern der Anthroposophischen Gesellschaft, um den ersten Todestag Rudolf Steiners zu feiern?

So lautet manche Anfrage.

Indem wir versuchen, reines Licht in unsere Seelen zu giessen, es öffnend dem, was in so klärender Fülle uns von ihm gegeben ist. Er wollte uns nicht dogmengläubig haben. Er wollte uns wachsam haben. Wachsam der Welt gegenüber und uns selbst. Nicht Einflüsterungen unser Ohr leihend, nicht mystischem Nebelgetue, nicht freundlich herablassend hingeworfenen Worten zur Herabsetzung anderer. Nein, bewusstseinsmässig klar und hell, wollend klar. Diese willensdurchtränkte Klarheit erreichen wir nur, wenn wir uns ganz loslösen von Leidenschaft und Begehren. Es gibt in unsern Reihen jetzt ein sonderbares Vokabularium: niederringen, durchstossen, niederzwingen. Worte, die aus den Schützengräben stammen, die denen geläufig sind, welche solche Dinge durchgemacht haben wie Heeresdurchbrüche, den Feind auf Tod und Leben bekämpfen, und bei uns sonderbar anmuten. Es müssen solche Nachwirkungen spuken in den Ätherleibern Mancher, die ja damals erst im Kriege ihre Empfindungs- und Gemütsseelen-Durchreifung erlebten. Ein tragisches Los — fürwahr. Bewusstseinsmässig sollten sie ihre Erkenntniskräfte auf diesen Umstand richten, um aus dem Leid Starkmut und Überwindungswillen zu ziehen, nicht aber ein unbewachtes sich Treiben lassen von in dem Ätherleib rumorenden, unkontrollierten Stosskräften aus der schlimmsten Zeit, welche die Erde durchschüttelt hat. Ringen wir ehrlich auch in unserm Innern nach dem Licht, das in so überreicher Fülle uns gegeben worden ist in der dichtesten Nacht, welche die Erde umhüllt hat. Wir alle sind Kinder jener Nacht, auch die Jüngsten unter uns, die zwar das erste Morgendämmern begrüssen durften, die aber im unmittelbaren Strahlenkreise des Lichtbringers wenig oder gar nicht sich haben bewegen dürfen. Suchen wir an seinem Wesen die unmittelbare Strahlenwirkung des Lichtes zu erleben, das er uns geschenkt hat; es leuchtet hell aus seinen Worten und aus seinen Taten hervor. Er wollte uns nicht autoritätsgläubig, nicht urteilslos, — er bat uns zu prüfen, da wo wir folgen; er mahnte uns wachsam zu sein; er verwies uns darauf, dass wir erst dann frei sind, wenn unser Wille von einem durchmoralisierten Denken gelenkt wird, wenn er sich so weit objektiviert hat, dass er den Weltenwillen in sich aufnimmt. Hüten wir uns also vor jenen Triebkräften, die einer unreifen aktivistischen Natur entspringen: sie öffnen Spalten und Lücken jenen Mächten, die uns von sich besessen machen, die auf den Augenblick lauern, da sie von uns Besitz ergreifen können, die nun für uns nicht mehr zum Reich der Mystik gehören, da sie aus der Bildhaftigkeit der heiligen Schriften heraus ins helle Licht des erkennenden Bewusstseins gerückt worden sind. Es ist ihnen dadurch der Sieg über die Menschheit entrissen; ur so mächtiger werden sie sich wehren und den Einzelnen z ergreifen suchen. Gar mancher von uns ahnt es nicht, sieht e nicht, wenn ein Selbst seinem eigenen Ich entfremdet wir und nur die Hülle abgibt für feindliches Wirken. Bis zu Erlangung dieses Unterscheidungsvermögens wird es noc strenger Lehrzucht bedürfen, scharfen Hinmerkens un vieler schmerzlicher Erfahrungen.

In solchen Gedankengängen lebte oft sein Wesen un seine Lehre, lebt die Katharsis, die er uns hat angedeihe lassen wollen. Dass wir, indem wir an die Fülle seine Gaben herantreten, nicht reines Erkenntnisstreben mit de Lust nach Sensationellem vermischen, das war seine ständig Sorge; die neuen Lehren mussten gegeben werden, denn di Menschheit brauchte sie, und sie drohten sonst in Bruchstücken und getrübt hervorzubrechen durch die Kanäl der Medialität aus den Reichen des Untersinnlichen. Abe der Ernst musste mit viel Mühe heranerzogen werden denn wo nur das leiseste persönliche Interesse sich reg oder die Romantik sich der Phantasie bemächtigt, da kann dies Gefühl für ernste Verantwortung gar leicht entfliehen Deshalb ist es meistens gut, davon abzuraten, sich in kleiner Gruppen z. B. mit Astrologie zu beschäftigen, die ja doch nur für strengste Forschung in Betracht kommt, sonst abe leicht das Niveau einer kleinen Gemeinschaft herunterdrück durch die persönlichen Interessen, die angestachelt werden Dies ständige Mahnen, sich des ungeheuren Ernstes bewusst zu sein und nie in Erkenntnisfragen den spielerische Trieb aufkommen zu lassen, lag in dem ganzen Wesen und Wirken Rudolf Steiners. Den spielerischen Trieb aber durchtränkte er mit neuen künstlerischen Impulsen und lenkte ihn auf die Wege der Formung, gab ihm so die Möglichkeit schöpferisch zu wirken und wiederum für uns zu einer neuen Katharsis zu werden. Eine Gesundung sah er im künstlerischen Wirken, eine Abkehr von sentimentaler Wollust, die immer unwahr ist, zur Schaffenskraft.

Den allergrössten Ernst aber, die Erfassung der vollen Tragweite eines solchen ernsten Schrittes, erwartete er von den Mitgliedern der esoterischen Schule. Sprach er doch die Hoffnung aus, dass man es so weit bringen würde, die Schule nur aus solchen Mitgliedern bestehend zu haben, die gewillt sind, in allen Dingen Repräsentanten der anthroposophischen Sache vor der Welt zu sein. Dies betrachtete er als eine Bedingung zur Zugehörigkeit der ersten Klasse der freien Hochschule für Geisteswissenschaft, die nie aus den Augen gelassen werden dürfe. Uns in diesem Augenblicke das wieder stark vor die Seele zu führen, ist gut, damit wir nicht den Boden verlieren, der uns trägt und den er schuf.

In diesen Gedanken sollten wir uns mit ihm zu verbinden suchen in der Stunde, da er hinüberglitt ins Lichte — zwischen 10 und 11 Uhr morgens; dies wird uns helfen, die Lichtspur zu verfolgen, die er im kosmischen Geschehen zum breiten Lichtweg gestaltete. Mit seltener Intuition und selten kühnem Erfassen der geistgeschichtlichen Tatsachen ist diesem Weg ein Dichter nachgegangen — Kurt Piper —

in seinen Schwellenbildern „Zwischen Geist und Welt". Versuchen wir einzudringen in jene Dichtungen an einem solchen Tage, wo vielleicht unser innerer Sinn gelockert ist, sich leichter öffnen wird dem, was zwischen den Zeilen schwebt, wie zwischen Geist und Welt die Gestalt des Dahingeschiedenen selbst, der die Aufgabe hatte, die Erde dem Zeitalter der Finsternis zu entreissen, und der Menschheit selbstbewusstes Ich zum Geistselbst zu erheben. Kaum fassbar in ihrer schlichten Majestät, kaum zu verstehen in dem Übermass ihres Könnens und Vollbringens, und doch wieder so durch und durch menschlich liebevoll und gesellig mitteilsam, so neigte sich dieser Grosse den Kleinen und Dunklen zu, und leuchtete auf vor Glück und Anteilnahme, wenn nur das Geringste uns Stümpern gelang. So ungeheuer teilnahmsvoll und in sich aufnehmend war er, dass man meinen müsste, alle Schatten hätten vergehen sollen vor den Strahlen dieser jenseitsgetragenen und doch so menschlich warmen Liebe. Wir haben zu verstehen, dass sie sich ballen mussten, nicht weichen wollten vor dem, was ihr Eigensein zerstörte. Sie suchten sich den Boden zu festigen, aus dem sie ihre Nahrung sogen. Den schuf ihnen das Hineinwirken des Lichtes in die Finsternis, das Brodeln desjenigen, was, um den Strahlenträger herum in den Seelen sich bald öffnete, bald duckte, scheinbar zerstob und dann um so stärker wieder aufflackerte. Schattendasein zwischen Welt und Geist, Seelendasein, das sich mit elementarischem Wesen erfüllt oder dämonisch besessen wird. Ob es Frohndienste tut oder in Licht zergeht, das hängt zum grossen Teil von unserem Willen ab, von unserer Katharsis.

Wie sind wir schwach im Vergleich zu jenen Heeren des Widerstands. Der Starke ging von dannen. War das notwendig, damit wir uns auf uns selbst besinnen? selbständig werden? Die glückliche Sicherheit der Gefolgschaft ist uns genommen. Der Wunsch, sie weiter ausüben zu dürfen, besteht noch bei den Besten. Diese Besten werden Rechenschaft ablegen müssen für alles, was sie versäumen. Eines gab es nicht bei Rudolf Steiner, und eines duldete er nicht um sich: Bequemlichkeit. Rastlos musste man weiter, ob auch schier zusammenbrechend, – weiter, immer weiter. Das Schöne, das geschaffen wurde unterwegs, das diente dann den Andern.

Er wollte uns oft dazu bringen, dass wir in schwierigen Lagen selbst das Richtige fänden zur Direktive für unser Urteilen und Handeln als Gemeinschaftswesen. Dann liess er uns unbarmherzig lange beieinander sitzen und suchen. Wir hätten so gern das erlösende Wort von ihm gehört, getrauten es uns selbst nicht zu. Er liess uns Stunden und Stunden lang darüber sinnen, wo die Fehler lagen in unserm Handeln, unserm Gemeinsamkeitsempfinden.

Nachtstunden waren es zumeist nach schwerem Tagewerk —; er schonte sich nie, wenn es galt, unser moralisches Gefühl zu zünden, unsere Einsichtskraft zu wecken. Es ist vieles umsonst gewesen. Diesen Teil seiner Erziehung hätten wir oft gern abgekürzt! Werden wir noch einmal durch die Feuerprobe müssen, weil wir sie nicht bestanden haben? War es darum, dass er ging?

O wie schwarz fegten die Schatten des Abgrunds um uns, als er gegangen war! Wie bald konnte Ahriman hohnlachen.

Dies geschah in der Nähe. Und was zeigte der Fernhorizont im Raume und in der Zeit? Vor 14 Jahren war es, da wurden wir aus der theosophischen Gesellschaft ausgeschlossen, weil wir uns nicht dem neuen Dogma unterwarfen, dem Credo an die nahe Wiederkunft des Weltheilands im Hinduknaben Krishnamurti.

Seitdem ist im okkult-diplomatischen Rate von Adyar so zielbewusst und kunstgerecht gearbeitet worden, dass — nach Herausbeförderung oder Flucht der Ketzer — man es wagen konnte in aller Öffentlichkeit zu Weihnachten 1925 in Adyar vor 10000 dazu zitierten Delegierten aus aller Herren Länder den Niederstieg des Christus in den jungen Inder zu proklamieren und mit grossem Trara und Tamtam durch die Zeitungen in alle Welt zu verkünden. Am 30. März 1925 war Rudolf Steiner gestorben. Er stand jenen Mächten nicht mehr im Wege, die Gegenbilder schufen für das, was von ihm so licht und gross hingestellt worden ist als Menschheitsziel und Gottestat. Sein Werk war es, das sie verhindern wollten.

Viel Tragisches ist geschehen seit dem Sommer des Jahres 1912, als in Adyar das Pfingstwunder, der Niederstieg des Heiligen Geistes in den Knaben Krishnamurti verkündet wurde, sowohl für die Welt im grossen, wie für die kleine Schar anthroposophischer Geistessucher: der Weltkrieg, der Zusammenbruch des Deutschen Reichs und Österreichs, der Hunger, der Höllenabstieg Russlands. Für uns, die wir nach Wiederaufbaukräften rangen: der Brand des Goetheanum, der Zusammenbruch des kommenden Tags und des Futurum, das Misslingen der Dreigliederungsbewegung, das Versagen des Hochschulbundes. Aus all dem Leid und der Enttäuschung durch das Versagen suchender, aber schwacher Menschen schöpfte Rudolf Steiner, den man inmitten der sozialen Not, des Wirtschaftselendes, um Beistand angegangen war, ihn so aus seiner früheren Bahn fast herausreissend, doch immer neue geistige Kräfte, — die physischen wurden verbraucht. Er gab und gab — wie wenn er wüsste, dass er nicht mehr lange noch zu geben hätte — und ging. Er hatte noch so viel zu geben und so viel zu erziehen, zu richten und zu formen und zum Geiste heranreifen zu lassen. Er ist nicht mit bewusstem Wollen von uns gegangen. Nein, er wollte das Gesunden erzwingen, um sich hineinzustellen in die gesamte Arbeit, und mutete dem ausgebrannten Körper zu viel zu. Es war ja so vieles noch unfertig, stand da wie der Entwurf zu einem Bilde, dem die Ausführung fehlte. Da fuhr die Hand des Todes hinein.

Es ist sein Werk, das wir weiterführen sollen und in Reinheit erhalten. Wie ungeheuer viel und Schicksalschweres liegt in diesen Worten. Es liegt fernab von dem, was die üblichen Fehler sind der Neulinge auf geistigen Pfaden; fernab von Wundersucht und Geistmaterialisierung, fern von Verketzerung und von Sektiererei. Aber auch weltenfern von allem, was die Gepflogenheiten sind der äussern Politik, die leider Kirchen und Geheimgesellschaften vielfach pflegen, und die der Tod sind wahren Geisteswesens: fern von Taktik und Diplomatie, von Berechnung und Beeinflussung. Nichts liegt diesem Werke ferner als die Mittel jesuitischer Schlagkraft: die Vergewaltigung der Seelen durch hingeworfene Imaginationen gewaltigen Kalibers. Nein, es wendet sich nüchtern und schlicht, nur von seinem innern Werte beseelt, an das Reinste im Menschen, das Denken. Mit reinstem Herzen müssen wir es empfangen, damit es sich auswirke in seiner Eigenschaft:

„Im *Suchen* erkenne dich
Und wesend wirst du dir.
Entzieht das Suchen sich dir,
Du *hast* dich zwar im Sein,
Doch Sein entreisset dir
Des eignen Wesens Wahrheit."

Dies fand ich in einem Notizbuch des Jahres 1924; zu diesem Suchen erzog er unsere Seelen.

Wir wollen ihn unsere Niederungen durchleuchten lassen.

Der Mensch „Anthroposophie"

Albert Steffen

Vor einem Jahre, am 30. März 1925, ist Rudolf Steiner als physischer Mensch von uns gegangen. Das Geisteswerk, das er hinterlassen hat, ist nicht von „dieser Welt". Er brachte den Begriff, das Bild, die Wesenhaftigkeit der „anderen Welt" auf „diese Welt" herunter. Sein Wort verbindet uns nach wie vor mit seinem Geiste. Es *lebt*.

Die Mysteriendramen dürfen die esoterischen Werke Rudolf Steiners genannt werden. Sie sind in aller Öffent-

Danksagung

Eine Schrift wie die vorliegende ist ohne die Hilfe anderer Menschen nicht möglich. So danke ich dem Archiv am Goetheanum, dem Rudolf Steiner Archiv, dem Ita Wegmann Archiv und der Albert Steffen Stiftung in Dornach für die freundliche Genehmigung zum Abdruck der bisher unveröffentlichten Dokumente, meinem Bruder Rudolf, seiner Frau Gisela und meiner Frau Roswitha für die gemeinsame Recherche in den genannten Archiven sowie meiner Mitarbeiterin im Zentralarchiv der Christengemeinschaft Frau Janine Jenitschonok für ihre vielfältige Unterstützung und Herrn Michael Stehle vom Verlag Urachhaus für das Lektorat und die Herausgabe dieser Schrift.

Kiel, den 14. August 2018
Wolfgang Gädeke

Wolfgang Gädeke

»Viel mehr als nur die Antwort auf meine Frage«

Rudolf Steiner als Seelsorger

159 Seiten, geb.

Da es von Rudolf Steiner keine Aufzeichnungen über die vielen Gespräche gibt, die er mit einzelnen Personen geführt hat, sind wir auf die Darstellungen seiner Gesprächspartner angewiesen. Zahlreiche unveröffentlichte Erinnerungen sind in persönlichen Aufzeichnungen in verschiedenen Archiven überliefert. Die hier versammelten Beispiele zeigen, welche Bedeutung dem persönlichen Gespräch in Rudolf Steiners Wirken zukommt.

In wohl keiner anderen Studie über Rudolf Steiner und seine alltägliche Arbeit finden sich so zahlreiche Hinweise auf bedeutende Begegnungen und daraus resultierende, bis heute andauernde Wirkungen wie in dieser von Wolfgang Gädeke in aufwändiger Recherche entstandenen Sammlung bekannter wie bisher unveröffentlichter Zeugnisse.

URACHHAUS

Friedrich Rittelmeyer

Meine Gepräche mit Rudolf Steiner

119 Seiten, geb.

1928 veröffentlichte Friedrich Rittelmeyer viele seiner Erlebnisse und Gespräche mit Rudolf Steiner. Doch blieb hier vieles ungesagt: »Intim-Persönliches« und »Okkult-Geistiges« sparte er bewusst aus. Viele Details aus den gemeinsamen Gesprächen und Briefen fehlten, die in dieser Schrift aus dem Jahr 1932 enthalten sind.

»Die hier erstmals veröffentlichten Erinnerungen an Gespräche mit Rudolf Steiner hat Friedrich Rittelmeyer nicht mit in sein Buch *Meine Lebensbegegnung mit Rudolf Steiner* aufgenommen. So sehr die Gründe auch heute noch nachvollziehbar sind, so erscheint es uns doch richtig, diese Erinnerungen einer interessierten Öffentlichkeit zugänglich zu machen.«

Aus dem Geleitwort von Vicke von Behr